Der Ausführungsbescheid als Verwaltungsakt
im Sinne des Verwaltungsverfahrensgesetzes
und des Sozialgesetzbuchs – Zehntes Buch –

Europäische Hochschulschriften
Publications Universitaires Européennes
European University Studies

**Reihe II**
**Rechtswissenschaft**

Série II Series II
Droit
Law

**Bd./Vol. 2442**

PETER LANG
Frankfurt am Main · Berlin · Bern · New York · Paris · Wien

Uwe Heilemann

# Der Ausführungsbescheid als Verwaltungsakt im Sinne des Verwaltungsverfahrensgesetzes und des Sozialgesetzbuchs – Zehntes Buch –

PETER LANG
Europäischer Verlag der Wissenschaften

Die Deutsche Bibliothek - CIP-Einheitsaufnahme

Heilemann, Uwe:

Der Ausführungsbescheid als Verwaltungsakt im Sinne des Verwaltungsverfahrensgesetzes und des Sozialgesetzbuchs, zehntes Buch / Uwe Heilemann. - Frankfurt am Main ; Berlin ; Bern ; New York ; Paris ; Wien : Lang, 1998
(Europäische Hochschulschriften : Reihe 2, Rechtswissenschaft ; Bd. 2442)
Zugl.: Mannheim, Univ., Diss., 1998
ISBN 3-631-33649-7

Gedruckt auf alterungsbeständigem,
säurefreiem Papier.

D 180
ISSN 0531-7312
ISBN 3-631-33649-7



Printed in Germany 1 2 3 4 5 7

# Inhaltsverzeichnis

# Abkürzungsverzeichnis

| | |
|---|---|
| a. A. | anderer Ansicht |
| a.a.O. | am angegebenen Ort |
| Abs. | Absatz |
| AFG | Arbeitsförderungsgesetz |
| AO | Abgabenordnung |
| Art. | Artikel |
| AS | Amtliche Sammlung von Entscheidungen der Oberverwaltungsgerichte Rheinland-Pfalz und Saarland |
| AT | Allgemeiner Teil |
| Aufl. | Auflage |
| AuslG | Ausländergesetz |
| Az. | Aktenzeichen |
| BAGE | Entscheidungen des Bundesarbeitsgerichts |
| Bay VBl. | Bayerische Verwaltungsblätter (Zeitschrift) |
| Bay VGH | Bayerischer Verwaltungsgerichtshof |
| BB | Der Betriebs-Berater (Zeitschrift) |
| Bd. | Band |
| BEG | Bundesentschädigungsgesetz |
| BfA | Bundesversicherungsanstalt für Angestellte |
| BGB | Bürgerliches Gesetzbuch |
| BGBl. | Bundesgesetzblatt |
| BGHZ | Entscheidungen des Bundesgerichtshofs in Zivilsachen |
| Breithaupt | Sammlung von Entscheidungen aus dem Sozialrecht, begründet von Hermann Breithaupt |
| BSG | Bundessozialgericht |
| BSGE | Entscheidungen des Bundessozialgerichts |
| BSHG | Bundessozialhilfegesetz |
| BT-Drucks. | Bundestagsdrucksache |
| BVerfG | Bundesverfassungsgericht |
| BVerfGE | Entscheidungen des Bundesverfassungsgerichts |
| BVerfGG | Bundesverfassungsgerichtsgesetz |

| | |
|---|---|
| BVerwG | Entscheidungen des Bundesverwaltungsgerichts |
| BVG | Bundesversorgungsgesetz |
| bzw. | beziehungsweise |
| DAngVers. | Die Angestelltenversicherung (Zeitschrift) |
| ders. | derselbe |
| dies. | dieselbe |
| Diss. | Dissertation |
| DOK | Die Ortskrankenkasse (Zeitschrift) |
| DÖV | Die öffentliche Verwaltung (Zeitschrift) |
| DRV | Deutsche Rentenversicherung (Zeitschrift) |
| DVBl. | Deutsches Verwaltungsblatt (Zeitschrift) |
| Erl. | Erläuterung |
| ErsK | Die Ersatzkasse (Zeitschrift) |
| ESVGH | Entscheidungssammlung des hessischen Verwaltungsgerichtshofes und des Verwaltungsgerichtshofes Baden-Württemberg mit Entscheidungen der Staatsgerichtshöfe beider Länder |
| EuM | Entscheidungen und Mitteilungen des Reichsversicherungsamtes |
| f. | folgende |
| ff. | fortfolgende |
| FGO | Finanzgerichtsordnung |
| Fn. | Fußnote |
| FS | Festschrift |
| GaststättenG | Gaststättengesetz |
| GewO | Gewerbeordnung |
| GG | Grundgesetz |
| HessVGH | Hessischer Verwaltungsgerichtshof |
| Hrsg. | Herausgeber |
| i.S. | im Sinne |
| i.V.m. | in Verbindung mit |
| JBl. | (Österreichische) Juristische Blätter (Zeitschrift) |
| JR | Juristische Rundschau (Zeitschrift) |
| Jura | Juristische Ausbildung (Zeitschrift) |

| | |
|---|---|
| JuS | Juristische Schulung (Zeitschrift) |
| JZ | Juristenzeitung (Zeitschrift) |
| LS | Leitsatz |
| LSG | Landessozialgericht |
| LVA | Landesversicherungsanstalt |
| ME | Musterentwurf |
| NJW | Neue Juristische Wochenschrift |
| Nr(n). | Nummer(n) |
| NVwZ | Neue Zeitschrift für Verwaltungsrecht |
| NW | Nordrhein-Westfalen |
| NZA | Neue Zeitschrift für Arbeitsrecht |
| NZS | Neue Zeitschrift für Sozialrecht |
| OVG | Oberverwaltungsgericht |
| Rdnr(n). | Randnummer(n) |
| RG | Reichsgericht |
| RGZ | Entscheidungen des Reichsgerichts in Zivilsachen |
| RR | Rechtsprechungsreport |
| RVA | Reichsversicherungsamt |
| RVO | Reichsversicherungsordnung |
| S. | Seite |
| SG | Sozialgericht |
| SGB | Sozialgesetzbuch |
| SGb. | Die Sozialgerichtsbarkeit (Zeitschrift) |
| SGG | Sozialgerichtsgesetz |
| SozR | Sozialrecht (Entscheidungssammlung, bearbeitet von den Richtern des BSG) |
| SozVers. | Die Sozialversicherung (Zeitschrift) |
| v. | von |
| VBlBW | Verwaltungsblätter für Baden-Württemberg (Zeitschrift) |
| VDR | Verband Deutscher Rentenversicherungsträger |
| VersB | Der Versorgungsbeamte (Zeitschrift) |
| VerwArch. | Verwaltungsarchiv (Zeitschrift) |
| VfG | Gesetz über das Verwaltungsverfahren der Kriegsopferversorgung |

| | |
|---|---|
| VG | Verwaltungsgericht |
| VGHBW | Verwaltungsgerichtshof Baden-Württemberg |
| vgl. | vergleiche |
| Vorbem. | Vorbemerkung |
| VVDStRL | Veröffentlichungen der Vereinigung der Deutschen Staatsrechtslehrer |
| VwGO | Verwaltungsgerichtsordnung |
| VwVfG | Verwaltungsverfahrensgesetz des Bundes |
| WoGG | Wohngeldgesetz |
| WuV | Wirtschaft und Verwaltung, Vierteljahresbeilage zum Gewerbearchiv (Zeitschrift) |
| WzS | Wege zur Sozialversicherung (Zeitschrift) |
| z. B. | zum Beispiel |
| ZfS | Zentralblatt für Sozialversicherung, Sozialhilfe und Versorgung (Zeitschrift) |
| ZfSH/SGB | Zeitschrift für Sozialhilfe und Sozialgesetzbuch |
| zit. | zitiert |
| ZPO | Zivilprozeßordnung |

# Literaturverzeichnis


| | |
|---|---|
| Achterberg, Norbert: | Allgemeines Verwaltungsrecht, 2. Aufl. 1986 (zit.: Verwaltungsrecht) |
| Achterberg, Norbert: | Der Verwaltungsvorakt, DÖV 1971, 379 |
| Allesch, Erwin: | Die Anwendbarkeit der Verwaltungsverfahrensgesetze auf das Widerspruchsverfahren nach der VwGO, 1984 (zit.: Widerspruchsverfahren) |
| Arens, Peter/Lüke, Wolfgang: | Zivilprozeßrecht - Erkenntnisverfahren, Zwangsvollstreckung, 6. Aufl., 1994 (zit.: Zivilprozeßrecht) |
| Bank, Wilfried J.: | Zwangsvollstreckung gegen Behörden, 1982 (zit.: Zwangsvollstreckung) |
| Barnewitz, Joachim: | Die Aufhebung, der Widerruf und die Rücknahme von bestandskräfigen Rentenbescheiden sowie die Erstattung von Rentenleistungen nach dem Regierungsentwurf eines Sozialgesetzbuchs (SGB) - Verwaltungsverfahren -, SGb. 1979, 51 |
| Baumanns, Axel: | Die Zwangsvollstreckung aus öffentlich-rechtlichen Verträgen. - Zugleich ein Beitrag zur Frage der Wirksamkeit rechtswidriger Verträge, Diss. Münster 1978 (zit.: Zwangsvollstreckung) |
| Baumbach, Adolf/ Lauterbach, Wolfgang/ Albers, Jan/ Hartmann, Peter: | Zivilprozeßordnung, 55. Aufl. 1997 (zit.: ZPO) |
| Baumeister, Peter: | Der Anspruch auf ein Wiederaufgreifen unanfechtbar abgeschlossener Verwaltungsverfahren, VerwArch. 1993, 374 |
| Baumeister, Peter: | Die Novellierung der §§ 48, 49, 49 a VwVfG, NVwZ 1997, 19 |
| Behn, Michael: | Angenommenes Anerkenntnis (§ 101 Abs. 2 SGG) oder Anerkenntnisurteil (§§ 202 SGG i.V.m. §§ 307, 313 b ZPO), SozVers. 1979, 169 |

Behn, Michael: Anmerkung zum Urteil des BSG vom 22.09.1977, JZ 1979, 200

Behn, Michael: Auslegungsstreit bei angenommenem Anerkenntnis und Anerkenntnisurteil im sozialgerichtlichen und zivilprozessualen Verfahren, SGb. 1980, 525

Behn, Michael: Zur Auslegung eines Anerkenntnisses im Sozialrechtsstreit, SozVers. 1980, 169

Behn, Michael: Das angenommene Anerkenntnis als anderweitige Erledigung des Rechtsstreits, insbesondere in der Rechtsmittelinstanz, ZfS 1981, 280

Beinhardt, Gerd: Der öffentlich-rechtliche Vertrag im deutschen und französischen Recht, VerwArch. 1964, 210

Bethge, Herbert/ Detterbeck, Steffen: Der praktische Fall - Öffentliches Recht: Der ungetreue Öko-Bauer, JuS 1993, 402

BfA (Hrsg.): Erläuterungen zum SGB X, 5. Aufl. 1995 (zit.: SGB X)

Bieback, Karl-Jürgen: Anmerkung zum Urteil des BSG vom 11.06.1987, DVBl. 1988, 453

Bley, Helmar u.a. (Hrsg.): Kommentar zum gesamten Recht der Sozialversicherung, Loseblattsammlung, Stand Oktober 1996 (zit.: Gesamtkommentar)

Bley, Helmar/ Kreikebohm, Ralf: Sozialrecht, 7. Aufl., 1993

Bley, Helmar: Grundzüge der Sozialgerichtsbarkeit, 1976 (zit.: Sozialgerichtsbarkeit)

Bley, Helmar: Der Verwaltungsakt, DOK 1978, 861

Blomeyer, Jürgen: Zum Streit über Natur und Wirkungsweise der materiellen Rechtskraft, insbesondere zu seiner praktischen Bedeutung, JR 1968, 407

Bonk, Heinz Joachim: Strukturelle Änderungen des Verwaltungsverfahrens durch das Genehmigungsverfahrensbeschleunigungsgesetz, NVwZ 1997, 320

| | |
|---|---|
| Bosch, Edgar/ Schmidt, Jörg: | Praktische Einführung in das verwaltungsgerichtliche Verfahren, 6. Aufl. 1996 (zit.: Verwaltungsgerichtliches Verfahren) |
| Brackmann, Kurt: | Handbuch der Sozialversicherung, 10. Aufl. 1986 (zit.: Sozialversicherung) |
| Braun, Johann: | Rechtskraft und Restitution, Erster Teil - Der Rechtsbehelf gem. § 826 BGB gegen rechtskräftige Urteile, 1979 (zit.: Rechtskraft) |
| Brenner, Michael: | Der Verwaltungsakt mit Nebenbestimmungen, JuS 1996, 291 |
| Breuer, Rüdiger: | „Altlasten" als Bewährungsprobe der polizeilichen Gefahrenabwehr und des Umweltschutzes - OVG Münster, NVwZ 1985, 355, JuS 1986, 359 |
| Bronnemeyer, Helmut: | Der Widerruf rechtmäßiger begünstigender Verwaltungsakte nach § 49 VwVfG, 1993 (zit. Widerruf) |
| Brox, Hans: | Allgemeines Schuldrecht, 23. Aufl. 1996 (zit.: Schuldrecht AT) |
| Brühl, Raimund: | Sachbericht, Gutachten und Bescheid im Widerspruchsverfahren, JuS 1994, 330 |
| Bull, Hans Peter: | Anmerkung zum Urteil des BVerwG vom 10.12.1970, DVBl. 1971, 581 |
| Bull, Hans-Peter: | „Dienstliche Anweisung" statt Widerspruchsbescheid? - Ein Diskussionsbeitrag zu den Grenzen der Fachaufsicht, DVBl. 1970, 243 |
| Bullinger, Martin: | Leistungsstörungen beim öffentlich-rechtlichen Vertrag, DÖV 1977, 812 |
| Busch, Jost-Dietrich: | Nochmals: Der zweite Widerspruchsbescheid, BayVBl. 1981, 296 |
| Claaßen, Max-Peter: | Berichte über die Arbeitskreise und die Podiumsdiskussion beim 7. Deutschen Verwaltungsrichtertag - Bericht zum Arbeitskreis IV, DVBl. 1983, 681 |
| Delitz, A.: | Das VfG im Spiegel der Rechtsprechung, VersB 1965, 134 |

Detterbeck, Steffen: Das Verwaltungsakt-Wiederholungsverbot, NVwZ 1994, 35

Detterbeck, Steffen: Streitgegenstand und Entscheidungswirkungen im öffentlichen Recht, 1995 (zit.: Streitgegenstand)

Dickersbach, Alfred: Die Entwicklung des Subventionsrechts seit 1984, NVwZ 1993, 846

Dickersbach, Alfred: Die Entwicklung des Subventionsrechts seit 1993, NVwZ 1996, 962

Dolzer, Rudolf (Hrsg.): Bonner Kommentar zum Grundgesetz, Stand Mai 1996 (zit.: BK)

Dommach, Hermann A.: Neuregelung der Rückforderung von Zuwendungen des Bundes, DÖV 1981, 122

Dörr, Gernot: Urteilsrente, Ausführungsbescheid, Rückforderung, DAngVers. 1983, 378

Dörr, Gernot: Rückforderung von Urteilsrente, DAngVers. 1985, 116

Dörr, Gernot: Zur Abgrenzung von Korrektur-Tatbeständen, DAngVers. 1988, 452

Dörr, Gernot: Rückforderung nach § 50 Abs. 2 SGB X, DAngVers. 1989, 464

Dörr, Gernot: Aussparen als speziell sozialrechtliche Bescheidkorrektur, SGb. 1990, 349

Dörr, Gernot: Rentenversicherungsbescheide mit Nebenbestimmungen, DAngVers. 1991, 70

Dörr, Gernot: Auch im Sozialrecht: Vorläufige Verwaltungsakte, DAngVers. 1992, 97

Ebsen, Ingwer: Das Sozialverfahrensrecht (SGB X) in Rechtsprechung und Literatur, in: Wannagat, Georg/Gitter, Wolfgang (Hrsg.), Jahrbuch des Sozialrechts der Gegenwart, Bd. 15, 1993 (zit.: Jahrbuch)

Eichenhofer, Eberhard: Sozialrecht, 1995

v. Einem, Götz: Strukturen der Beseitigungs- und Anpassungsverfahren von Verwaltungsakten in Verwaltungsverfahrensgesetz, Sozialgesetzbuch Teil X und Abgabenordnung unter besonderer Berücksichtigung der höchstrichterlichen Rechtsprechung als Anpassungs- und Beseitigungsgrund, Diss. Göttingen 1989 (zit.: Strukturen)

v. Einem, Hans-Jörg: Rechtliche Betroffenheit Dritter im Verwaltungsverfahren der Sozialleistungsträger, ZfSH/SGB 1985, 263

v. Einem, Hans-Jörg: Rückwirkende Aufhebung von Verwaltungsakten bei geänderter höchstrichterlicher Rechtsprechung, SGb. 1986, 148

Elster, Theodor: Begünstigende Verwaltungsakte mit Bedingungen, Einschränkungen und Auflagen, 1979 (zit.: Bedingungen)

Erichsen, Hans-Uwe u.a. (Hrsg.): System des verwaltungsgerichtlichen Rechtsschutzes - Festschrift für Christian-Friedrich Menger, 1985 (zit.: FS Menger)

Erichsen, Hans-Uwe (Hrsg.): Allgemeines Verwaltungsrecht, 10. Aufl. 1995 (zit.: Verwaltungsrecht)

Erichsen, Hans-Uwe: Nebenbestimmungen zu Verwaltungsakten, Jura 1990, 214

Erlenkämper, Arnold/ Fichte, Wolfgang: Sozialrecht, 3. Aufl., 1996

Eyermann, Erich/ Fröhler, Ludwig/ Kormann, Joachim: Verwaltungsgerichtsordnung, 9. Aufl. 1988 (zit.: VwGO)

Faber, Heiko: Verwaltungsrecht, 4. Aufl. 1995

Fehn, Bernd J.: Die isolierte Auflagenanfechtung, DÖV 1988, 202

Finkelnburg, Klaus/ Lässig, Curt Lutz: Kommentar zum Verwaltungsverfahrensgesetz, 1979 (zit.: VwVfG)

Fluck, Jürgen: Die Erfüllung des öffentlich-rechtlichen Verpflichtungsvertrages durch Verwaltungsakt, 1985 (zit.: Erfüllung)

Forsthoff, Ernst: Lehrbuch des Verwaltungsrechts, Band I, 10. Aufl. 1973 (zit.: Verwaltungsrecht)

Friederichs, Helmut: Anmerkung zum Beschluß des BSG vom 21.02.1959, SGb. 1959, 263

Friederichs, Helmut: Vorbehalt im Leistungsbescheid, SozVers. 1976, 86

Frohn, Hansgeorg: Die Korrektur von Verwaltungsakten wegen nachträglicher Verhältnisänderung, Jura 1993, 393

Gagel, Alexander: Die Aufhebung von Verwaltungsakten mit Dauerwirkung bei Änderung der Verhältnisse, SGb. 1990, 252

Giegerich, Thomas: Wiederaufgreifen des Verwaltungsverfahrens nach rechtskräftiger Klageabweisung, JuS 1985, 923

Göldner, Detlef: Die Rücknahme rechtswidriger begünstigender Verwaltungsakte nach dem neuen Verwaltungsverfahrensrecht, DÖV 1979, 805

Götz, Volkmar: Die vorläufige Subventionsbewilligung - BVerwG, NJW 1983, 2043, JuS 1983, 924

Gräßer, Willi: Anmerkung zum Urteil des BSG vom 25.10.1984, SozVers. 1985, 78

Graßl, Michael: Vertrauensschutz bei der Aufhebung rechtswidrig begünstigender Verwaltungsakte, SGb. 1985, 145

Grosser, Hans-Dieter: Das Dilemma der Rechtsverbindlichkeit mündlich tatsächlich erfolgter Zusicherungen im Verwaltungsverfahren vor dem Hintergrund der §§ 38 Abs. 1 Satz 1 VwVfG, 34 Abs. 1 Satz 1 SGB X, SGb. 1994, 610

Grunsky, Wolfgang: Grundlagen des Verfahrensrechts - eine vergleichende Darstellung von ZPO, FGG, VwGO, FGO, SGG, 1970 (zit.: Grundlagen)

Guttenberg, Ulrich: Zur Problematik von Anerkenntnis- und Verzichtsurteilen im Verwaltungsprozeß, VBlBW 1992, 244.

Haueisen, Fritz: Zur rechtlichen Qualifizierung des Rentenbescheids, NJW 1958, 441

| | |
|---|---|
| Haueisen, Fritz: | Zur Problematik der unterschiedlichen Bindungswirkung von Verwaltungsakt, Vergleich, Anerkenntnis und Urteil, DRV 1963, 1 |
| Haueisen, Fritz: | Unterschiede in den Bindungswirkungen von Verwaltungsakt, öffentlich-rechtlichem Vertrag, gerichtlichem Vergleich und Urteil, NJW 1963, 1329 |
| Henke, Wilhelm: | Anmerkung zum Urteil des BVerwG vom 14.04.1983, DVBl. 1983, 1247 |
| Henke, Wilhelm: | Jürgen Fluck, Die Erfüllung des öffentlich-rechtlichen Verpflichtungsvertrages durch Verwaltungsakt (Besprechung), DÖV 1987, 125 |
| Hofe, Gerhard: | Das System einer Bescheidkorrektur bei rechtswidrigen nicht begünstigenden Verwaltungsakten, SGb. 1986, 11 |
| Hofe, Gerhard: | Erstattung zu Unrecht erbrachter Leistungen nach § 50 SGB X, SGb. 1990, 527 |
| Hönig, Wolfgang: | Die Zulässigkeit von Nebenbestimmungen bei Verwaltungsakten, 1968 (zit.: Nebenbestimmungen) |
| Horn, Thomas J.: | Die Aufhebung des der Drittanfechtung unterliegenden Verwaltungsakts, 1989 (zit.: Aufhebung) |
| Hufen, Friedhelm: | Verwaltungsprozeßrecht, 2. Aufl., 1996 |
| Jährling-Rahnefeld, Brigitte: | Vertrauensschutz bei der Rückforderung zu Unrecht ohne Verwaltungsakt erbrachter Leistungen gemäß § 50 Abs. 2 SGB X, DAngVers. 1996, 276 |
| Jauernig, Othmar: | Zivilprozeßrecht, 24. Aufl., 1993 |
| Joeres, Ulrich: | Die Rechtsstellung des notwendig Beigeladenen im Verwaltungsstreitverfahren, 1982 (zit.: Rechtsstellung) |
| Jung, Hans: | Die Nebenbestimmungen der Verwaltungsakte, Diss. Mainz 1956 (zit.: Nebenbestimmungen) |
| Karl, Dieter: | Der Rechtsschutz gegenüber rechtswidrigen Nebenbestimmungen begünstigender Verwaltungsakte, 1973 (zit.: Rechtsschutz) |

Kemper, Gerd-Heinrich: Rechtsfragen zum Anwendungsbereich des § 51 VwVfG, unter besonderer Berücksichtigung des Asylverfahrens, NVwZ 1985, 872

Kemper, Klaus: Der vorläufige Verwaltungsakt, DVBl. 1989, 981

Kemper, Klaus: Der vorläufige Verwaltungsakt, 1990 (zit.: vorläu-figer Verwaltungsakt)

Kleinlein, Kornelius: Der maßgebliche Zeitpunkt für die Beurteilung der Rechtmäßigkeit von Verwaltungsakten, VerwArch. 1990, 149

Knack, Hans Joachim (Hrsg.): Verwaltungsverfahrensgesetz, 5. Aufl. 1996 (zit.: VwVfG)

Knauf, Roy: Allgemeines - Eine Auseinandersetzung mit dem BSG-Urteil vom 12.09.1984, SozVers. 1986, 143

Knipping, Andreas: Die Erledigung des Rentenbescheides durch Ablauf einer Befristung, SGb. 1994, 170

Knipping, Andreas: Rücknahme oder Aufhebung oder Mißachtung überholter Verwaltungsakte, NZS 1994, 109

Knipping, Andreas: Kann ein Verwaltungsakt rechtswidrig werden? SGb. 1994, 514

König, Hans-Günther: Der vorläufige Verwaltungsakt, BayVBl. 1989, 33

Kohler, Josef: Der Prozeß als Rechtsverhältnis - Prolegomena zu einem System des Zivilprozesses, 1888 (zit.: Prozeß)

Kopp, Ferdinand J.: Verwaltungsakte unter Vorbehalt und sonstige vorläufige Verwaltungsakte, DVBl. 1989, 238

Kopp, Ferdinand O.: Verwaltungsgerichtsordnung, 10. Aufl. 1994 (zit.: VwGO)

Kopp, Ferdinand O.: Verwaltungsverfahrensgesetz, 5. Aufl. 1991 (zit.: VwVfG)

Kopp, Ferdinand O.: Widerruf oder Rücknahme nachträglich rechtswidrig gewordener Verwaltungsakte? BayVBl. 1989, 652

Kopp, Ferdinand O.: Einstweilige Anordnungen im Verwaltungsverfahren, BayVBl. 1968, 236

Kopp, Ferdinand O./ Kopp, Ferdinand J.: Grenzen der Rechtskraftwirkung von Urteilen aufgrund von Anfechtungsklagen, NVwZ 1994, 1

Kopp, Ferdinand O.: Anmerkung zum Urteil des BSG vom 17.10.1990, SGb. 1991, 563

Krasney, Otto Ernst: Zur Neuregelung der Neufeststellung von Leistungen in der gesetzlichen Unfallversicherung wegen Änderung der Verhältnisse, SozVers. 1979, 73

Krause, Peter/ v. Mutius, Albert/ Schnapp, Friedrich E./ Siewert, Joachim: Gemeinschaftskommentar zum Sozialgesetzbuch - Verwaltungsverfahren, 1991 (zit.: Gemeinschaftskommentar)

Krause, Peter: Rechtsformen des Verwaltungshandelns, 1974 (zit.: Rechtsformen)

Krause, Peter: Das neue Sozialgesetzbuch: Verwaltungsverfahren, NJW 1981, 81

Kreßel, Eckhard: Der „vorläufige" Verwaltungsakt, BayVBl. 1989, 65

Kreuzer, Heinrich: Der vertragswidrige Verwaltungsakt, 1988 (zit.: Verwaltungsakt)

Lang, Alfred: Verzicht und Anerkenntnis im verwaltungsgerichtlichen Verfahren, BayVBl. 1958, 170

Lang, Alfred: Untersuchungs- und Verwaltungsmaxime im Verwaltungsprozeß, VerwArch. 1961, 60 und 175

Lange, Klaus: Probleme des Vertrauensschutzes im Verwaltungsrecht, WiVerw. 1979, 15

Lange, Klaus: Vertrauensschutz nach dem Verwaltungsverfahrensgesetz, Jura 1980, 456

Larenz, Karl: Methodenlehre der Rechtswissenschaft, 6. Aufl. 1991 (zit.: Methodenlehre)

Larenz, Karl: Allgemeiner Teil des deutschen Bürgerlichen Rechts, 7. Aufl. 1989 (zit.: BGB AT)

Laubinger, Hans-Werner: Die Anfechtbarkeit von Nebenbestimmungen, VerwArch. 1982, 345

| | |
|---|---|
| Laubinger, Hans-Werner: | Zur Erforderlichkeit der Anhörung des Antragstellers vor Ablehnung seines Antrages durch die Verwaltungsbehörde, VerwArch. 1984, 55 |
| Laubinger, Hans-Werner: | Die Umdeutung von Verwaltungsakten, VerwArch. 1987, 207, 345 |
| Lerche, Peter: | Die verwaltungsgerichtliche Klage aus öffentlich-rechtlichen Verträgen, in: Külz, Helmut R. und Naumann, Richard (Hrsg.), Staatsbürger und Staatsgewalt, Jubiläumsschrift zum Hundertjährigen Bestehen der deutschen Verwaltungsgerichtsbarkeit und zum zehnjährigen Bestehen des Bundesverwaltungsgerichts, 1963, S. 59 ff. |
| Lüke, Gerhard/ Walchshofer, Alfred (Hrsg.): | Münchener Kommentar zur Zivilprozeßordnung, 1992 (zit.: MK ZPO) |
| Mager, Ute: | Der maßgebliche Zeitpunkt für die Beurteilung der Rechtswidrigkeit von Verwaltungsakten, 1994 (zit.: Maßgeblicher Zeitpunkt) |
| Maier, Kurt/Clausing, Peter/Hermann, Tilo: | Der Regierungsentwurf des Verwaltungsverfahrens im Sozialgesetzbuch aus der Sicht der gesetzlichen Rentenversicherung, SGb. 1978, 325 |
| Mann, Jürgen: | Das gestufte Verwaltungsverfahren im Baurecht, 1991 (zit.: Gestuftes Verwaltungsverfahren) |
| Martens, Joachim: | Die Rechtsprechung zum Verwaltungsverfahrens-recht, NVwZ 1985, 158 |
| Martens, Joachim: | Verwaltungsverfahrensrecht, DOK 1979, 169 |
| Martens, Joachim: | Vorläufige Regelungen durch Verwaltungsakt, DÖV 1987, 992 |
| Martens, Joachim: | Die Praxis des Verwaltungsprozesses, 1975 (zit.: Verwaltungsprozeß) |
| Marx, Gregor: | Das Herbeiführen der Spruchreife im Verwaltungsprozeß, 1996 (zit.: Spruchreife) |
| Maunz, Theodor/ Dürig, Günter: | Kommentar zum Grundgesetz, Stand Mai 1994 (zit.: GG) |

| | |
|---|---|
| Maurer, Hartmut: | Allgemeines Verwaltungsrecht, 10. Aufl. 1995 (zit.: Verwaltungsrecht) |
| Maurer, Hartmut: | Anmerkung zum Urteil des BVerwG vom 08.12.1992, JZ 1993, 574 |
| Mayer, Otto: | Deutsches Verwaltungsrecht, Band I, 3. Aufl. 1924 (zit.: Verwaltungsrecht) |
| Merten, Detlef: | Bestandskraft von Verwaltungsakten, NJW 1983, 1993 |
| Meyer, Hans/ Borgs-Maciejewski, Hermann: | Verwaltungsverfahrensgesetz, 2. Aufl. 1982 (zit.: VwVfG) |
| Meyer-Hesemann, Wolfgang: | Die Zulässigkeit gesetzesinkongruenter verwaltungsrechtlicher Vergleichsverträge und Prozeßvergleiche, DVBl. 1980, 869 |
| Meyer-Ladewig, Jens: | Sozialgerichtsgesetz, 5. Aufl. 1993 (zit.: SGG) |
| Meyer-Ladewig, Jens: | Besonderheiten des sozialgerichtlichen Verfahrens, SGb. 1980, 461 |
| Miesbach, Hermann/ Ankenbrank, Kurt: | Sozialgerichtsgesetz, Stand März 1993 (zit.: SGG) |
| Mrozynski, Peter: | Sozialgesetzbuch I, 2. Aufl. 1995 (zit.: SGB I) |
| Musielak, Hans-Joachim: | Zur Klage nach § 826 BGB gegen rechtskräftige Urteile, JA 1982, 7 |
| Obermayer, Klaus: | Kommentar zum Verwaltungsverfahrensgesetz, 2. Aufl., 1990 (zit.: VwVfG) |
| Ossenbühl, Fritz: | Die Rücknahme fehlerhafter begünstigender Verwaltungsakte, 2. Aufl. 1965 (zit.: Rücknahme) |
| Pagenstecher, Max: | Zur Lehre von der materiellen Rechtskraft, 1905 (zit.: Rechtskraft) |
| Palandt, Otto: | Bürgerliches Gesetzbuch, 56. Aufl. 1997 (zit.: BGB) |
| Peine, Franz-Josef: | Der vorläufige Verwaltungsakt, DÖV 1986, 849 |

| | |
|---|---|
| Peschau, Hans Hermann: | Die Beweislast im Verwaltungsrecht. Zur Verteilung des Aufklärungsrisikos im Verwaltungsprozeß, 1983 (zit.: Beweislast) |
| Peters, Horst/ Sautter, Theodor/ Wolff, Richard: | Kommentar zur Sozialgerichtsbarkeit, Stand 1989 (zit.: SGG) |
| Pickel, Harald: | Widerruf von Verwaltungsakten, SozVers. 1986, 169 |
| Pickel, Harald: | Zulässigkeit, Gestaltung und Wirksamkeit öffentlich-rechtlicher Verträge, SGb. 1984, 133 |
| Pickel, Harald: | Lehrbuch des sozialrechtlichen Verwaltungsverfahrens, 2. Aufl. 1985 (zit.: Verwaltungsverfahren) |
| Pickel, Harald: | Verfahrensabwicklung nach Beseitigung des Verwaltungsaktes, WzS 1985, 353 |
| Pickel, Harald: | Die Rücknahme von Verwaltungsakten nach dem SGB X, NVwZ 1987, 454 |
| Pickel, Harald: | Verwaltungsakte mit Dauerwirkung und ihre Aufhebung, SGb. 1992, 294 |
| Pickel, Harald: | Fehlerhafte Verwaltungsakte, SGb. 1985, 532 |
| Pickel, Harald: | Kommentar zum Sozialgesetzbuch - Zehntes Buch -, Stand August 1996 (zit.: SGB X) |
| Pietzcker, Jost: | Rechtsschutz gegen Nebenbestimmungen - unlösbar? NVwZ 1995, 15. |
| Pietzner, Rainer/ Ronellenfitsch, Michael: | Das Assessorexamen im Öffentlichen Recht, 9. Aufl. 1996 (zit.: Assessorexamen) |
| Pitschas, Rainer: | Das Verwaltungsverfahren nach dem Sozialgesetzbuch, JuS 1983, 434 |
| Platzer, Helmut: | Zum Problem der Zulässigkeit von Widerrufsvorbehalten bei gebundenen Verwaltungsakten, am Beispiel des Verwaltungsverfahrens der Rentenversicherungsträger, SGb. 1983, 277 |
| Pohle, Rudolf: | Über die Rechtskraft im Zivil- und Strafprozeß, JBl. 1957, 113 |

| | |
|---|---|
| Preusche, Burkhard: | Zum Ändern und Ersetzen angefochtener Verwaltungsakte, DVBl. 1992, 797 |
| Rauschenbach, Fritz: | Ermessensabwägungen bei Aufhebung von Bescheiden (§§ 45, 48 SGB X), DAngVers. 1988, 441 |
| Rebhahn, Manfred: | Öffentlichrechtliche Verträge im Bereich des Erschließungs-, Bauplanungs- und Bauordnungsrechts, Diss. Frankfurt 1972 (zit.: Verträge) |
| Rebmann, Kurt/Säcker, Franz Jürgen (Hrsg.): | Münchener Kommentar zum Bürgerlichen Gesetzbuch, Band 1, 3. Aufl., 1993 (zit.: MK BGB) |
| Redeker, Konrad/ v. Oertzen, Hans-Joachim: | Verwaltungsgerichtsordnung, 11. Aufl. 1994 (zit.: VwGO) |
| Redeker, Konrad: | Die Regelung des öffentlich-rechtlichen Vertrages im Musterentwurf, DÖV 1966, 543 |
| Reimer, Jürgen: | Zur Abänderbarkeit verwaltungsgerichtlicher Entscheidungen im Verfahren des vorläufigen Rechtsschutzes, VBlBW 1986, 291 |
| Renck-Laufke, Martha: | Rechtsfragen der Vollstreckung verwaltungsgerichtlicher Vergleiche, BayVBl. 1976, 621 |
| Rosenberg, Leo/ Schwab, Karl Heinz/ Gottwald, Peter: | Zivilprozeßrecht, 15. Aufl., 1993 |
| Roser, Thomas: | Sind Auflagen und Bedingungen behördlicher Erlaubnisse selbständig anfechtbar? BB 1967, 908 |
| Sachs, Michael: | Wiederaufgreifen des Verwaltungsverfahrens nach rechtskräftiger Klageabweisung - BVerwG, NJW 1985, 280 - JuS 1985, 447 |
| Sachs, Michael: | Das Wiederaufgreifen des Verwaltungsverfahrens, JuS 1982, 264 |
| Sahlmüller, Fred: | Der zweite Widerspruchsbescheid, BayVBl. 1980, 650 |
| Sauer, Hubert: | Die Bestandskraft von Verwaltungsakten, DÖV 1971, 150 |

| | |
|---|---|
| Schachel, Jens: | Nebenbestimmungen zu Verwaltungsakten, 1978 (zit.: Nebenbestimmungen) |
| Schachtschneider, Karl Albrecht: | Neubescheidung nach Rechtskraft im Sozialversicherungsrecht und im allgemeinen Verwaltungsrecht, VerwArch. 1972, 112 |
| Schenke, Wolf-Rüdiger/ Baumeister, Peter: | Der rechtswidrig gewordene Verwaltungsakt - BVerwGE 84, 111, JuS 1991, 547 |
| Schenke, Wolf-Rüdiger: | Verwaltungsprozeßrecht, 5. Aufl. 1997 |
| Schenke, Wolf-Rüdiger: | Rechtsschutz gegen Nebenbestimmungen - BVerwGE 60, 269 - JuS 1983, 182 |
| Schenke, Wolf-Rüdiger: | Rechtsschutz gegen Nebenbestimmungen bei Wirtschaftsverwaltungsakten, Wirtschaft und Verwaltung 1982, 142 |
| Schenke, Wolf-Rüdiger: | Probleme der Bestandskraft von Verwaltungsakten, DÖV 1983, 320 |
| Schenke, Wolf-Rüdiger: | Der rechtswidrige Vertrag nach dem Verwaltungsverfahrensgesetz, JuS 1977, 281 |
| Schenke, Wolf-Rüdiger: | Die Bedeutung einer nach Abschluß des Verwaltungsverfahrens eintretenden Veränderung der Rechts- oder Sachlage für die Anfechtung eines Verwaltungsaktes, NVwZ 1986, 522 |
| Schenke, Wolf-Rüdiger: | Widerruf oder Rücknahme rechtswidrig gewordener Verwaltungsakte, BayVBl. 1990, 107 |
| Schenke, Wolf-Rüdiger: | Der verfahrensfehlerhafte Verwaltungsakt gemäß § 46 VwVfG, DÖV 1986, 305 |
| Schenke, Wolf-Rüdiger: | Die Umdeutung von Verwaltungsakten, DVBl. 1987, 641 |
| Schenke, Wolf-Rüdiger: | Die verwaltungsbehördliche Aufhebung nachträglich rechtswidrig gewordener Verwaltungsakte, DVBl. 1989, 433 |
| Schenke, Wolf-Rüdiger: | Das Nachschieben von Gründen im Rahmen der Anfechtungsklage, NVwZ 1988, 1 |

Schenke, Wolf-Rüdiger: Rechtsprobleme gestufter Verwaltungsverfahren am Beispiel von Bauvorbescheid und Baugenehmigung - Kritische Bemerkungen zu BVerwG, DVBl. 1989, 673 ff. -, DÖV 1990, 489

Schenke, Wolf-Rüdiger: Das Verwaltungsverfahren zwischen Verwaltungseffiziens und Rechtsschutzauftrag, VBlBW 1982, 313

Schenke, Wolf-Rüdiger: Rechtsprechungsübersicht zum Verwaltungsprozeß, JZ 1996, 1055

Schenke, Wolf-Rüdiger: Die Bedeutung der verfassungsrechtlichen Rechtsschutzgarantie des Art. 19 Abs. 4 GG, JZ 1988, 317

Scheuing, Dieter H.: Selbstbindungen der Verwaltung, VVDStRL Bd. 40 (1982), 153

Schickendanz, Erich: Wiederaufgreifen des Verwaltungsverfahrens nach rechtskräftiger Klageabweisung, JuS 1985, 924

Schiedermair, Gerhard: Die Wirkung der Anfechtung von Zwischenurteilen nach §§ 275, 304 ZPO auf das Endurteil, JuS 1961, 212

Schimmelpfennig, Hans-Christoph: Vorläufige Verwaltungsakte, 1989

Schimmelpfennig, Hans-Christoph: Vorläufige Verwaltungsakte, BayVBl. 1989, 69

Schimpf, Christian: Der verwaltungsrechtliche Vertrag unter besonderer Berücksichtigung seiner Rechtswidrigkeit, 1982 (zit.: Vertrag)

Schlegel, Helmut: Der Ausführungsbescheid und § 96 SGG, SGb. 1962, 398

Schlegel, Helmut: Zur rechtlichen Bedeutung des Ausführungsbescheides, VersB 1959, 105

Schmitz, Heribert/ Wessendorf, Franz: Das Genehmigungsverfahrensbescheunigungsgesetz - Neue Regelungen im Verwaltungsverfahrensgesetz und der Wirtschaftsstandort Deutschland, NVwZ 1996, 955

| | |
|---|---|
| Schnapp, Friedrich E.: | Pflichten des Leistungsträgers im sozialrechtlichen Verwaltungsverfahren, DAngVers. 1979, 9 |
| Schnapp, Friedrich E.: | Rücknahme von Verwaltungsakten, SGb. 1993, 1 |
| Schneider, Hans-Josef: | Nebenbestimmungen und Verwaltungsprozeß, 1978 (zit.: Nebenbestimmungen) |
| Schoch, Friedrich/ Schmidt-Aßmann, Eberhard/Pietzner, Rainer (Hrsg.): | Kommentar zur Verwaltungsgerichtsordnung (zit.: VwGO) |
| Schröder, Jörg: | Der Prozeßvergleich in den verwaltungsgerichtlichen Verfahrensarten, 1971 (zit.: Prozeßvergleich) |
| Schroeder-Printzen, Günther und Benkel, Jürgen: | Nebenbestimmungen in Verwaltungsakten der Sozialleistungsträger, SGb. 1990, 398 |
| Schroeder-Printzen, Günther (Hrsg.): | Sozialgesetzbuch Verwaltungsverfahren - SGB X, 3. Aufl., 1996 (zit.: SGB X) |
| Schultz, Karlheinz: | Anmerkung zum Beschluß des OVG Nordrhein-Westfalen vom 06.05.1980, DÖV 1981, 302 |
| Schultz, Karlheinz: | Schlußwort, DÖV 1981, 794 |
| Schunck, Egon/ De Clerk, Claus: | Kommentar zur Verwaltungsgerichtsordnung, 3. Aufl. 1977 (zit.: VwGO) |
| Schwankhardt, Franz: | Bindet der eine Leistung ablehnende Verwaltungsakt den Verwaltungsträger? - SozVers. 1962, 357 |
| Schwankhardt, Franz: | Kann der Versicherte entgegen der Rechtskraft die Neufeststellung erzwingen (§ 1300 RVO)? - SozVers. 1964, 266 |
| Schwerdtfeger, Gunther: | Öffentliches Recht in der Fallbearbeitung, 9. Aufl., 1993 (zit.: Fallbearbeitung) |
| Selmer, Peter: | Wiederaufgreifen des Verwaltungsverfahrens - von Amts wegen und auf Antrag, JuS 1987, 363 |
| Sieg, Karl: | Der Einfluß der Rechtsprechung des BSG auf unanfechtbare Verwaltungsakte mit Dauerwirkung, SGb. 1980, 49 |

| | |
|---|---|
| Sodan, Helge/Ziekow, Jan (Hrsg.): | Nomos-Kommentar zur Verwaltungsgerichtsordnung, 1996 (zit.: VwGO) |
| Stadie, Holger: | Rechtsschutz gegen Nebenbestimmungen eines begünstigenden Verwaltungsaktes, DVBl. 1991, 613 |
| v. Staudinger, Julius: | Kommentar zum Bürgerlichen Gesetzbuch mit Einführungsgesetz und Nebengesetzen, Zweites Buch, 13. Bearbeitung 1994 (zit.: BGB) |
| Steinmeyer, Horst: | Anmerkung zum Beschluß des LSG Niedersachsen vom 13.09.1991, SGb. 1993, 182 |
| Stelkens, Paul/ Bonk, Heinz Joachim/ Sachs, Michael: | Verwaltungsverfahrensgesetz, 4. Aufl. 1993 (zit.: VwVfG) |
| Stelkens, Paul: | Hindert Vertrauensschutz die Ersetzung eines belastenden Verwaltungsaktes durch einen neuen, stärker belastenden Verwaltungsakt - VGH Kassel, NJW 1981, 596 und BVerwGE 67, 129, JuS 1984, 930 |
| Stern, Klaus: | Verwaltungsprozessuale Probleme in der öffentlich-rechtlichen Arbeit, 7. Aufl., 1995 (zit.: Verwaltungsprozessuale Probleme) |
| Strack, Alois: | Wird der Ausführungsbescheid (§ 154 Abs. 2 SGG) Gegenstand des Berufungsverfahrens? ZfS 1960, 241 |
| Stumpp, Hans: | Die Bestimmtheit von Verwaltungsakten, DVBl. 1968, 330 |
| Tannen, Karl-Heinz: | Zwangsgeld, Rechtsschutzinteresse und Pauschgebühr, DRV 1978, 54 |
| Tannen, Karl-Heinz: | Anmerkung zum Urteil des BSG vom 22.04.1986, DRV 1986, 647 |
| Tannen, Karl-Heinz: | Anmerkung zum Urteil des BSG vom 25.10.1984, DRV 1985, 173 |
| Tannen, Karl-Heinz: | Anmerkung zum Urteil des BSG vom 12.09.1984, DRV 1985, 61 |
| Tannen, Karl-Heinz: | Anmerkung zum Urteil des BSG vom 15.05.1985, DRV 1985, 766 |

Tannen, Karl-Heinz: Höchstrichterliche Rechtsprechung in der gesetzlichen Rentenversicherung, DRV 1963, 295

Tannen, Karl-Heinz: Anmerkung zum Urteil des BSG vom 22.09.1977, DRV 1978, 84

Tiedemann, Paul: Der vorläufige Verwaltungsakt in der Leistungsverwaltung, DÖV 1981, 786

Tiedemann, Paul: Anmerkung zum Urteil des BVerwG vom 14.04.1983, DÖV 1983, 815

Trolldenier, Alexander: Der Erstattungsanspruch des Rentenversicherungsträgers, SozVers. 1982, 11

Trolldenier, Alexander: Aufgabe und Funktion der besonderen Ausschüsse der Widerspruchsstelle der Rentenversicherungsträger, SGb. 1983, 17

Tschaschnig, Ingo: Die Nichtigkeit subordinationsrechtlicher Verträge nach dem Verwaltungsverfahrensgesetz, 1984 (zit.: Nichtigkeit)

Ule, Carl Hermann/ Laubinger, Hans-Werner: Verwaltungsverfahrensrecht, 4. Aufl. 1995

Ule, Carl Hermann: Verwaltungsgerichtsbarkeit (Verwaltungsgesetze des Bundes und der Länder Band I 2. Halbband), 2. Aufl. 1962 (zit.: Verwaltungsgerichtsbarkeit)

Ule, Carl Hermann: Verwaltungsprozeßrecht, 9. Aufl. 1987 (zit.: Verwaltungsprozeßrecht)

Ule, Carl-Hermann: Anmerkung zum Urteil des BSG vom 28.01.1981, DVBl. 1981, 1008

Verband Deutscher Rentenversicherungsträger/Ruland, Franz (Hrsg.): Handbuch der gesetzlichen Rentenversicherung, 1990 (zit.: Handbuch)

Verband Deutscher Rentenversicherungsträger (Hrsg.): Kommentar zum Recht der gesetzlichen Rentenversicherung, Stand Januar 1996 (zit.: Verbandskommentar)

| | |
|---|---|
| Weides, Peter: | Widerruf von Zuwendungsbescheiden, JuS 1985, 364 |
| Wendt, Rudolf: | Rücknahme und Widerruf von Verwaltungsakten in Spezialgesetzen und im Verwaltungsverfahrensgesetz, JA 1980, 85 |
| Wendt, Rudolf: | Zustandekommen, Inhalt und Fehlerhaftigkeit von Verwaltungsakten, JA 1980, 25 |
| Wertenbruch, Wilhelm (Hrsg.): | Bochumer Kommentar zum Sozialgesetzbuch Allgemeiner Teil (zit.: Bochumer Kommentar) |
| Wiesemann, Peter: | Die Berichtigung gerichtlicher Entscheidungen im Zivil-, Verwaltungs-, Finanz- und Sozialgerichtsprozeß, Diss. Mainz 1974 (zit.: Berichtigung) |
| Wirth, Peter Nikolaus: | Umdeutung fehlerhafter Verwaltungsakte, 1990 (zit.: Umdeutung) |
| Wolff, Hans Julius/ Bachof, Otto/ Stober, Rolf: | Verwaltungsrecht I, 10. Auf., 1994 (zit.: Verwaltungsrecht) |
| Wolff, Hans Julius/ Bachof, Otto: | Verwaltungsrecht I, 9. Aufl., 1974 (zit.: Verwaltungsrecht, 9. Aufl.) |
| Zeidler, Karl: | Empfiehlt es sich, die bestehenden Grundsätze über Auskünfte und Zusagen in der öffentlichen Verwaltung beizubehalten? Gutachten für den 44. Deutschen Juristentag, 1962 (zit.: Gutachten) |
| Zweng, Johann/ Scheerer, Reinhard/ Buschmann, Gerhard/ Dörr, Gernot: | Handbuch der Rentenversicherung, 3. Aufl. 1992 (zit.: Handbuch) |

## Vorbemerkung

Die Verwaltungsgerichtsbarkeit kann sich über einen Mangel an wissenschaftlichem Interesse an ihrer Tätigkeit nicht beklagen. In zeitlicher Hinsicht endet diese Aufmerksamkeit allerdings in aller Regel mit der Beendigung des Verfahrens. Hiergegen sind bei Feststellungs- und Gestaltungsklagen auch keine Einwände zu erheben, da diese Verfahrensarten dadurch gekennzeichnet sind, daß der Kläger sein Rechtsschutzziel mit dem Erlaß eines ihm günstigen Urteils, eines Anerkenntnisses oder eines Vergleichs bereits erreicht hat. Wesentlich anders stellt sich die Sachlage demgegenüber bei Leistungsklagen dar. Im Unterschied zu Feststellungs- und Gestaltungsklagen wird bei dieser Klageart das Rechtsschutzziel des Klägers nicht bereits mit der Beendigung des Verfahrens, sondern erst durch eine Ausführungshandlung der verurteilten bzw. durch ein Anerkenntnis oder einen Vergleich verpflichteten Behörde erreicht.

Die vorliegende Untersuchung hat sich diesen Aspekt des verwaltungsgerichtlichen Rechtsschutzes zum Gegenstand gewählt. Sie beschränkt sich dabei einerseits auf die Ausführung solcher verwaltungs- und sozialgerichtlicher Urteile, Anerkenntnisse oder Vergleiche, die auf den Erlaß eines Verwaltungsaktes gerichtet sind. Andererseits bezieht sie auch außergerichtliche Einzelverpflichtungen in ihre Betrachtung mit ein, soweit diese auf den Erlaß eines Verwaltungsaktes gerichtet sind. Sie lenkt hiermit die Aufmerksamkeit auf einen im wissenschaftlichen Schrifttum kaum beachteten, in der Verwaltungspraxis jedoch außerordentlich bedeutsamen Typus des Verwaltungsaktes: Den Ausführungsbescheid.

Die Untersuchung wurde im Wintersemester 1997/98 von der Fakultät für Rechtswissenschaft der Universität Mannheim als Dissertation angenommen. Herrn Prof. Dr. Wolf-Rüdiger Schenke danke ich für die geduldige Betreuung der Arbeit, Herrn Prof. Dr. Thomas Puhl für die zügige Erstellung des Zweitgutachtens.

Die Arbeit ist meinen Eltern gewidmet, die meine gesamte Ausbildung mit vielfältiger Unterstützung begleitet haben.

U.H.

# Einführung

## 1. Die Problematik

Die Konkretisierung einer generell-abstrakten Rechtsnorm auf einen Einzelfall ist als eine der wichtigsten Funktionen des Verwaltungsaktes anzusehen [1]. Die Ermächtigung oder Verpflichtung der Behörde zu seinem Erlaß ergibt sich hierbei grundsätzlich unmittelbar aus einem Gesetz oder einer auf Grund eines Gesetzes erlassenen Rechtsverordnung oder Satzung. Eine praktisch bedeutsame Ausnahme von diesem Grundsatz stellen demgegenüber solche Fälle dar, in denen ein Verwaltungsakt zur Ausführung einer einzelfallbezogenen hoheitlichen Regelung ergeht. Als derartige Regelungen kommen Zusicherungen, Widerspruchsbescheide, Urteile, einstweilige Anordnungen, öffentlich-rechtliche Verträge und Anerkenntnisse in Betracht.

Die den Verwaltungsakt betreffenden Regelungen des VwVfG sind auf solche Verwaltungsakte zugeschnitten, die unmittelbar auf Grund einer Rechtsnorm ergehen. Ihre Anwendung auf Ausführungsbescheide wirft daher besondere Probleme auf. Dies zeigt sich insbesondere bei den die Bestandskraft des Verwaltungsaktes regelnden §§ 43 ff. VwVfG. Die Voraussetzungen, unter denen ein Verwaltungsakt nach diesen Vorschriften als unwirksam anzusehen ist oder aufgehoben werden kann, stimmen nicht mit den Voraussetzungen überein, unter denen die als Grundlage eines Ausführungsbescheides in Betracht kommenden Einzelfallregelungen als unwirksam anzusehen sind oder aufgehoben werden können. Während z. B. ein fehlerhaftes verwaltungsgerichtliches Urteil nach Eintritt der Rechtskraft gemäß § 153 Abs. 1 VwGO i. V. mit §§ 578 ff. ZPO nur unter engen Voraussetzungen aufgehoben werden kann, ist ein fehlerhafter Verwaltungsakt gemäß §§ 48 ff. VwVfG in vergleichsweise weitem Umfang aufhebbar. Und während ein fehlerhafter öffentlich-rechtlicher Vertrag gemäß § 59 VwVfG in vielen Fällen als nichtig anzusehen ist, hat die Fehlerhaftigkeit eines Verwaltungsaktes gemäß § 44 VwVfG nur ausnahmsweise dessen Nichtigkeit zur Folge.

Aus dieser fehlenden Übereinstimmung der Nichtigkeitsgründe und Aufhebungsmöglichkeiten von Ausführungsbescheid und Grundregelung ergibt sich zunächst die Frage, ob ein Ausführungsbescheid auch dann gemäß §§ 43 ff. VwVfG unwirksam oder aufhebbar sein kann, wenn die ihm zu Grunde liegende

---

[1] So bereits Mayer, Verwaltungsrecht, S. 92 f. Zum neueren Schrifttum siehe Erichsen, Verwaltungsrecht, § 12 Rdnr. 2 und Kopp, VwVfG, Vorbem. § 35 Rdnr. 4.

Einzelfallregelung wirksam und nicht aufhebbar ist [2]. Die Inkongruenz der Nichtigkeitsgründe und Aufhebungsmöglichkeiten von Ausführungsbescheid und Grundregelung wirft weiterhin die Frage auf, welche Konsequenzen sich aus der Unwirksamkeit oder der Aufhebung der ihm zu Grunde liegenden Einzelfallregelung für den Bestand des Ausführungsbescheides ergeben [3].

Die bei der Anwendung der den Verwaltungsakt betreffenden Regelungen des VwVfG auf den Ausführungsbescheid auftretenden Probleme sollen im folgenden aufgezeigt und einer Lösung zugeführt werden.

Wenngleich Ausführungsbescheide auch im Bereich der Eingriffsverwaltung in Erscheinung treten können [4], so stellen sie doch überwiegend eine Rechtsfigur der Leistungsverwaltung dar. Da sich ein nicht unerheblicher Teil der Leistungsverwaltung im Anwendungsbereich des SGB X vollzieht, erscheint es geboten, die den Verwaltungsakt betreffenden Regelungen dieses Gesetzes in die Betrachtungen mit einzubeziehen.

2. Der Gang der Untersuchung

Am Beginn der Untersuchung steht eine Klärung des Begriffes des Ausführungsbescheides (I.).

Ihr folgt ein Überblick über die als Grundlage eines Ausführungsbescheides in Betracht kommenden Einzelfallregelungen (II.). Im Hinblick auf die später zu erörternde Frage, welche Konsequenzen sich aus der Unwirksamkeit oder der Abänderung der ihm zu Grunde liegenden Einzelfallregelung für den Bestand des Ausführungsbescheides ergeben, soll hierbei inbesondere dargestellt werden, unter welchen Voraussetzungen diese Regelungen als unwirksam anzusehen sind oder abgeändert werden können.

---

2 Beispiel: Zur Ausführung eines rechtskräftigen verwaltungsgerichtlichen Verpflichtungsurteils erteilt die verurteilte Behörde dem Kläger die Erlaubnis zum Betrieb einer Gaststätte gemäß § 2 Abs. 1 Satz 1 GaststättenG. Nach Erlaß dieses Bescheides treten Tatsachen ein, die eine Versagung der Erlaubnis nach § 4 Abs. 1 Nr. 1 GaststättenG gerechtfertigt hätten. Kann der Bescheid nach § 15 Abs. 2 GaststättenG widerrufen werden?

3 Beispiel: Zur Ausführung einer einstweiligen Anordnung bewilligt die verpflichtete Behörde dem Antragsteller Sozialhilfe nach dem BSHG. Auf Grund einer Beschwerde gemäß § 123 Abs. 4 VwGO i. V. mit § 146 Abs. 1 VwGO wird die einstweilige Anordnung aufgehoben. Verliert der Bescheid über die Bewilligung der Sozialhilfe hiermit ebenfalls seine Wirksamkeit?

4 Insbesondere bei Verboten mit Erlaubnisvorbehalt; siehe hierzu das Beispiel Fn. 2.

Im hierauf folgenden Kapitel soll die Frage beantwortet werden, ob der Ausführungsbescheid als Verwaltungsakt im Sinne der §§ 35 VwVfG bzw. 31 SGB X anzusehen ist (III.).

Hieran anschließend sind die den Verwaltungsakt betreffenden Regelungen des VwVfG und des SGB X daraufhin zu untersuchen, welche Besonderheiten bei ihrer Anwendung auf den Ausführungsbescheid zu beachten sind (IV.). Im Mittelpunkt der Aufmerksamkeit stehen hierbei die Regelungen über die Bestandskraft des Verwaltungsaktes.

Das abschließende Kapitel (V.) ist dem Rechtsschutz gegen Ausführungsbescheide gewidmet.

# I. Begriff, Bedeutung und Arten des Ausführungsbescheides

## 1. Der Begriff des Ausführungsbescheides

### a. Geschichtliche Entwicklung

Soweit ersichtlich wurde der Begriff des „Ausführungsbescheides" durch die Allgemeinen Verwaltungsvorschriften zur Durchführung des Gesetzes über das Verwaltungsverfahren der Kriegsopferversorgung vom 8. Februar 1956 [5] in die Rechtsprache eingeführt. Nach Abs. 3 Satz 1 der Verwaltungsvorschrift zu § 23 VfG ist unter einem Ausführungsbescheid die Feststellung von Versorgungsbezügen auf Grund eines Widerspruchsbescheides oder Urteils der Gerichte der Sozialgerichtsbarkeit zu verstehen. Nach Abs. 5 dieser Verwaltungsvorschrift ist diese Bestimmung entsprechend anwendbar, wenn das Streitverfahren durch ein gerichtliches Anerkenntnis oder einen gerichtlichen Vergleich erledigt wird.

Mit dem Beschluß des Bundessozialgerichts vom 21.02.1959 [6] wurde der Begriff des Ausführungsbescheides von der Rechtsprechung übernommen. Auf die in dieser Entscheidung noch verwendeten Anführungszeichen hat das BSG in seinen späteren den Ausführungsbescheid betreffenden Entscheidungen verzichtet [7]. Nachdem es den Anwendungsbereich dieses Begriffes zunächst auf Verwaltungsakte zur Ausführung sozialgerichtlicher Urteile beschränkt hatte, hat das BSG ihn in seinem Urteil vom 25.04.1978 [8] erstmals auch zur Kennzeichnung eines zur Ausführung eines gerichtlichen Vergleiches erlassenen Verwaltungsaktes verwendet. Dem Urteil vom 12.09.1984 [9] ist schließlich zu entnehmen, daß der Begriff des Ausführungsbescheides auch außerhalb des Rechts der Kriegsopferversorgung zur Anwendung kommen soll.

---

[5] Veröffentlicht in Bundesanzeiger Nr. 33 vom 16. Februar 1956.

[6] Az.: 11 RV 724/58 = BSGE 9, 169. Das RVA hatte lediglich die Umschreibung eines „Verwaltungsaktes zur Ausführung von Urteilen" verwendet, siehe EuM 16, 190 und 24, 341.

[7] Siehe BSGE 33, 118 (121) und 39, 255 (258).

[8] Az.: 9/10 RV 43/77 = BSGE 46, 127.

[9] Az.: 4 RJ 79/83 = BSGE 57, 138 (141). Siehe auch BSGE 60, 251 (252) sowie BSG Breithaupt 1986, 136 (137).

Im Bereich der allgemeinen Verwaltungsgerichtsbarkeit waren Ausführungsbescheide bislang noch nicht Gegenstand höchstrichterlicher Entscheidungen.

Mit der Anmerkung von Friederichs zu dem zuvor erwähnten Beschluß des Bundessozialgerichts vom 21.02.1959 [10] wurde der Begriff des Ausführungsbescheides in das Schrifttum eingeführt. Im Anschluß hieran haben Strack [11] und Schlegel [12] zu seiner weiteren Verbreitung und Konturierung beigetragen. Nachdem Strack seinen Anwendungsbereich noch auf Verwaltungsakte zur Ausführung nicht rechtskräftiger sozialgerichtlicher Urteile im Sinne des § 154 Abs. 2 SGG beschränken wollte [13], hat Schlegel ihn auf solche Verwaltungsakte ausgedehnt, die zur Ausführung rechtskräftiger sozialgerichtlicher Urteile erlassen wurden [14].

b. Begriffsbestimmung

Eine gesetzliche oder allgemein anerkannte wissenschaftliche Definition des Begriffes des Ausführungsbescheides existiert bis heute nicht. Im folgenden soll dieser Begriff alle Verwaltungsakte erfassen, die nicht unmittelbar auf Grund eines Gesetzes, sondern in Vollzug einer nichtnormativen Einzelfallregelung erlassen wurden.

Mit dieser Definition des Begriffes des Ausführungsbescheides wird dessen Anwendungsbereich über den bislang üblichen Sprachgebrauch hinaus auch auf solche Verwaltungsakte ausgedehnt, denen eine Zusicherung oder ein Widerspruchsbescheid zu Grunde liegt. Diese Ausdehnung erscheint jedoch dadurch gerechtfertigt, daß auch bei derartigen Verwaltungsakten die Frage nach ihrer Wirksamkeit und der Zulässigkeit ihrer Aufhebung nicht ohne Berücksichtigung der ihnen zu Grunde liegenden Einzelfallregelung beantwortet werden kann.

2. Die Bedeutung des Ausführungsbescheides

Der Ausführungsbescheid hat eine zentrale Bedeutung im System des verwaltungsgerichtlichen Rechtsschutzes. Während Feststellungs- und Gestaltungsklagen dadurch gekennzeichnet sind, daß der Kläger sein Rechtsschutzziel bereits mit dem Erlaß eines seinem Antrag entsprechenden Urteils erreicht hat, setzen Leistungsurteile eine Ausführungshandlung des verurteilten Verwaltungsträgers

---

[10] SGb. 1959, 263.

[11] ZfS 1960, 241.

[12] SGb. 1962, 398.

[13] a.a.O. (Fn. 11).

[14] SGb. 1962, 398 (399); ebenso BSGE 60, 251 (252).

voraus. In allen Fällen, in denen diese im Erlaß eines Verwaltungsaktes besteht, hat der Kläger sein Rechtsschutzziel demnach erst mit Erlaß eines Ausführungsbescheides erreicht. Das Gleiche gilt in allen Fällen, in denen das Verfahren nicht durch ein Urteil, sondern durch einen gerichtlichen Vergleich oder ein angenommenes Anerkenntnis des beklagten Verwaltungsträgers beendet wird. Der Erlaß eines Ausführungsbescheides ist weiterhin in allen Fällen erforderlich, in denen sich ein Verwaltungsträger durch eine Zusicherung oder einen außergerichtlichen öffentlich-rechtlichen Vertrag zum Erlaß eines Verwaltungsaktes verpflichtet hat.

### 3. Die Arten des Ausführungsbescheides

Ausführungsbescheide können - wie Verwaltungsakte im Allgemeinen [15] - nach vielfältigen Kriterien unterschieden werden. Von praktischer Bedeutung im Hinblick auf die Anwendung der den Verwaltungsakt betreffenden Regelungen des VwVfG und des SGB X sind insbesondere die Unterscheidungen nach dem Inhalt der Regelung sowie nach den Auswirkungen auf den Adressaten oder auf Dritte.

#### a. Die Unterscheidung nach dem Inhalt der Regelung

Nach dem Inhalt der Regelung können solche Ausführungsbescheide, die die ihnen zu Grunde liegende Einzelfallregelung lediglich wiederholen, von solchen unterschieden werden, die eine die Grundregelung ergänzende Regelung treffen.

##### aa. Wiederholende Ausführungsbescheide

Ein Ausführungsbescheid hat lediglich wiederholenden Charakter, wenn sein Inhalt durch die ihm zu Grunde liegende Einzelfallregelung umfassend und abschließend festgelegt wird und er die vorgegebene Regelung lediglich nachvollzieht [16].

---

[15] Zu den Möglichkeiten der Typisierung von Verwaltungsakten siehe Maurer, Verwaltungsrecht, § 9 Rdnrn. 44 ff. sowie Krause in Gemeinschaftskommentar, § 31 Rdnrn. 48 ff.

[16] Beispiel: In einem verwaltungsgerichtlichen Rechtsstreit wird die beklagte Ausländerbehörde verurteilt, dem Kläger eine unbefristete Aufenthaltserlaubnis gemäß § 24 AuslG zu erteilen. Nachdem das Urteil Rechtskraft erlangt hat, erläßt sie einen entsprechenden Verwaltungsakt.

bb. Ergänzende Ausführungsbescheide

Ein Ausführungsbescheid hat ergänzenden Charakter, wenn die ihm zu Grunde liegende Einzelfallregelung seinen Inhalt nicht umfassend und abschließend festlegt. Dies ist etwa dann der Fall, wenn die Grundregelung die Gewährung einer Begünstigung in das Ermessen der Behörde stellt [17] oder den Anspruch auf eine Begünstigung nur dem Grunde nach feststellt und die Festsetzung ihrer Höhe der Behörde überläßt [18].

b. Unterscheidung nach den Auswirkungen auf den Betroffenen

Nach den Auswirkungen auf den Betroffenen können begünstigende und belastende Ausführungsbescheide sowie Ausführungsbescheide mit drittbelastender Doppelwirkung unterschieden werden.

aa. Begünstigende Ausführungsbescheide

Der begünstigende Ausführungsbescheid begründet oder bestätigt ein Recht oder einen rechtlichen erheblichen Vorteil des Adressaten [19]. Da die als Grundlage eines Auführungsbescheides in Betracht kommenden Einzelfallregelungen zumeist eine begünstigende Wirkung im Sinne dieser Definition entfalten, stellen begünstigende Ausführungsbescheide den Regelfall dar.

bb. Belastende Ausführungsbescheide

Belastende Ausführungsbescheide greifen in die Rechtssphäre des Adressaten ein oder lehnen eine von diesem beantragte Begünstigung ab [20].

In der Verwaltungspraxis stellen belastende Ausführungsbescheide eine seltene Erscheinung dar. Denkbar ist etwa der Fall, daß die dem Ausführungsbescheid zu Grunde liegende Einzelfallregelung die Gewährung einer Begünstigung in das

---

17 Beispiel: Der beklagte Rentenversicherungsträger wird verurteilt, den Kläger unter Beachtung der Rechtsauffassung des Gerichts erneut über die Gewährung einer Rehabilitationsmaßnahme gemäß § 13 Abs. 1 SGB VI zu bescheiden.

18 Beispiel: Der beklage Rentenversicherungsträger wird verurteilt, dem Kläger Rente wegen Erwerbsunfähigkeit gemäß § 44 SGB VI zu gewähren. Die Höhe der Rente wird durch das Urteil nicht bestimmt.

19 Vgl. die Definition des begünstigenden Verwaltungsaktes in §§ 48 Abs. 2 Satz 1 VwVfG und 45 Abs. 1 SGB X.

20 Siehe Maurer, Verwaltungsrecht, § 9 Rdnr. 48.

Ermessen der Behörde stellt und diese die beantragte Begünstigung daraufhin ablehnt [21]. Denkbar ist weiterhin der Fall, daß der Ausführungsbescheid die ihm zu Grunde liegende Einzelfallregelung nur unrichtig oder unvollständig ausführt [22].

Kein belastender Ausführungsbescheid liegt demgegenüber in solchen Fällen vor, in denen der Ausführungsbescheid die ihm zu Grunde liegende Einzelfallregelung zwar richtig und vollständig ausführt, diese selbst jedoch dem ursprünglichen Begehren des Adressaten nicht in vollem Umfang entspricht [23]. In derartigen Fällen wird die begehrte Begünstigung bereits durch die Grundregelung mit verbindlicher Wirkung versagt. Demgegenüber entfaltet der Ausführungsbescheid selbst keine eigenständige belastende Wirkung.

cc. Ausführungsbescheide mit drittbelastender Doppelwirkung

Ausführungsbescheide mit drittbelastender Doppelwirkung sind dadurch gekennzeichnet, daß sie den oder einen der Adressaten begünstigen und zugleich einen anderen Adressaten oder sonstigen Dritten belasten [24]. Auch derartige Ausführungsbescheide stellen in der Verwaltungspraxis eine seltene Erscheinung dar.

---

21 Siehe das Beispiel Fn. 17. Würde der Rentenversicherungsträger in diesem Falle die Gewährung einer Rehabilitationsmaßnahme erneut ablehnen, so hätte dieser Ausführungsbescheid für den Antragsteller eine belastende Wirkung.

22 Beispiele: Der beklagte Rentenversicherungsträger wird zur Gewährung einer Rente wegen Erwerbsunfähigkeit gemäß § 44 SGB VI verurteilt. Er gewährt jedoch lediglich eine (niedrigere) Rente wegen Berufsunfähigkeit gemäß § 43 SGB VI.

Der beklagte Rentenversicherungsträger verpflichtet sich in einem gerichtlichen Vergleich dem Grunde nach zur Gewährung einer Rente wegen Berufsunfähigkeit. In seinem zur Ausführung dieses Vergleiches erlassenen Ausführungsbescheid stellt er die Rente zu niedrig fest.

23 Beispiel: Der Ausländer A erhebt Verpflichtungsklage auf Erteilung einer unbefristeten Aufenthaltserlaubnis gemäß § 24 AuslG. Das VG verurteilt die beklagte Ausländerbehörde jedoch lediglich zur Erteilung einer befristeten Aufenthaltserlaubnis. Im übrigen wird die Klage abgewiesen. Nach Rechtskraft des Urteils erteilt die Ausländerbehörde dem Kläger eine befristete Aufenthaltserlaubnis.

24 Beispiel: Auf Grund einer Nachbarklage wird die zuständige Bauaufsichtsbehörde verurteilt, den Abbruch einer ohne Baugenehmigung und unter Mißachtung nachbarschützender Bestimmungen errichteten baulichen Anlage anzuordnen. Die zur Ausführung dieses Urteils ergehende Abbruchsverfügung entfaltet gegenüber dem Kläger begünstigende und gegenüber dem Adressaten belastende Wirkung.

## II. Die als Grundlage eines Ausführungsbescheides in Betracht kommenden Einzelfallregelungen

### 1. Die Zusicherung

Als Grundlage eines Ausführungsbescheides kommt zunächst eine Zusicherung nach §§ 38 Abs. 1 Satz 1 VwVfG bzw. 34 Abs. 1 Satz 1 SGB X in Betracht.

#### a. Allgemeines und Bedeutung

Der Anwendungsbereich der Zusicherung ist umstritten. Im Schrifttum wird die Auffassung vertreten, daß dieser auf die Ermessensverwaltung und das Verwaltungshandeln auf Grund unbestimmter Rechtsbegriffe beschränkt sei [25]. Im Bereich der gesetzesgebundenen Verwaltung bestehe für Zusicherungen demgegenüber kein praktisches Bedürfnis [26]. Seien in diesem Bereich die Voraussetzungen für einen begünstigenden Verwaltungsakt nur teilweise erfüllt, der Eintritt der noch fehlenden Voraussetzungen jedoch für einen in der Zukunft liegenden Zeitpunkt zu erwarten, so könne der Verwaltungsakt unter der aufschiebenden Bedingung des Eintritts der noch fehlenden Voraussetzungen und der auflösenden Bedingung des Wegfalls der bereits gegebenen Voraussetzungen erlassen werden [27].

Diese Auffassung vermag jedoch nicht zu überzeugen. Der Wegfall der tatsächlichen oder rechtlichen Voraussetzungen eines Verwaltungsaktes hat nicht automatisch die Beendigung seiner Wirksamkeit zur Folge. Erforderlich ist vielmehr seine Aufhebung nach §§ 49 Abs. 2 Satz 1 Nrn. 3 und 4 VwVfG bzw. 48 Abs. 1 SGB X. Eine auflösende Bedingung, die die Wirksamkeit eines Verwaltungsaktes vom Fortbestand seiner Anspruchsvoraussetzungen abhängig machen würde, würde diese Regelungen jedoch umgehen. Eine derartige Nebenbestimmung wäre daher als unzulässig anzusehen [28]. Der Erlaß eines zugleich aufschiebend

---

[25] So etwa Zeidler, Gutachten, S. 44 ff. und Knipping, SGb. 1994, 170. Der Gesetzgeber hat von einer Entscheidung dieser Streitfrage ausdrücklich abgesehen, siehe BT-Drucks. 7/910, S. 60.

[26] So Schroeder-Printzen, SGB X, § 34 Rdnr. 2.

[27] So Knipping, SGb. 1994, 170 sowie Schroeder-Printzen, SGB X, § 32 Rdnr. 8 und Schneider-Danwitz in Gesamtkommentar, § 32 SGB X Anm. 15 c, bb.
Beispiel: Die zuständige Ausländerbehörde erteilt einem Ausländer, der die Voraussetzungen des § 24 Abs. 1 Nrn. 1 bis 4 und 6 AuslG erfüllt, eine unbefristete Aufenthaltserlaubnis. Diese wird mit der aufschiebenden Bedingung des Nachweises ausreichenden Wohnraums (Nr. 5) und der auflösenden Bedingung des Wegfalls der Voraussetzungen der Nrn. 1 bis 4 und 6 verbunden.

[28] Ebenso BSG DVBl. 1988, 449 (451), BSGE 42, 184 (190) und Kopp, VwVfG, § 36 Rdnr. 9.

und auflösend bedingten Verwaltungsaktes stellt mithin keine geeignete Alternative zur Abgabe einer Zusicherung dar. Der Anwendungsbereich der Zusicherung ist demnach nicht auf die gesetzesgebundene Verwaltung beschränkt [29].

b. Wirksamkeitsvoraussetzungen und Abänderungsmöglichkeiten

Gemäß §§ 38 Abs. 2 VwVfG bzw. 34 Abs. 2 SGB X ist eine Zusicherung unter den gleichen Voraussetzungen wie ein Verwaltungsakt als nichtig anzusehen und kann unter den gleichen Voraussetzungen wie dieser zurückgenommen oder widerrufen werden.

Unabhängig vom Vorliegen der Voraussetzungen der §§ 44 VwVfG bzw. 40 SGB X ist eine Zusicherung gemäß §§ 38 Abs. 1 Satz 1 VwVfG bzw. 34 Abs. 1 Satz 1 SGB X als nichtig anzusehen, wenn sie von einer unzuständigen Behörde oder nicht in schriftlicher Form erlassen wurde [30]. Gemäß §§ 38 Abs. 3 VwVfG bzw. 34 Abs. 3 SGB X entfällt darüber hinaus die Bindungswirkung einer Zusicherung, wenn sich die Sach- und Rechtslage nach ihrer Abgabe derart ändert, daß die Behörde sie bei Kenntnis der nachträglich eingetretenen Änderung nicht gegeben hätte oder aus rechtlichen Gründen nicht hätte geben dürfen.

Die Regelungen der §§ 42 VwVfG bzw. 38 SGB X über die Berichtigung eines an einer offenbaren Unrichtigkeit leidenden Verwaltungsaktes werden in §§ 38 Abs. 2 VwVfG bzw. 34 Abs. 2 SGB X nicht erwähnt. Im Schrifttum ist umstritten, ob die Zusicherung als Verwaltungsakt im Sinne der §§ 35 VwVfG bzw. 31 SGB X und mithin auch der §§ 42 VwVfG bzw. 38 SGB X anzusehen ist [31]. Unabhängig von der Beantwortung dieser Frage ist jedoch davon auszugehen, daß eine Zusicherung bei Vorliegen einer offenbaren Unrichtigkeit berichtigt werden kann. Vertritt man die Auffassung, daß eine Zusicherung als Verwaltungsakt anzusehen ist, so finden die Regelungen der §§ 42 VwVfG bzw. 38 SGB X unmittelbar Anwendung. Vertritt man demgegenüber die Auffassung, daß eine Zusicherung nicht als Verwaltungsakt anzusehen ist, so sind diese Regelungen als Ausdruck eines den Regelungen der §§ 319 ZPO, 118 VwGO, 138

---

[29] Ebenso Stelkens in Stelkens/Bonk/Sachs, VwVfG, § 38 Rdnr. 29, Schnapp in Gemeinschaftskommentar, § 34 Rdnr. 10, Zweng/Scheerer/Buschmann/Dörr, Handbuch, § 34 SGB X, Erl. II und Meyer-Ladewig, SGG, nach § 54 Rdnr. 10.

[30] Zur Rechtsverbindlichkeit mündlicher Zusicherungen auf Grund des Grundsatzes von Treu und Glauben siehe Grosser, SGb. 1994, 610.

[31] Siehe zum Meinungsstand Erichsen, Verwaltungsrecht, § 12 Rdnr. 29 (für Verwaltungsaktscharakter) und Maurer, Verwaltungsrecht, § 9 Rdnr. 60 (gegen Verwaltungsaktscharakter), beide mit weiteren Nachweisen.

SGG, 107 FGO, 42 VwVfG, 38 SGB X und 129 AO zu Grunde liegenden allgemeinen Rechtsgedankens, nach dem eine hoheitliche Einzelfallregelung bei Vorliegen einer offenbaren Unrichtigkeit berichtigt werden kann [32], entsprechend anwendbar.

c. Die Erzwingung der Verpflichtung

Kommt die Behörde der sich aus einer Zusicherung ergebenden Verpflichtung zum Erlaß eines Verwaltungsaktes nicht nach, so kann der Adressat die Erfüllung dieser Verpflichtung durch eine Verpflichtungsklage gemäß §§ 42 Abs. 1 VwGO bzw. 54 Abs. 1 SGG erzwingen [33].

2. Widerspruchsbescheide

Als Grundlage eines Ausführungsbescheides kommen weiterhin Widerspruchsbescheide nach §§ 73 Abs. 1 Satz 1 VwGO bzw. 85 Abs. 2 SGG in Betracht.

a. Allgemeines und Bedeutung

Ein Widerspruchsbescheid bedarf dann einer Ausführung durch einen weiteren Verwaltungsakt, wenn die Widerspruchsbehörde den von dem Widerspruchsführer beantragten Verwaltungsakt nicht selbst erläßt, sondern sich darauf beschränkt, die Ausgangsbehörde zu verpflichten, den beantragten Verwaltungsakt zu erlassen oder den Widerspruchsführer unter Beachtung ihrer Rechtsauffassung erneut zu bescheiden. Zur erstgenannten Fallgruppe gehört auch die in der Sozialleistungsverwaltung weit verbreitete Praxis, das Bestehen des Anspruchs auf eine Sozialleistung durch den Widerspruchsbescheid lediglich dem Grunde nach festzustellen und die Festsetzung ihrer Höhe der zuständigen Fachabteilung der Ausgangsbehörde zu überlassen [34].

---

[32] Siehe hierzu BGHZ 106, 370 (372), BVerwG BayVBl. 1971, 21 ff., BSGE 15, 96 (98) sowie Wiesemann, Berichtigung, S. 317 ff. und 326 ff.

[33] Siehe Stelkens in Stelkens/Bonk/Sachs, VwVfG, § 38 Rdnr. 7, Kopp, VwGO, § 42 Rdnr. 30 sowie Pietzcker in Schoch/Schmidt-Aßmann/Pietzner (Hrsg.), VwGO, § 42 Abs. 1 Rdnr. 91.

[34] Siehe hierzu die Allgemeinen Verwaltungsvorschriften zur Durchführung des Gesetzes über das Verwaltungsverfahren der Kriegsopferversorgung vom 8. Februar 1956 (Bundesanzeiger Nr. 33 vom 16. Februar 1956), Abs. 3 und 4 zu § 23.

Beispiel: Ein Antrag auf Gewährung einer Rente wegen Erwerbsunfähigkeit gemäß § 44 SGB VI wird abgelehnt. Im Widerspruchsverfahren entscheidet der gemäß § 85 Abs. 2 Nr. 2 SGG in Verbindung mit § 36 a Abs. 1 Nr. 1 SGB IV zuständige Widerspruchsausschuß, daß dem Grunde nach ein Rentenanspruch besteht und erläßt einen entsprechenden Widerspruchsbe-

Die Zulässigkeit einer Zurückverweisung der Sache von der Widerspruchs- an die Ausgangsbehörde wird in Rechtsprechung und Schrifttum kontrovers beurteilt. Das BVerwG [35] und ein Teil des Schrifttums [36] vertreten die Auffassung, daß eine derartige Zurückweisung grundsätzlich als zulässig anzusehen sei. Diese Auffassung begegnet jedoch erheblichen Bedenken. Die Zurückweisung einer Sache von der Widerspruchs- an die Ausgangsbehörde verzögert die Gewährung gerichtlichen Rechtsschutzes [37] und konfligiert daher mit der Rechtsschutzgarantie des Art. 19 Abs. 4 Satz 1 GG [38]. Diese steht zwar der Statuierung einer Vorverfahrenspflicht als Zulässigkeitsvoraussetzung einer verwaltungs- oder sozialgerichtlichen Klage grundsätzlich nicht entgegen [39]. Sie gebietet jedoch andererseits die Gewährung eines effektiven und zeitnahen gerichtlichen Rechtsschutzes, der ohne zwingenden Grund nicht unzumutbar lange hinausgezögert werden darf [40]. Die Widerspruchsbehörde ist daher grundsätzlich selbst zu einer abschließenden Entscheidung über das streitige Verwaltungsrechtsverhältnis verpflichtet [41].

Eine Einschränkung dieses Grundsatzes könnte sich jedoch aus einer entsprechenden Anwendung der §§ 130 Abs. 1 VwGO bzw. 159 Abs. 1 SGG auf das Widerspruchsverfahren ergeben [42]. Nach diesen Vorschriften kann das Oberverwaltungsgericht bzw. das Landessozialgericht im Rahmen eines Berufungsverfahrens durch Urteil die angefochtene Entscheidung aufheben und an das Verwaltungs- bzw. Sozialgericht zurückverweisen, wenn dieses noch nicht in

---

scheid. Die Berechnung der Rentenhöhe und der Erlaß eines entsprechenden Bescheides wird der zuständigen Fachabteilung des Rentenversicherungsträgers übertragen.

35 Siehe BVerwGE 21, 142 f. und 37, 47 (51 f.) sowie DÖV 1982, 284.

36 So etwa Schunck/De Clerck, VwGO, § 73 Anm. 4 b und Ule, Verwaltungsgerichtsbarkeit, §§ 69 bis 73 Anm. III 1. Ähnlich Kopp, VwGO, § 73 Rdnr. 7, der die Zulässigkeit einer Zurückweisung lediglich davon abhängig machen will, daß die Widerspruchsbehörde eine eigene Entscheidung als unzweckmäßig erachtet.

37 Wäre etwa in dem Beispiel Fn. 34 der Widerspruchsführer mit der von der Fachabteilung der Ausgangsbehörde festgesetzten Rentenhöhe nicht einverstanden, so müßte er vor Erhebung einer sozialgerichtlichen Klage ein weiteres Widerspruchsverfahren bezüglich der Rentenhöhe durchlaufen.

38 Ebenso Bull, DVBl. 1970, 243 (245 ff.).

39 Siehe Schenke in BK, Art. 19 Abs. 4 Rdnr. 118, ders., JZ 1988, 317 (322) sowie BVerfGE 40, 237 (256).

40 Kopp, VwGO, Vorb. § 68 Rdnr. 1 sowie BVerfGE 40, 237 (257).

41 Ebenso Allesch, Widerspruchsverfahren, S. 153, Bull, DVBl. 1971, 581 (583), Dolde in Schoch/Schmidt-Aßmann/Pietzner (Hrsg.), VwGO, § 73 Rdnr. 41, Pietzner/Ronellenfitsch, Assessorexamen, § 42 Rdnr. 25, Redeker/v. Oertzen, VwGO, § 73 Rdnr. 19, Bley in Gesamtkommentar, § 85 SGG Anm. 8 b und Meyer-Ladewig, SGG, § 85 Rdnr. 4.

42 So etwa Schunck/De Clerck, VwGO, § 73 Anm. 4 b.

der Sache selbst entschieden hat (Nr. 1), das Verfahren an einem wesentlichen Mangel leidet (Nr. 2) oder nach dem Erlaß des angefochtenen Urteils neue Tatsachen oder Beweismittel bekannt werden, die für die Entscheidung erheblich sind (Nr. 3). Durch eine entsprechende Anwendung dieser Vorschriften auf das Widerspruchsverfahren würde der Widerspruchsbehörde eine sehr weitgehende Zurückverweisungsmöglichkeit eröffnet, da ein Fall des § 130 Abs. 1 Nr. 1 VwGO bzw. des § 159 Abs. 1 Nr. 1 SGG bereits dann angenommen wird, wenn das Gericht über den eigentlichen Gegenstand des Rechtsstreits nicht entschieden hat, weil es in einer rechtlichen Vorfrage die „Weichen falsch gestellt" hat [43]. Im Widerspruchsverfahren wäre dies z. B. dann der Fall, wenn die Ausgangsbehörde im Verwaltungsverfahren über die Höhe einer Leistung keine Entscheidung getroffen hat, weil sie davon ausgegangen war, daß ein Anspruch bereits dem Grunde nach nicht gegeben sei. Die Zurückverweisung einer Sache von der Widerspruchs- an die Ausgangsbehörde ist jedoch mit einer Zurückverweisung innerhalb eines gerichtlichen Instanzenzuges nicht vergleichbar, da diese den Zugang zur Verwaltungs- oder Sozialgerichtsbarkeit verzögert und daher mit der Rechtsschutzgarantie des Art. 19 Abs. 4 Satz 1 GG in Konflikt gerät. Eine entsprechende Anwendung der §§ 130 Abs. 1 VwGO bzw. 159 Abs. 1 SGG auf das Widerspruchsverfahren kommt daher nicht in Betracht.

Eine Einschränkung der grundsätzlichen Verpflichtung der Widerspruchsbehörde zum Erlaß einer abschließenden Entscheidung könnte sich weiterhin aus einer entsprechenden Anwendung des § 113 Abs. 3 Satz 1 VwGO auf das Widerspruchsverfahren ergeben [44]. Nach dieser Vorschrift kann das Verwaltungsgericht im Rahmen einer Anfechtungsklage den streitgegenständlichen Verwaltungsakt ohne eigene Sachentscheidung aufheben, wenn es eine weitere Sachaufklärung für erforderlich hält, die noch erforderlichen Ermittlungen nach Art und Umfang erheblich sind und die Aufhebung auch unter Berücksichtigung der Belange der Beteiligten sachdienlich ist. Die Zurückverweisung einer Sache von der Widerspruchs- an die Ausgangsbehörde ist jedoch auch mit einer Zurückverweisung von dem mit der Sache befaßten Verwaltungsgericht an die Verwaltung nicht vergleichbar. Die Regelung des § 113 Abs. 3 Satz 1 VwGO ist vor dem Hintergrund der verfassungsrechtlichen Kompetenzverteilung zwischen vollziehender Gewalt und Rechtsprechung zu sehen [45]. Die Rechtsprechung hat hiernach die Aufgabe, Entscheidungen der vollziehenden Gewalt auf ihre Recht-

---

[43] Siehe Kopp, VwGO, § 130 Rdnr. 5, Meyer-Ladewig, SGG, § 159 Rdnr. 2, BVerwGE 38, 139 (146), BVerwG DÖV 1982, 167 (Spruchpraxis Nr. 17) sowie BSGE 51, 205.

[44] So etwa Brühl, JuS 1994, 330 (334).

[45] Ebenso Schenke, Verwaltungsprozeßrecht, Rdnr. 779.

mäßigkeit hin zu überprüfen [46]. Hieraus folgt, daß die Rechtsprechung nur über solche Sachverhalte entscheiden kann, die von der vollziehenden Gewalt bereits umfassend aufgeklärt und in tatsächlicher und rechtlicher Hinsicht gewürdigt wurden [47]. Die Regelung des § 113 Abs. 3 Satz 1 VwGO sichert dieses Erstentscheidungsrecht der Verwaltung. Durch eine Entscheidung der Widerspruchsbehörde über einen von der Ausgangsbehörde noch nicht umfassend aufgeklärten und gewürdigten Sachverhalt wird die verfassungsrechtliche Kompetenzverteilung zwischen vollziehender Gewalt und Rechtsprechung demgegenüber nicht berührt, da beide der vollziehenden Gewalt zugehörig sind. Eine entsprechende Anwendung des § 113 Abs. 3 Satz 1 VwGO auf das Widerspruchsverfahren kommt daher ebenfalls nicht in Betracht.

Eine Zurückverweisung der Sache von der Widerspruchs- an die Ausgangsbehörde ist daher nur dann als zulässig anzusehen, wenn die Widerspruchsbehörde zum Erlaß des beantragten Verwaltungsaktes nicht befugt oder nicht in der Lage ist [48].

In den Fällen, in denen das Bestehen des Anspruchs auf eine Sozialleistung durch den Widerspruchsbescheid lediglich dem Grunde nach festgestellt und die Festsetzung ihrer Höhe der Ausgangsbehörde überlassen wird, ist diese Voraussetzung zumeist nicht erfüllt. Die Festsetzung der Leistungshöhe erfordert zwar in der Regel eine maschinelle Berechnung. Hierzu ist eine Zurückweisung der Sache an die zuständige Fachabteilung der Ausgangsbehörde jedoch nicht erforderlich, da diese bei entsprechender personeller und technischer Ausstattung auch von der für den Erlaß des Widerspruchsbescheides zuständigen Stelle selbst geleistet werden kann. Die Zurückverweisungspraxis der Widerspruchsausschüsse der Sozialleistungsträger ist daher als rechtswidrig anzusehen.

b. Wirksamkeitsvoraussetzungen und Abänderungsmöglichkeiten

Widerspruchsbescheide sind Verwaltungsakte im Sinne der §§ 35 VwVfG bzw. 31 SGB X [49]. Sie sind daher bei Vorliegen der Voraussetzungen der §§ 44

---

[46] Siehe Schenke, Verwaltungsprozeßrecht, Rdnrn. 8 f. sowie Ule, Verwaltungsprozeßrecht, § 2 II.

[47] Siehe Marx, Spruchreife, S. 43 ff.

[48] Ebenso Redeker/v. Oertzen, VwGO, § 73 Rdnr. 19.

[49] Siehe Horn, Aufhebung, S. 127, Kopp, VwGO, § 79 Rdnr. 1, Redeker/v. Oertzen, VwGO, § 73 Rdnr. 16 sowie Stelkens in Stelkens/Bonk/Sachs, VwVfG, § 35 Rdnr. 20. Zur Begründung dieser Auffassung werden insbesondere die Regelungen der §§ 79 Abs. 1 Nr. 1 VwGO und 95 SGG herangezogen.

VwVfG bzw. 40 SGB X als nichtig anzusehen und können nach den Regelungen der §§ 42 VwVfG bzw. 38 SGB X berichtigt werden [50]. Uneingeschränkte Anwendung finden weiterhin die Regelungen des § 49 VwVfG und der §§ 47 und 48 SGB X über den Widerruf bzw. die Aufhebung von Verwaltungsakten [51]. Zweifelhaft ist hingegen, ob ein Widerspruchsbescheid im Falle seiner anfänglichen Rechtswidrigkeit nach § 48 VwVfG bzw. §§ 44 und 45 SGB X zurückgenommen werden kann.

Im Schrifttum wird die Auffassung vertreten, daß ein Widerspruchsbescheid nicht nach § 48 VwVfG bzw. §§ 44 und 45 SGB X zurückgenommen werden könne [52]. Begründet wird diese Auffassung damit, daß die formalisierte Ausgestaltung des Widerspruchsverfahrens ein erhöhtes Vertrauen des Adressaten auf die Richtigkeit und den Bestand des Widerspruchsbescheides begründe [53]. Diese Auffassung hat jedoch keine Zustimmung verdient.

Bei der Anwendung der §§ 48 VwVfG bzw. 44 und 45 SGB X auf Widerspruchsbescheide ist nach deren Auswirkungen auf den Betroffenen zu unterscheiden:

aa. Belastende Widerspruchsbescheide

Soweit ein rechtswidriger belastender Widerspruchsbescheid gemäß §§ 48 Abs. 1 Satz 1 VwVfG bzw. 44 SGB X zurückgenommen werden soll, besteht von vorneherein kein schutzwürdiges Interesse des Adressaten an seiner Aufrechterhaltung. Dies gilt selbst dann, wenn gegen den Widerspruchsbescheid bereits Klage erhoben wurde. Zwar kann in diesem Fall durch eine Rücknahme des Widerspruchsbescheides gemäß §§ 48 Abs. 1 Satz 1 VwVfG bzw. 44 SGB X das Rechtsschutzinteresse des Klägers entfallen und seine ursprünglich zulässige

---

[50] Siehe Allesch, Widerspruchsverfahren, S. 166 und 173.

[51] Siehe Allesch, Widerspruchsverfahren, S. 212.

[52] So insbesondere Allesch, Widerspruchsverfahren, S. 206 ff., Kopp, VwVfG, § 48 Rdnr. 13 und Schneider-Danwitz in Gesamtkommentar, vor § 44 SGB X Anm. 23. Vor Inkrafttreten des VwVfG und des SGB X galt die Unzulässigkeit der Rücknahme von Widerspruchsbescheiden als allgemeiner Grundsatz des Verwaltungsrechts, vgl. Forsthoff, Verwaltungsrecht, § 13 2 e, Wolff/Bachof/Stober, Verwaltungsrecht, § 51 Rdnr. 81 sowie Haueisen, NJW 1958, 441 (443). Ein ausdrückliches Rücknahmeverbot für Rechtsmittelentscheidungen normierte § 94 Abs. 2 Satz 2 der Reichsabgabenordnung in der bis zum 31.12.1965 geltenden Fassung.

[53] Siehe hierzu insbesondere Claaßen, DVBl. 1983, 681 (682).

Klage hierdurch unzulässig werden [54]. Er kann den Rechtsstreit daraufhin jedoch ohne Kostennachteile für erledigt erklären, da im Rahmen einer Kostenentscheidung nach §§ 161 Abs. 2 VwGO bzw. 193 Abs. 1 SGG auch die ursprünglichen Erfolgsaussichten der Klage zu berücksichtigen sind [55]. Hat er ein darüber hinausgehendes berechtigtes Interesse an einer Feststellung der Rechtswidrigkeit des Verwaltungsaktes, so kann er weiterhin einen Fortsetzungsfeststellungsantrag gemäß §§ 113 Abs. 1 Satz 4 VwGO bzw. 131 Abs. 1 Satz 3 SGG stellen [56]. Die grundsätzliche Zulässigkeit einer Rücknahme streitbefangener Verwaltungsakte wird im übrigen von den Regelungen der §§ 113 Abs. 1 Satz 4 VwGO und 96 Abs. 1 SGG vorausgesetzt [57]. Gegen eine Rücknahme rechtswidriger belastender Widerspruchsbescheide gemäß §§ 48 Abs. 1 Satz 1 VwVfG bzw. 44 SGB X bestehen daher keine Bedenken.

Zu klären ist hierbei allerdings noch die Frage, ob für den Erlaß des Rücknahmebescheides die Zuständigkeit der Ausgangsbehörde oder der Widerspruchsbehörde gegeben ist. Da die Widerspruchsbehörde gemäß §§ 73 Abs. 1 Satz 2 VwGO bzw. 95 Abs. 2 SGG lediglich für den Erlaß des Widerspruchsbescheides zuständig ist, ist für dessen Rücknahme grundsätzlich von einer Zuständigkeit der Ausgangsbehörde auszugehen [58]. Das Hierarchieprinzip steht einer derartigen Kompetenzzuweisung an die Ausgangsbehörde nicht entgegen. Aus der Zuständigkeit der Ausgangsbehörde zur Rücknahme eines Widerspruchsbescheides ergibt sich lediglich, daß diese im Außenverhältnis zum Adressaten zu einer derartigen Maßnahme berechtigt oder gar verpflichtet ist. Eine im Innenverhältnis bestehende Befugnis der ihr übergeordneten Widerspruchsbehörde, die Rücknahme des Widerspruchsbescheides anzuordnen oder zu untersagen, wird hierdurch jedoch nicht in Frage gestellt.

---

54 Siehe hierzu Kopp, VwGO, § 161 Rdnr. 51 und Meyer-Ladewig, SGG, § 131 Rdnr. 7.

55 Siehe hierzu Kopp, VwGO, § 161 Rdnr. 29, Meyer-Ladewig, SGG, § 193 Rdnr. 13, BVerwGE 63, 236 und BSG SozR D 3 Nrn. 3, 4 und 7 zu § 193 SGG.

56 Zum Vorliegen eines berechtigten Interesses vgl. Kopp, VwGO, § 113 Rdnr. 57 ff. und Meyer-Ladewig, SGG, § 131 Rdnr. 10 f.

57 Siehe hierzu Preusche, DVBl. 1992, 797 (800).

58 Ebenso Allesch, Widerspruchsverfahren, S. 207 f., Bronnenmeyer, Widerruf, S. 201, Dolde in Schoch/Schmidt-Aßmann/Pietzner (Hrsg.), VwGO, § 73 Rdnr. 49, Geis in Sodan/Ziekow (Hrsg.), VwGO, § 68 Rdnr. 67, Kopp, VwGO, § 73 Rdnr. 24, Meyer-Ladewig, SGG, § 85 Rdnr. 7, Sahlmüller, BayVBl. 1980, 650 (651), Schenke, JZ 1996, 1055 (1063 f.), BayVGH, BayVBl. 1980, 298, VG Regensburg, BayVBl. 1981, 313 (314) und VGHBW, NVwZ-RR 1995, 476 f. Mit Einschränkungen auch Busch, BayVBl. 1981, 296 (297).

Eine Ausnahme von der Zuständigkeit der Ausgangsbehörde dürfte allerdings in solchen Fällen zu gelten haben, in denen der Widerspruchsbescheid gemäß § 79 Abs. 1 Nr. 2 oder Abs. 2 Satz 1 VwGO den alleinigen Gegenstand einer bereits anhängigen Anfechtungsklage darstellt. In einem derartigen Fall ist der Widerspruchsbehörde als Annex ihrer sich aus § 78 Abs. 2 VwGO ergebenden passiven Prozeßführungsbefugnis auch die Befugnis zur Rücknahme des Widerspruchsbescheides zuzugestehen [59].

bb. Begünstigende Widerspruchsbescheide

Soweit demgegenüber ein rechtswidriger begünstigender Widerspruchsbescheid gemäß §§ 48 Abs. 1 Satz 2 VwVfG bzw. 45 SGB X zurückgenommen werden soll, kann zwar grundsätzlich ein schutzwürdiges Interesse des Adressaten an seiner Aufrechterhaltung bestehen. Einem durch die formalisierte Ausgestaltung des Widerspruchsverfahrens begründeten erhöhten Vertrauen des Adressaten auf die Richtigkeit und den Bestand des Widerspruchsbescheides kann jedoch im Rahmen der nach §§ 48 VwVfG bzw. 45 SGB X erforderlichen Ermessensausübung sowie der Prüfung, ob das Vertrauen des Adressaten unter Abwägung mit dem öffentlichen Interesse an einer Rücknahme als schutzwürdig anzusehen ist, in hinreichender Weise Rechnung getragen werden [60]. Gegen eine Rücknahme rechtswidriger begünstigender Widerspruchsbescheide gemäß §§ 48 Abs. 1 Satz 2 VwVfG bzw. 45 SGB X bestehen daher grundsätzlich ebenfalls keine Bedenken.

Eine Ausnahme von diesem Grundsatz besteht allerdings für solche rechtswidrigen begünstigenden Widerspruchsbescheide, die von Ausschüssen oder Beiräten im Sinne des § 73 Abs. 2 VwGO bzw. des § 85 Abs. 2 Nr. 2 SGG in Verbindung mit § 36 a Abs. 1 Nr. 1 SGB IV erlassen wurden. Ein derartiger Widerspruchsbescheid kann nicht durch den Ausschuß bzw. den Beirat zurückgenommen werden, da deren Zuständigkeit auf den Erlaß des Widerspruchsbescheides beschränkt ist [61]. Auch eine Rücknahme durch die Ausgangsbehörde

---

[59] Ebenso Allesch, Widerspruchsverfahren, S. 208 ff., Dolde in Schoch/Schmidt-Aßmann/Pietzner (Hrsg.), VwGO, § 73 Rdnr. 48 und Schenke, JZ 1996, 1055 (1064).

[60] Ebenso Ossenbühl, Rücknahme, S. 93 und Göldner, DÖV 1979, 805 ff. Die erhöhte Richtigkeitsgewähr eines Widerspruchsbescheides dürfte allerdings die Sorgfaltspflicht des Adressaten bei seiner Nachprüfung so weitgehend reduzieren, daß die Unkenntnis seiner Rechtswidrigkeit in der Regel nicht auf grober Fahrlässigkeit im Sinne der §§ 48 Abs. 2 Satz 3 Nr. 3 VwVfG bzw. 45 Abs. 2 Satz 3 Nr. 3 SGB X beruhen kann, vgl. Allesch, Widerspruchsverfahren, S. 213.

[61] Vgl. BVerwGE 15, 259 (263 f.) und 39, 128 (133 ff.).

begegnet jedoch erheblichen Bedenken, da die Ausschüsse und Beiräte im Sinne der §§ 73 Abs. 2 VwGO bzw. 85 Abs. 2 Nr. 2 SGG eine Kontrollfunktion gegenüber der Verwaltung wahrnehmen sollen [62]. Hiermit wäre es jedoch nicht vereinbar, wenn ein von einem Ausschuß bzw. Beirat erlassener Widerspruchsbescheid von der Ausgangsbehörde uneingeschränkt wieder zurückgenommen werden könnte. Eine derartige Rücknahme ist daher grundsätzlich als unzulässig anzusehen [63]. Hierbei ist allerdings zu beachten, daß ein rechtswidriger Widerspruchsbescheid keinen stärkeren Bestandsschutz genießen kann, als ein rechtswidriges verwaltungs- oder sozialgerichtliches Urteil nach Eintritt der Rechtskraft. Die Rücknahme eines von einem Ausschuß oder einem Beirat erlassenen rechtswidrigen Widerspruchsbescheides ist daher ausnahmsweise dann als zulässig anzusehen, wenn Wiederaufnahmegründe im Sinne des § 580 ZPO vorliegen [64]. In entsprechender Anwendung des § 584 Abs. 1 Halbsatz 2 ZPO sollte die Entscheidung über die Rücknahme hierbei dem Ausschuß bzw. dem Beirat vorbehalten bleiben.

#### c. Die Erzwingung der Verpflichtung

Kommt die Behörde der sich aus einem Widerspruchsbescheid ergebenden Verpflichtung zum Erlaß eines Verwaltungsaktes nicht nach, so kann der Adressat die Erfüllung dieser Verpflichtung durch eine Verpflichtungsklage gemäß §§ 42 Abs. 1 VwGO bzw. 54 Abs. 1 SGG erzwingen.

### 3. Verwaltungs- und sozialgerichtliche Urteile

Die gesetzliche Verpflichtung einer Behörde zum Erlaß eines Verwaltungsaktes kann weiterhin durch ein verwaltungs- oder sozialgerichtliches Urteil auf einen Einzelfall konkretisiert werden.

#### a. Allgemeines und Bedeutung

Als Grundlage eines Ausführungsbescheides kommen zunächst Verpflichtungsurteile im Sinne der §§ 113 Abs. 5 Satz 1 VwGO bzw. 131 Abs. 2 SGG sowie Bescheidungsurteile im Sinne der §§ 113 Abs. 5 Satz 2 VwGO bzw. 131 Abs. 3 SGG in Betracht. Die Verpflichtung einer Behörde zum Erlaß eines Ausführungs-

---

[62] Trolldenier, SGb. 1983, 17 (19).

[63] Ebenso Allesch, Widerspruchsverfahren, S. 210 sowie Bley in Gesamtkommentar, § 85 SGG Anm. 8.

[64] Ebenso Meyer-Ladewig, SGG, § 85 Rdnr. 8.

bescheides kann sich darüber hinaus auch aus einem auf eine kombinierte Anfechtungs- und Leistungsklage im Sinne des § 54 Abs. 4 SGG ergehenden Leistungsurteil ergeben, soweit dieses gemäß § 130 Satz 1 SGG zur Leistung nur dem Grunde nach verurteilt und die Festsetzung der Leistungshöhe der verurteilten Behörde überläßt [65]. Obwohl die Behörde in diesem Fall nicht ausdrücklich zum Erlaß eines Verwaltungsaktes, sondern unmittelbar zur Erbringung einer Leistung verurteilt wird, ist zur Festsetzung der Leistungshöhe dennoch der Erlaß eines Verwaltungsaktes erforderlich [66]. Die auf ein Grundurteil im Sinne des § 130 Satz 1 SGG gerichtete kombinierte Anfechtungs- und Leistungsklage im Sinne des § 54 Abs. 4 SGG stellt die häufigste Klageart in der Sozialgerichtsbarkeit dar und hat daher eine erhebliche praktische Bedeutung [67]

Wie sich aus der Regelung des § 167 Abs. 2 VwGO ergibt, ist die verurteilte Behörde in der allgemeinen Verwaltungsgerichtsbarkeit grundsätzlich erst dann zur Ausführung eines Verpflichtungs- oder Bescheidungsurteils verpflichtet, wenn dieses Rechtskraft erlangt hat. Als Grundlage eines Ausführungsbescheides kommen daher in diesem Bereich nur rechtskräftige Urteile in Betracht [68].

In der Sozialgerichtsbarkeit ist die Verpflichtung der Behörde zur Ausführung eines Urteils demgegenüber grundsätzlich nicht davon abhängig, daß dieses bereits Rechtskraft erlangt hat. Dies ergibt sich aus der Ausnahmeregelung des § 154 Abs. 2 SGG, die voraussetzt, daß auch ein nicht rechtskräftiges Urteil grundsätzlich auszuführen ist [69]. Als Grundlage eines Ausführungsbescheides kommen daher in diesem Bereich sowohl rechtskräftige wie auch nicht rechtskräftige Urteile in Betracht.

---

65 Beispiel: Ein beklagter Rentenversicherungsträger wird verurteilt, dem Kläger Rente wegen Erwerbsunfähigkeit gemäß § 44 SGB VI ab einem bestimmten Zeitpunkt zu leisten; der Betrag der Rente wird in dem Urteil nicht bestimmt und muß daher durch den Rentenversicherungsträger festgestellt werden.

66 Siehe Meyer-Ladewig, SGG, § 54 Rdnr. 40 und BSGE 27, 81 (83). Im Schrifttum wird diese Klageart daher oftmals als „unechte Leistungsklage" bezeichnet, siehe etwa Meyer-Ladewig, SGG, § 54 Rdnr. 38.

67 Siehe hierzu Bley, Sozialgerichtsbarkeit, S. 75 f., Meyer-Ladewig, SGG, § 130 Rdnr. 3 sowie LSG Rheinland-Pfalz, SozVers. 1977, 292.

68 Vgl. Ule, Verwaltungsprozeßrecht, § 70 II 2.

69 Ebenso Bley in Gesamtkommentar, § 154 SGG Anm. 1 b.

b. Wirksamkeitsvoraussetzungen und Abänderungsmöglichkeiten

Verwaltungs- und sozialgerichtliche Urteile sind grundsätzlich auch dann wirksam, wenn sie an einem Verfahrensmangel leiden oder in materiellrechtlicher Hinsicht fehlerhaft sind [70]. Als nichtig sind jedoch solche Urteile anzusehen, die an einem so schweren, offen zutage tretenden Mangel leiden, daß es auch unter Berücksichtigung der Belange der Rechtssicherheit und des Rechtsfriedens vom Standpunkt der Gerechtigkeit aus schlechthin unerträglich wäre, sie als unabänderlich hinzunehmen [71].

Fraglich ist, ob ein rechtskräftiges verwaltungs- oder sozialgerichtliches Urteil darüber hinaus in entsprechender Anwendung des § 826 BGB als unwirksam anzusehen ist, wenn es in materiell-rechtlicher Hinsicht unrichtig ist und von der obsiegenden Prozeßpartei arglistig erschlichen wurde. In der zivil- und arbeitsgerichtlichen Rechtsprechung ist eine derartige Durchbrechung der Rechtskraft richterrechtlich anerkannt [72]. Das BSG [73] und der überwiegende Teil des Schrifttums [74] vertreten die Auffassung, daß die Regelung des § 826 BGB auch auf rechtskräftige Urteile im Bereich der Verwaltungs- und Sozialgerichtsbarkeit anwendbar sei. Das BVerwG [75] hat diese Frage demgegenüber bislang ausdrücklich offengelassen.

Das BSG und der mit ihm übereinstimmende Teil des Schrifttums haben Zustimmung verdient. Die Anwendung des § 826 BGB auf rechtskräftige Urteile ist durch den Sinn und Zweck des Instituts der Rechtskraft geboten. Dieser ist darin zu sehen, Rechtsfrieden und Rechtssicherheit zu gewährleisten. Die Erreichung dieses Zieles wäre jedoch über den Einzelfall hinaus in Frage gestellt, wenn das Institut der Rechtskraft zielgerichtet zur Durchsetzung nicht beste-

---

70 Vgl. Kopp, VwGO, § 121 Rdnr. 2 und Meyer-Ladewig, SGG, § 125 Rdnr. 5.

71 Ebenso Kopp, VwGO, § 121 Rdnr. 17, Meyer-Ladewig, SGG, § 125 Rdnr. 5 und BVerfG NJW 1985, 125 f.

72 Siehe BGHZ 26, 391 (396), 40, 130 (133), 50, 115 (117 ff.) und 101, 380 (384) sowie BAGE 10, 88 (98). Im Schrifttum hat diese Rechtsprechung überwiegend Zustimmung erfahren, siehe Musielak, JA 1982, 7 (13), Rosenberg/Schwab/Gottwald, Zivilprozeßrecht, § 162 III sowie Braun, Rechtskraft, S. 27 ff. mit zahlreichen weiteren Nachweisen.

73 Siehe BSGE 60, 251 (253 ff.).

74 So etwa Clausing in Schoch/Schmidt-Aßmann/Pietzner (Hrsg.), VwGO, § 121 Rdnrn. 114 ff., Eyermann/Fröhler/Kormann, VwGO, § 121 Rdnrn. 14 ff., Kopp, VwGO, § 121 Rdnrn. 30 d und e, Redeker/v. Oertzen, VwGO, § 121 Rdnr. 16 und Meyer-Ladewig, SGG, § 141 Rdnr. 20. Kritisch hierzu Bley in Gesamtkommentar, § 141 SGG Anm. 4 c cc.

75 Siehe BVerwGE 91, 256 (260).

hender Ansprüche mißbraucht werden könnte [76]. Da diese Gefahr bei verwaltungs- und sozialgerichtlichen Urteilen in gleicher Weise wie bei zivil- und arbeitsgerichtlichen Urteilen gegeben ist, besteht auch in verwaltungs- und sozialgerichtlichen Verfahren das Bedürfnis nach einer Rechtsgrundlage zur Abwehr eines zielgerichteten Mißbrauchs des Instituts der Rechtskraft. Einer Heranziehung des § 826 BGB zur Befriedigung dieses Bedürfnisses können keine überzeugenden Einwände entgegengesetzt werden.

Leidet ein verwaltungs- oder sozialgerichtliches Urteil an einer offenkundigen Unrichtigkeit, so kann es gemäß §§ 118 VwGO bzw. 138 SGG berichtigt werden.

Vor Eintritt der Rechtskraft kann ein verwaltungs- oder sozialgerichtliches Urteil durch Berufung gemäß §§ 124 ff. VwGO bzw. 143 ff. SGG oder Revision gemäß §§ 132 ff. VwGO bzw. 160 ff. SGG angefochten und durch das Berufungs- oder Revisionsgericht aufgehoben werden. Nach Eintritt der Rechtskraft können Urteile lediglich im Rahmen eines Wiederaufnahmeverfahrens gemäß §§ 153 VwGO bzw. 179 SGG oder eines Verfassungsbeschwerdeverfahrens gemäß Art. 90 Abs. 1 Nr. 4 a GG in Verbindung mit §§ 90 ff. BVerfGG aufgehoben werden.

Verwaltungs- und sozialgerichtliche Urteile, die eine regelmäßig wiederkehrende Leistung zum Gegenstand haben, können darüber hinaus bei einer Änderung der ihnen zu Grunde liegenden Sach- oder Rechtslage durch eine Abänderungsklage gemäß §§ 173 VwGO bzw. 202 SGG in Verbindung mit § 323 ZPO den veränderten Verhältnissen angepaßt werden [77].

---

76 Ebenso Rosenberg/Schwab/Gottwald, Zivilprozeßrecht, § 162 III 3, Gottwald in Lüke/Walchshöfer (Hrsg.), MK ZPO, § 322 Rdnr. 204 sowie BGHZ 101, 380 (383).

77 Siehe hierzu Bley in Gesamtkommentar, § 141 SGG Anm. 7 b, Clausing in Schoch/Schmidt-Aßmann/Pietzner (Hrsg.), VwGO, § 121 Rdnr. 110, Kopp, VwGO § 173 Rdnr. 4, Meyer-Ladewig, SGG, § 141 Rdnr. 22, Pietzner/Ronellenfitsch, Assessorexamen, § 19 Rdnr. 6, Schenke, Verwaltungsprozeßrecht, Rdnr. 366 sowie Stern, Verwaltungsprozessuale Probleme, Rdnr. 148.

Beispiel: Ein beklagter Rentenversicherungsträger wird verurteilt, der Witwe eines verstorbenen Versicherten Witwenrente nach § 46 SGB VI zu zahlen. Zur Ausführung dieses Urteils erläßt er einen Rentenbescheid. Zu einem späteren Zeitpunkt schließt die Witwe eine neue Ehe, womit der Anspruch auf Witwenrente gemäß § 46 Abs. 1 SGB VI entfällt.

c. Die Erzwingung der Verpflichtung

Hinsichtlich der Erzwingung der Verpflichtung der Behörde zum Erlaß eines Verwaltungsaktes ist nach der Art des betroffenen verwaltungs- oder sozialgerichtlichen Urteils zu unterscheiden.

aa. Verpflichtungsurteile

Fälle, in denen die verurteilte Behörde der sich aus einem Verpflichtungsurteil im Sinne der §§ 113 Abs. 5 Satz 1 VwGO bzw. 131 Abs. 2 SGG ergebenden Verpflichtung zum Erlaß eines Verwaltungsaktes nicht nachkommt, lassen sich in zwei Fallgruppen unterscheiden: Denkbar ist zunächst der Fall, daß die Behörde lediglich untätig bleibt (nachfolgend aaa.). Denkbar ist daneben jedoch auch der Fall, daß die Behörde den Erlaß des streitgegenständlichen Verwaltungsaktes ausdrücklich ablehnt (nachfolgend bbb).

aaa. Einfache Untätigkeit der Behörde

In Fällen, in denen die Behörde lediglich untätig bleibt, kann der im Verfahren obsiegende Kläger den Erlaß des streitgegenständlichen Verwaltungsaktes durch einen gegen die Behörde gerichteten Antrag auf Zwangsvollstreckung gemäß §§ 172 VwGO bzw. 201 SGG erzwingen [78].

bbb. Ausdrückliche Ablehnung des Erlasses des Verwaltungsaktes

In Fällen, in denen die Behörde den Erlaß des streitgegenständlichen Verwaltungsaktes demgegenüber ausdrücklich ablehnt, ist zu beachten, daß der Ablehnungsbescheid selbst die Begriffsmerkmale des Verwaltungsaktes im Sinne der §§ 35 Satz 1 VwVfG bzw. 31 Satz 1 SGB X erfüllt und daher nach Maßgabe der §§ 43 VwVfG bzw. 39 SGB X Bindungswirkung entfaltet und nach Ablauf der Rechtsbehelfsfristen der §§ 70, 74 und 68 Abs. 2 VwGO bzw. 84, 87 und 66 Abs. 2 SGG in formelle Bestandskraft erwächst. Es stellt sich daher die Frage, ob dem Antrag auf Zwangsvollstreckung nach §§ 172 VwGO bzw. 201 SGG in derartigen Fällen eine Anfechtung und Aufhebung des Ablehnungsbe-

---

78 Die praktische Bedeutung dieser Regelungen erschöpft sich nicht - wie im Schrifttum vielfach angenommen wird (vgl. z. B. Ule, Verwaltungsprozeßrecht, § 71 III) - in der Bewältigung jener seltenen Fälle, in denen die verurteilte Behörde die Erfüllung eines Verpflichtungsurteils verweigert. Wesentlich häufiger sind die Verwaltungs- und Sozialgerichte mit jenen Fällen konfrontiert, in denen die verurteilte Behörde ihre Verpflichtung nach Auffassung des obsiegenden Klägers nicht rechtzeitig oder nicht in richtiger Weise erfüllt.

scheides im Rahmen eines Widerspruchsverfahrens oder einer Anfechtungsklage vorausgehen muß. Diese Frage ist zu verneinen. Ein Verwaltungsakt, der die Ausführung eines rechtskräftigen Urteils ablehnt, leidet an einem schweren und offenkundigen Fehler im Sinne der §§ 44 Abs. 1 VwVfG bzw. 40 Abs. 1 SGB X, ist mithin nach diesen Vorschriften als nichtig und somit gemäß §§ 43 Abs. 3 VwVfG bzw. 39 Abs. 3 SGB X als unwirksam anzusehen. Für eine dem Antrag auf Zwangsvollstreckung vorgeschaltete Aufhebung des Verwaltungsaktes besteht daher kein Bedürfnis.

bb. Bescheidungsurteile

Bei Bescheidungsurteilen im Sinne der §§ 113 Abs. 5 Satz 2 VwGO bzw. 131 Abs. 3 SGG ist zweifelhaft, ob diese ebenfalls nach den Regelungen der §§ 172 VwGO bzw. 201 SGG vollstreckbar sind.

aaa. Meinungsstand

In Rechtsprechung [79] und Schrifttum [80] besteht Einigkeit darüber, daß eine Zwangsvollstreckung derartiger Urteile gemäß § 172 VwGO bzw. 201 SGG jedenfalls dann als zulässig anzusehen ist, wenn die Behörde entgegen der ihr durch das Urteil auferlegten Verpflichtung untätig bleibt und keinen neuen Verwaltungsakt erläßt. Umstritten ist die Anwendbarkeit der §§ 172 VwGO bzw. 201 SGG demgegenüber in solchen Fällen, in denen die Behörde zwar einen neuen Verwaltungsakt erläßt, hierbei jedoch die Rechtsauffassung des Gerichts nicht beachtet [81]. Während die Rechtsprechung [82] und die im Schrifttum herr-

---

[79] Siehe LSG Niedersachsen, SGb. 1993, 181.

[80] Siehe Bley in Gesamtkommentar, § 201 SGG Anm. 2 a, Kopp, VwGO, § 113 Rdnr. 94, Meyer-Ladewig, SGG, § 201 Rdnr. 2, Pietzner in Schoch/Schmidt-Aßmann/Pietzner (Hrsg.), VwGO, § 172 Rdnr. 34, Redeker/v. Oertzen, VwGO, § 172 Rdnr. 2, Spannowsky in Sodan/Ziekow (Hrsg.), VwGO, § 113 Rdnr. 254, Ule, Verwaltungsprozeßrecht, § 71 III, Stüer in FS Menger, S. 794 und Steinmeyer, SGb. 1993, 182.

[81] Beispiel: Eine Behörde lehnt den Erlaß eines in ihrem Ermessen stehenden begünstigenden Verwaltungsaktes mit der Begründung ab, daß sie sachlich nicht zuständig sei. Das gegen diese Entscheidung angerufene Verwaltungsgericht verurteilt die Behörde, den Kläger unter Beachtung der Rechtsauffassung des Gerichts erneut zu bescheiden. Aus der Begründung des Urteils ergibt sich, daß das Gericht die sachliche Zuständigkeit der Behörde für gegeben erachtet. Die Behörde lehnt die beantragte Begünstigung daraufhin erneut mit der Begründung ab, daß ihre sachliche Zuständigkeit nicht gegeben sei. Siehe hierzu den Fall des LSG Niedersachsen, SGb. 1993, 181.

[82] So etwa HessVGH, ESVGH 44, 143 und LSG Niedersachsen, SGb. 1993, 181.

schende Meinung [83] eine Zwangsvollstreckung gemäß §§ 172 VwGO bzw. 201 SGG auch in derartigen Fällen für zulässig erachten, vertritt eine Mindermeinung im Schrifttum [84] die Auffassung, daß eine Zwangsvollstreckung in derartigen Fällen nicht zulässig sei und der Kläger stattdessen eine neue Verpflichtungsklage erheben müsse.

bbb. Stellungnahme

Bescheidungsurteile im Sinne der § 113 Abs. 5 Satz 2 VwGO bzw. 131 Abs. 3 SGG werden ohne Einschränkung vom Wortlaut der §§ 172 VwGO bzw. 201 SGG erfaßt [85]. Die Rechtskraftwirkung eines Bescheidungsurteils umfaßt nicht nur die Verpflichtung der verurteilten Behörde, den Kläger überhaupt neu zu bescheiden, sondern darüber hinaus auch die Verpflichtung, hierbei die Rechtsauffassung des Gerichts zu beachten [86]. Überzeugende Gründe dafür, den Anwendungsbereich der §§ 172 VwGO bzw. 201 SGG auf jene Fälle zu beschränken, in denen die Behörde untätig bleibt und keinen neuen Verwaltungsakt erläßt, sind nicht ersichtlich. Mit der Rechtsprechung und der im Schrifttum herrschenden Auffassung ist daher davon auszugehen, daß ein Bescheidungsurteil auch dann nach diesen Vorschriften vollstreckbar ist, wenn die Behörde zwar einen neuen Verwaltungsakt erläßt, hierbei jedoch die Rechtsauffassung des Gerichts nicht beachtet. Da einer Klage das Rechtsschutzinteresse fehlt, wenn der Kläger bereits über einen zu seinen Gunsten wirkenden vollstreckbaren Titel verfügt, der das mit der Klage angestrebte Urteil voll ersetzt [87], folgt hieraus zugleich, daß eine erneute Verpflichtungsklage in einem derartigen Fall als unzulässig anzusehen wäre [88].

---

83 So ausdrücklich Steinmeyer, SGb. 1993, 182 und Pietzner in Schoch/Schmidt-Aßmann/Pietzner (Hrsg.), VwGO, § 172, Rdnr. 34. Den Stellungnahmen von Bley in Gesamtkommentar, § 201 SGG Anm. 2 a, Meyer-Ladewig, SGG, § 201 Rdnr. 2, Redeker/v. Oertzen, VwGO, § 172 Rdnr. 2 und Ule, Verwaltungsprozeßrecht, § 71 III ist kein Hinweis darauf zu entnehmen, daß die Regelungen der §§ 172 VwGO bzw. 201 SGG auf derartige Fälle keine Anwendung finden sollen.

84 So Kopp, VwGO, § 113 Rdnr. 94, Spannowsky in Sodan/Ziekow (Hrsg.), VwGO, § 113 Rdnr. 254 und Stüer in FS Menger, S. 794.

85 Ebenso Pietzner in Schoch/Schmidt-Aßmann/Pietzner (Hrsg.), VwGO, § 172 Rdnr. 34.

86 Vgl. BVerwG, DVBl. 1995, 925.

87 Siehe Rosenberg/Schwab/Gottwald, Zivilprozeßrecht, § 92 IV 1.

88 Ebenso Pietzner in Schoch/Schmidt-Aßmann/Pietzner (Hrsg.), VwGO, § 172 Rdnr. 34.

### cc. Unechte Leistungsurteile

Bei unechten Leistungsurteilen im Sinne des § 54 Abs. 4 SGG, die gemäß § 130 Satz 1 SGG zur Leistung nur dem Grunde nach verurteilen, stellt sich ebenfalls die Frage, ob diese nach der Regelung des § 201 SGG vollstreckbar sind.

#### aaa. Meinungsstand

In Rechtsprechung [89] und Schrifttum [90] besteht Einigkeit darüber, daß Grundurteile, die auf eine allgemeine Leistungsklage im Sinne des § 54 Abs. 5 SGG ergehen, nicht vollstreckbar sind. Demgegenüber wird die Frage nach der Vollstreckbarkeit von Grundurteilen, die auf eine kombinierte Anfechtungs- und Leistungsklage im Sinne des § 54 Abs. 4 SGG ergehen, kontrovers beantwortet. Während die Rechtsprechung [91] und ein Teil des Schrifttums [92] die Anwendung des § 201 SGG auf derartige Urteile befürworten, lehnt ein anderer Teil des Schrifttums [93] sie ab.

#### bbb. Stellungnahme

Grundurteile im Sinne des § 130 SGG werden vom Wortlaut des § 201 SGG nicht erfaßt. Eine Zwangsvollstreckung nach dieser Regelung käme daher nur dann in Betracht, wenn die Voraussetzungen für ihre analoge Anwendung auf derartige Urteile gegeben wären.

##### (1) Vorliegen einer Regelungslücke

Die analoge Anwendung einer Norm auf einen von ihrem Wortlaut nicht erfaßten Sachverhalt setzt zunächst das Vorliegen einer planwidrigen Regelungslücke voraus [94]. Eine derartige Regelungslücke ist im vorliegenden Fall gegeben, da das SGG keine Vorschriften über die Zwangsvollstreckung aus Grundurteilen

---

89 Siehe BSGE 5, 60 (64).

90 Siehe Bley in Gesamtkommentar, § 130 SGG Anm. 4 d.

91 So etwa LSG Niedersachsen, Breithaupt 1962, 943, Bayerisches LSG, Amtliche Mitteilungen der LVA Rheinprovinz 1975, 178, LSG Baden-Württemberg, Breithaupt 1995, 806 und SG Berlin, DRV 1978, 54. Unentschieden hingegen BSG, SozVers. 1980, 186 (187).

92 So etwa Bley in Gesamtkommentar, § 201 SGG Anm. 2 a und Peters/Sautter/Wolff, SGG, Erl. zu § 201.

93 So etwa Meyer-Ladewig, SGG, § 130 Rdnr. 4 und § 201 Rdnr. 2 sowie Tannen, DRV 1978, 54 ff.

94 Siehe Larenz, Methodenlehre, S. 370.

enthält [95]. Gemäß § 130 Satz 2 SGG kann in einem Grundurteil zwar eine einmalige oder laufende vorläufige Leistung angeordnet werden. Diese Regelung vermag jedoch die Möglichkeit einer Zwangsvollstreckung nicht zu ersetzen [96], da die Anordnung einer vorläufigen Leistung danach nicht zwingend vorgeschrieben ist, sondern im Ermessen des entscheidenden Gerichts steht [97].

(2) Vergleichbare Interessenlage der Beteiligten

Voraussetzung für die analoge Anwendung einer Norm auf einen von ihrem Wortlaut nicht erfaßten Sachverhalt ist weiterhin, daß dieser Sachverhalt nach der Interessenlage der beteiligten Rechtssubjekte mit dem vom Wortlaut der Norm geregelten Sachverhalt vergleichbar ist [98]. Diese Voraussetzung ist im vorliegenden Fall ebenfalls erfüllt. Grundurteile im Sinne des § 130 Satz 1 SGG, die auf eine kombinierte Anfechtungs- und Leistungsklage im Sinne des § 54 Abs. 4 SGG ergehen, sind den vom Wortlaut des § 131 Abs. 2 und 3 SGG insoweit vergleichbar, als der verurteilte Leistungsträger zu ihrer Ausführung einen Verwaltungsakt erlassen muß und der obsiegende Kläger sein Rechtsschutzziel erst mit Erlaß dieses Verwaltungsaktes erreicht hat [99].

(3) Fehlen eines Analogieverbotes

Die Zulässigkeit einer Analogie setzt schließlich das Fehlen eines Analogieverbotes voraus [100]. Ein derartiges Analogieverbot besteht im Falle des § 201 SGG jedoch nicht. Gemäß Art. 103 Abs. 2 GG darf eine Tat zwar nur dann bestraft werden, wenn die Strafbarkeit gesetzlich bestimmt war, bevor die Tat begangen wurde. Die Androhung und Festsetzung eines Zwangsgeldes gemäß § 201 SGG setzen jedoch kein Verschulden der Behörde oder des für die Ausführung des Urteils zuständigen Beamten voraus [101] und sind daher nicht als „Strafe" im

---

95 Siehe Bayerisches LSG, Amtliche Mitteilungen der LVA Rheinprovinz 1975, 178.

96 So aber Tannen, DRV 1978, 54 (55).

97 Siehe BSGE 5, 60 (65).

98 Siehe Larenz, Methodenlehre, S. 381.

99 Siehe hierzu Bley, Gesamtkommentar, § 130 SGG Anm. 3 c und BSGE 27, 81 (83).

100 Siehe Larenz, Methodenlehre, S. 392.

101 Siehe Pietzner in Schoch/Schmidt-Aßmann/Pietzner (Hrsg.), VwGO, § 172 Rdnr. 2 sowie Hartmann in Baumbach/Lauterbach, ZPO, § 888 Rdnr. 17.

Sinne des Art. 103 Abs. 2 GG anzusehen [102]. Die Voraussetzungen für eine analoge Anwendung des § 201 SGG auf Grundurteile im Sinne des § 130 Satz 1 SGG, die auf eine unechte Leistungsklage im Sinne des § 54 Abs. 4 SGG ergehen, sind somit gegeben. Mit der Rechtsprechung und dem ihr folgenden Teil des Schrifttums ist daher davon auszugehen, daß die Regelung des § 201 SGG grundsätzlich auch auf unechte Leistungsurteile Anwendung findet.

Hierbei ist allerdings zu beachten, daß eine Zwangsvollstreckung nach dieser Vorschrift nur in solchen Fällen in Betracht kommt, in denen die verurteilte Behörde untätig bleibt und keinen Ausführungsbescheid erläßt. In Fällen, in denen die Behörde zwar einen Ausführungsbescheid erläßt, die Sozialleistung hierbei jedoch nicht in richtiger Höhe feststellt [103], ist eine Zwangsvollstreckung nach § 201 SGG demgegenüber nicht möglich. Da das Urteil die Höhe der zu gewährenden Sozialleistung offen läßt, kann das Vollstreckungsgericht weder die Unrichtigkeit des Ausführungsbescheides feststellen, noch die Behörde zum Erlaß eines Ausführungsbescheides über die Gewährung der betreffenden Sozialleistung in bestimmter Höhe anweisen. Über die Höhe der Sozialleistung ist in diesem Falle nicht im Rahmen des Vollstreckungsverfahrens, sondern zunächst im Rahmen eines Erkenntnisverfahrens zu entscheiden. Der Kläger muß daher eine Verpflichtungsklage im Sinne des § 54 Abs. 1 Satz 1 SGG erheben, die auf den Erlaß eines nach der Höhe des Zahlbetrages bestimmten Verwaltungsaktes gerichtet ist [104]. Zwar fehlt einer Klage das Rechtsschutzinteresse, wenn der Kläger bereits über einen zu seinen Gunsten wirkenden vollstreckbaren Titel verfügt, der das mit der Klage angestrebte Urteil voll ersetzt [105]. Dies ist jedoch - wie zuvor dargelegt - im Falle der unrichtigen Ausführung eines Grundurteils im Sinne des § 130 Satz 1 SGG gerade nicht der Fall.

---

[102] Ebenso Pietzner in Schoch/Schmidt-Aßmann/Pietzner (Hrsg.), VwGO, § 172 Rdnr. 2 sowie Schmidt-Aßmann in Maunz/Dürig (Hrsg.), GG, Art. 103 Rdnr. 195. Anderer Ansicht allerdings Tannen, DRV 1978, 54 (55).

[103] Beispiel: Ein beklagter Rentenversicherungsträger wird verurteilt, dem Kläger Rente wegen Erwerbsunfähigkeit gemäß § 44 SGB VI ab einem bestimmten Zeitpunkt zu leisten; der Betrag der Rente wird in dem Urteil nicht bestimmt. Infolge eines Berechnungsfehlers stellt der Rentenversicherungsträger in seinem zur Ausführung dieses Urteils erlassenen Ausführungsbescheid die Rente zu niedrig fest.

[104] Ebenso Miesbach/Ankenbrank, SGG, § 130 Erl. 2.

[105] Siehe Rosenberg/Schwab/Gottwald, Zivilprozeßrecht, § 92 IV 1.

## 4. Einstweilige Anordnungen

Als Grundlage eines Ausführungsbescheides kommen weiterhin einstweilige Anordnungen im Sinne des § 123 VwGO in Betracht. Dies gilt auch für den Bereich der Sozialgerichtsbarkeit. Zwar kennt das SGG keine dem § 123 VwGO vergleichbare allgemeine Regelung über den Erlaß einstweiliger Anordnungen. Im Hinblick auf die Rechtsschutzgarantie des Art. 19 Abs. 4 Satz 1 GG ist diese Regelung im Bereich der Sozialgerichtsbarkeit jedoch entsprechend anwendbar [106].

### a. Allgemeines und Bedeutung

Einstweilige Anordnungen sind als Grundlage von Ausführungsbescheiden nur von geringer praktischer Bedeutung. Dies ergibt sich daraus, daß eine einstweilige Anordnung grundsätzlich die endgültige Regelung nicht vorwegnehmen darf und es daher in der Regel nicht zulässig ist, die Behörde zum Erlaß des im Hauptsacheverfahren beantragten Verwaltungsaktes zu verpflichten [107]. Eine Ausnahme von diesem Grundsatz besteht nur dann, wenn die Gewährung effektiven Rechtsschutzes nur durch eine Vorwegnahme der Hauptsacheentscheidung möglich ist und durch die Verweigerung der begehrten Leistung für den Antragsteller unzumutbare Nachteile entstehen würden [108]. Demgemäß kann z. B. in Fällen, in denen der Antragsteller seinen notwendigen Lebensunterhalt nicht in sonstiger Weise zu bestreiten vermag, durch eine einstweilige Anordnung die Bewilligung von Leistungen nach dem BSHG angeordnet werden [109].

### b. Wirksamkeitsvoraussetzungen und Abänderungsmöglichkeiten

Da eine einstweilige Anordnung keine stärkere Bindungswirkung genießen kann, als ein verwaltungs- oder sozialgerichtliches Urteil, ist sie immer dann als nichtig anzusehen, wenn auch ein entsprechendes Urteil als nichtig anzusehen wäre [110].

---

[106] Grundlegend BVerfGE 46, 166.

[107] Siehe Kopp, VwGO, § 123 Rdnr. 13, Meyer-Ladewig, SGG, § 97 Rdnr. 23 a und Bosch/Schmidt, Verwaltungsgerichtliches Verfahren, § 58 II.

[108] Siehe hierzu Bosch/Schmidt, Verwaltungsgerichtliches Verfahren, § 58 III.

[109] Siehe hierzu Schultz, DÖV 1981, 302.

[110] Siehe hierzu oben, Abschnitt II 3 b.

Einstweilige Anordnungen können weiterhin bei Vorliegen einer offenbaren Unrichtigkeit von dem sie erlassenden Gericht jederzeit berichtigt werden. Die Regelungen der §§ 118 VwGO bzw. 138 SGG finden zwar auf einstweilige Anordnungen unmittelbar keine Anwendung. Sie sind jedoch als Ausdruck eines allgemeinen Rechtsgedankens, demzufolge eine an einer offenbaren Unrichtigkeit leidende hoheitliche Einzelfallregelung jederzeit berichtigt werden kann, entsprechend anwendbar [111].

Eine einstweilige Anordnung kann wegen unterbliebener Klageerhebung gemäß § 123 Abs. 3 VwGO in Verbindung mit § 926 ZPO [112], auf Grund einer Beschwerde gemäß § 123 Abs. 4 VwGO in Verbindung mit §§ 146 VwGO bzw. 172 SGG [113] oder durch eine Entscheidung in der Hauptsache [114] abgeändert oder aufgehoben werden. Umstritten ist, ob eine einstweilige Anordnung darüber hinaus gemäß § 927 ZPO wegen veränderter Umstände aufgehoben oder abgeändert werden kann. In Rechtsprechung [115] und Schrifttum [116] wird diese Frage zum Teil mit der Begründung bejaht, daß eine Erwähnung des § 927 ZPO in der Aufzählung des § 123 Abs. 3 VwGO nur infolge eines Redaktionsversehens unterblieben sei. Für ein derartiges Redaktionsversehen bestehen jedoch keinerlei Anhaltspunkte. Es ist daher insoweit von einer Regelungslücke auszugehen, die am naheliegendsten durch eine entsprechende Anwendung des § 80 Abs. 7 Satz 2 VwGO geschlossen werden kann [117].

c. Die Erzwingung der Verpflichtung

Kommt die Behörde der sich aus einer einstweiligen Anordnung ergebenden Verpflichtung zum Erlaß eines Verwaltungsaktes nicht nach, so kann der An-

---

[111] Zum Charakter der §§ 118 VwGO bzw. 138 SGG als Ausdruck eines allgemeinen Rechtsgedankens siehe BGHZ 106, 370 (372), BVerwG BayVBl. 1971, 21 ff., BSGE 15, 96 (98) sowie Wiesemann, Berichtigung, S. 317 ff. und 326 ff.

[112] Kopp, VwGO, § 123 Rdnr. 37.

[113] Kopp, VwGO, § 123 Rdnr. 33.

[114] Kopp, VwGO, § 123 Rdnr. 32.

[115] So etwa OVG Rheinland-Pfalz, AS 12, 195 (198) und BayVGH, DÖV 1978, 696.

[116] So etwa Ule, Verwaltungsprozeßrecht, § 67 IV 2, Redeker/v. Oertzen, VwGO, § 123 Rdnr. 29 sowie Schultz, DÖV 1981, 302 (303) und 794.

[117] Ebenso Pietzner/Ronellenfitsch, Assessorexamen, § 58 Rdnr. 19 sowie Schenke, Verwaltungsprozeßrecht, Rdnr. 1040. Im Ergebnis ebenso OVG Nordrhein-Westfalen, DVBl. 1987, 699, VGH Hessen, NJW 1987, 1354 sowie Kopp, VwGO, § 123 Rdnr. 39, die eine Abänderungsbefugnis des Gerichts mit einer Gesamtanalogie zu § 927 ZPO und § 80 Abs. 7 Satz 2 VwGO begründen wollen.

tragsteller die Erfüllung dieser Verpflichtung durch einen Antrag auf Zwangsvollstreckung gemäß §§ 172 VwGO bzw. 201 SGG erzwingen [118].

5. Öffentlich-rechtliche Verträge

Eine einzelfallbezogene Verpflichtung einer Behörde zum Erlaß eines Verwaltungsaktes kann sich weiterhin aus einem öffentlich-rechtlichen Vertrag im Sinne der §§ 54 ff. VwVfG bzw. 53 ff. SGB X ergeben.

a. Allgemeines und Bedeutung

Als Grundlage eines Ausführungsbescheides treten insbesondere Vergleichsverträge im Sinne der §§ 55 VwVfG bzw. 54 SGB X in Erscheinung. Diese können sowohl außergerichtlich wie auch gemäß §§ 106 VwGO bzw. 101 Abs. 1 SGG als gerichtlicher Vergleich geschlossen werden.

b. Wirksamkeitsvoraussetzungen und Abänderungsmöglichkeiten

Öffentlich-rechtliche Verträge sind bei Vorliegen der Voraussetzungen der §§ 59 VwVfG bzw. 58 SGB X nichtig [119]. Ein gerichtlicher Vergleichsvertrag ist darüber hinaus dann nichtig, wenn die für seinen Abschluß maßgebenden prozeßrechtlichen Formvorschriften nicht beachtet wurden [120]. Die Nichtigkeit erfaßt in diesem Fall jedoch nur die prozeßrechtlichen Wirkungen des Vergleichsvertrages. Seine materiellrechtlichen Wirkungen bleiben demgegenüber bestehen [121].

Umstritten ist, ob zu den gemäß §§ 59 Abs. 1 VwVfG bzw. 60 Abs. 1 SGB X entsprechend anwendbaren Vorschriften des Bürgerlichen Gesetzbuches auch dessen § 134 gehört. Nach dieser Regelung ist ein gegen ein gesetzliches Verbot verstoßendes Rechtsgeschäft nichtig, wenn sich nicht aus dem Gesetz etwas anderes ergibt. Im Schrifttum wird vereinzelt die Auffassung vertreten, daß die Regelung des § 134 BGB nicht zu den entsprechend anwendbaren Vorschrif-

---

118 Kopp, VwGO, § 123 Rdnr. 40. Zur entsprechenden Anwendung der Regelung des § 201 SGG auf die einstweilige Anordnung siehe Meyer-Ladewig, SGG, § 201 Rdnr. 2.

119 Siehe zur Anwendung der §§ 59 VwVfG bzw. 58 SGB X auf den gerichtlichen Vergleichsvertrag Kopp, VwGO, § 106 Rdnr. 6, Meyer-Ladewig, SGG, § 101 Rdnr. 15, BVerwG NJW 1988, 662 (663) und BSG NJW 1989, 2565 (2566).

120 Siehe Redeker/v. Oertzen, VwGO, § 106 Rdnr. 14 und Meyer-Ladewig, SGG, § 101 Rdnr. 13.

121 Siehe hierzu Kopp, VwGO, § 106 Rdnr. 10 und Meyer-Ladewig, SGG, § 101 Rdnr. 8.

ten im Sinne der §§ 59 Abs. 1 VwVfG bzw. 58 Abs. 1 SGB X gehöre [122]. Zur Begründung wird darauf verwiesen, daß die enumerative Aufzählung von Nichtigkeitsgründen in den Regelungen der §§ 59 Abs. 2 VwVfG bzw. 60 Abs. 2 SGB X überflüssig und unverständlich sei, wenn bereits nach den Regelungen der §§ 59 Abs. 1 VwVfG bzw. 60 Abs. 1 SGB X jeder Gesetzesverstoß die Nichtigkeit eines öffentlich-rechtlichen Vertrages zur Folge hätte.

Diese Auffassung hat jedoch keine Zustimmung verdient. Würde man die Regelung des § 134 BGB aus dem Kreis der nach §§ 59 Abs. 1 VwVfG bzw. 60 Abs. 1 SGB X entsprechend anwendbaren Vorschriften ausschließen, so hätte dies zur Konsequenz, daß koordinationsrechtliche öffentlich-rechtliche Verträge im Sinne der §§ 59 Abs. 1 VwVfG bzw. 60 Abs. 1 SGB X auch bei offensichtlichen oder schwerwiegenden Gesetzesverstößen als wirksam anzusehen wären, da die Nichtigkeitsgründe der §§ 59 Abs. 2 VwVfG bzw. 60 Abs. 2 SGB X lediglich subordinationsrechtliche öffentlich-rechtliche Verträge erfassen [123]. Demgegenüber hat die Einbeziehung des § 134 BGB in den Kreis der nach §§ 59 Abs. 1 VwVfG bzw. 60 Abs. 1 SGB X entsprechend anwendbaren Vorschriften des Bürgerlichen Gesetzbuchs nicht zur Folge, daß die Regelungen der §§ 59 Abs. 2 VwVfG bzw. 60 Abs. 2 SGB X ihre Bedeutung verlieren. Bei der Anwendung des § 134 BGB ist nämlich zu beachten, daß nicht jeder Gesetzesverstoß die Nichtigkeit des hiervon betroffenen Rechtsgeschäftes zur Folge hat [124]. Dies ist vielmehr nur dann der Fall, wenn das betreffende Gesetz nach seinem Wortlaut oder seinem Regelungszweck die Nichtigkeit entgegenstehender Rechtsgeschäfte anordnet. Erforderlich ist demnach ein besonders qualifizierter Gesetzesverstoß [125]. Ein solcher ist z. B. dann anzunehmen, wenn ein Gesetz einen Sachverhalt abschließend regelt und der öffentlich-rechtliche Vertrag eine entgegenstehende Regelung trifft, nicht jedoch bereits dann, wenn das Gesetz nur bestimmte Umstände oder Einzelheiten des Vertrages mißbilligt [126]. Mit der in Rechtsprechung und Schrifttum herrschenden Meinung ist die Regelung des § 134 BGB daher in den Kreis der nach §§ 59 Abs. 1 VwVfG bzw. 60 Abs. 1 SGB X entsprechend anwendbaren Vorschriften des Bürgerlichen Gesetzbuches mit einzubeziehen [127].

---

122 So z. B. Faber, Verwaltungsrecht, § 26 II b.

123 Siehe Maurer, Verwaltungsrecht, § 14 Rdnr. 41.

124 Siehe Erichsen, Verwaltungsrecht, § 26 Rdnr. 24 sowie BT-Drucks. 7/910, S. 81.

125 Siehe Bonk in Stelkens/Bonk/Sachs, VwVfG, § 59 Rdnr. 29.

126 Siehe Kopp, VwVfG, § 59 Rdnr. 7.

127 Siehe neben den in Fn. 123 bis 126 genannten Autoren Schimpf, Vertrag, S. 284 ff., Schenke, JuS 1977, 281 (287 ff.), Engelmann in Schroeder-Printzen (Hrsg.), SGB X, § 58

Umstritten ist weiterhin, ob bei subordinationsrechtlichen öffentlich-rechtlichen Verträgen im Sinne der §§ 59 Abs. 2 VwVfG bzw. 60 Abs. 2 SGB X zu den gemäß §§ 59 Abs. 1 VwVfG bzw. 60 Abs. 1 SGB X entsprechend anwendbaren Vorschriften des Bürgerlichen Gesetzbuches auch dessen § 779 Abs. 1 gehört. Nach dieser Regelung ist ein Vergleich als unwirksam anzusehen, wenn der nach dem Inhalte des Vertrages als feststehend zu Grunde gelegte Sachverhalt der Wirklichkeit nicht entspricht und der Streit oder die Ungewißheit bei Kenntnis der Sachlage nicht entstanden sein würde. Im Schrifttum wird vereinzelt die Auffassung vertreten, daß diese Regelung auf subordinationsrechtliche öffentlich-rechtliche Verträge keine Anwendung finde, da der Gesetzgeber für diese mit den §§ 59 Abs. 2 Nr. 3 VwVfG bzw. 60 Abs. 2 Nr. 3 SGB X eine Sonderregelung geschaffen habe [128]. Diese Auffassung vermag jedoch nicht zu überzeugen, da durch die Regelung der §§ 59 Abs. 2 VwVfG bzw. 60 Abs. 2 SGB X sowohl nach ihrem Wortlaut („ferner") wie auch nach ihrem Regelungszweck die Anwendung der §§ 59 Abs. 1 VwVfG bzw. 60 Abs. 1 SGB X nicht ausgeschlossen werden soll [129]. Mit der im Schrifttum herrschenden Meinung ist daher davon auszugehen, daß § 779 Abs. 1 BGB auch auf subordinationsrechtliche öffentlich-rechtliche Verträge Anwendung findet [130].

Ändert sich die einem öffentlich-rechtlichen Vertrag zu Grunde liegende Sach- oder Rechtslage, so kann er gemäß §§ 60 Abs. 1 Satz 1 VwVfG bzw. 59 Abs. 1 Satz 1 SGB X an die veränderten Verhältnisse angepaßt oder gekündigt werden. Die beteiligte Behörde kann einen öffentlich-rechtlichen Vertrag gemäß §§ 60 Abs. 1 Satz 2 VwVfG bzw. 59 Abs. 1 Satz 2 SGB X darüber hinaus auch dann kündigen, wenn diese Kündigung erforderlich ist, um schwere Nachteile für das Gemeinwohl zu verhindern oder zu beseitigen.

Gerichtliche Vergleichsverträge, die eine wiederkehrende Leistung zum Gegensand haben, können bei einer Änderung der ihnen zu Grunde liegenden Sach- oder Rechtslage weiterhin durch eine Abänderungsklage gemäß § 323 ZPO, der

---

Rdnr. 6, Schnapp in Gemeinschaftskommentar, § 58 Rdnr. 6, Pickel, SGb. 1984, 133 (138) sowie BVerwG DVBl. 1990, 438 (439) und BVerwGE 89, 7 (10).

128 So z. B. Pickel, a.a.O. (Fn. 127).

129 Siehe Bonk in Stelkens/Bonk/Sachs, VwVfG, § 59 Rdnr. 10 sowie Erichsen, Verwaltungsrecht, § 26 Rdnr. 18.

130 Siehe Bonk in Stelkens/Bonk/Sachs, VwVfG, § 55 Rdnr. 27, Kopp, VwVfG, § 59 Rdnr. 12, Schimpf, Vertrag, S. 298 f. sowie Meyer-Hesemann, DVBl. 1980, 869 (872 f.).

gemäß §§ 173 VwGO bzw. 202 SGG auch verwaltungs- und sozialgerichtliche Titel unterliegen [131], an die veränderten Verhältnisse angepaßt werden.

c. Die Erzwingung der Verpflichtung

aa. Außergerichtliche öffentlich-rechtliche Verträge

aaa. Ohne Unterwerfung unter die sofortige Vollstreckung

Ergibt sich die Verpflichtung der Behörde zum Erlaß eines Verwaltungsaktes aus einem nicht der sofortigen Vollstreckung gemäß §§ 61 Abs. 1 VwVfG bzw. 60 Abs. 1 SGB X unterliegenden außergerichtlichen öffentlich-rechtlichen Vertrag, so ist umstritten, in welcher Weise der beteiligte Bürger die Erfüllung dieser Verpflichtung erzwingen kann.

Im Schrifttum wird vielfach die Auffassung vertreten, daß die Erfüllung eines subordinationsrechtlichen öffentlich-rechtlichen Vertrages im Sinne der §§ 54 Satz 2 VwVfG bzw. 53 Abs. 1 Satz 2 SGB X auch dann durch eine allgemeine Leistungsklage durchzusetzen sei, wenn die Erfüllungshandlung im Erlaß eines Verwaltungsaktes bestehe [132]. Ihr liegt offenbar die Vorstellung zu Grunde, daß das bei Abschluß des Vertrages bestehende Koordinationsverhältnis auch bei dessen Erfüllung fortbestehe [133]. Diese Auffassung verkennt jedoch, daß der Erlaß eines Verwaltungsaktes im Hinblick auf den von der Legaldefinition der §§ 35 Satz 1 VwVfG bzw. 31 Satz 1 SGB X geforderten „hoheitlichen" Charakter

---

[131] Siehe hierzu Kopp, VwGO, § 173 Rdnr. 4 sowie Schenke, Verwaltungsprozeßrecht, Rdnrn. 366 und 369.

Beispiel: Ein Rentenversicherungsträger verpflichtet sich durch einen zur Beendigung eines sozialgerichtlichen Verfahrens abgeschlossenen Vergleich, dem Kläger Rente wegen Erwerbsunfähigkeit gemäß § 44 SGB VI zu gewähren. Die Verfahrensbeteiligten gehen hierbei davon aus, daß der Kläger nicht mehr dazu in der Lage ist, eine Erwerbstätigkeit in gewisser Regelmäßigkeit auszuüben oder mehr als nur geringfügige Einkünfte zu erzielen (siehe § 44 Abs. 2 SGB VI). Eine nach einiger Zeit durchgeführte Nachuntersuchung des Klägers ergibt, daß sich sein gesundheitlicher Zustand zwischenzeitlich so weitgehend gebessert hat, daß er nunmehr zur Ausübung einer Erwerbstätigkeit in gewisser Regelmäßigkeit wieder in der Lage ist.

[132] So etwa Faber, Verwaltungsrecht, § 26 II d, Kreuzer, Verwaltungsakt, S. 171, Pietzner/Ronellenfitsch, Assessorexamen, § 31 Rdnr. 10, Beinhardt, VerwArch. 1964, 210 (260), und Lerche, Klage, S. 77 f. Differenzierend Baumanns, Zwangsvollstreckung, S. 96 f. und wohl auch Fluck, Erfüllung, S. 86 f., die in Fällen, in denen die Behörde den Erlaß eines Verwaltungsaktes ausdrücklich ablehnt oder einen unrichtigen Verwaltungsakt erläßt, Rechtsschutz durch eine Verpflichtungsklage und in Fällen einer einfachen Erfüllungsverweigerung der Behörde Rechtsschutz durch eine allgemeine Leistungsklage gewähren wollen.

[133] Siehe Lerche, a.a.O. (Fn. 132).

der Maßnahme stets das Bestehen eines Subordinationsverhältnisses voraussetzt und ein derartiges Verhältnis grundsätzlich auch durch einen Vertrag begründet werden kann. Die sich aus einem nicht der sofortigen Vollstreckung unterliegenden außergerichtlichen öffentlich-rechtlichen Vertrag ergebende Verpflichtung der Behörde zum Erlaß eines Verwaltungsaktes ist daher durch eine Verpflichtungsklage im Sinne der §§ 42 Abs. 1 VwGO bzw. 54 Abs. 1 Satz 1 SGG zu erzwingen [134].

bbb. Mit Unterwerfung unter die sofortige Vollstreckung

Hat sich die Behörde gemäß §§ 61 Abs. 1 VwVfG bzw. 60 Abs. 1 SGB X der sofortigen Vollstreckung unterworfen, so tritt gemäß §§ 61 Abs. 2 Satz 3 VwVfG bzw. 60 Abs. 2 Satz 3 SGG an die Stelle der Verpflichtungsklage ein Antrag auf Zwangsvollstreckung gemäß §§ 172 VwGO bzw. 201 SGG. Eine Verpflichtungsklage ist in einem derartigen Fall nicht zulässig, da einem Kläger das Rechtsschutzinteresse fehlt, wenn er bereits über einen zu seinen Gunsten wirkenden vollstreckbaren Titel verfügt, der das mit der Klage angestrebte Urteil voll ersetzt [135].

bb. Gerichtliche Vergleichsverträge

Die Frage, in welcher Weise die sich aus einem gerichtlichen Vergleichsvertrag ergebende Verpflichtung der Behörde zum Erlaß eines Verwaltungsaktes erzwungen werden kann, wird ebenfalls kontrovers beantwortet.

aaa. Fehlende Vollstreckbarkeit

In Rechtsprechung und Schrifttum wird vereinzelt die Auffassung vertreten, daß gerichtliche Vergleichsverträge nicht vollstreckbar seien. Komme die Behörde der sich aus einem derartigen Vergleichsvertrag ergebenden Verpflichtung zum Erlaß eines Verwaltungsaktes nicht nach, so könne der berechtigte Bürger die Erfüllung dieser Verpflichtung daher nur durch eine Verpflichtungsklage erzwingen [136]. Diese Auffassung ist jedoch mit den Regelungen der §§ 168 Abs. 1 Nr.

---

[134] Ebenso Maurer, Verwaltungsrecht, § 14 Rdnr. 54, Pietzcker in Schoch/Schmidt-Aßmann/Pietzner (Hrsg.), VwGO, § 42 Abs. 1 Rdnr. 99, Rebhahn, Verträge, S. 426 f., Redeker, DÖV 1966, 543 (546), Kopp, VwVfG, § 61 Rdnr. 4 und nunmehr - abweichend von ihrer bis zur dritten Auflage vertretenen Auffassung - auch Ule/Laubinger, Verwaltungsverfahrensrecht, § 72 Rdnr. 16.

[135] Siehe Rosenberg/Schwab/Gottwald, Zivilprozeßrecht, § 92 IV 1.

[136] So z. B. OVG NW, DÖV 1976, 170 und Thomas, BayVBl. 1967, 335 (339).

3 VwGO bzw. 199 Abs. 1 Nr. 2 SGG nicht vereinbar, nach denen gerichtliche Vergleichsverträge grundsätzlich als Grundlage einer Zwangsvollstreckung in Betracht kommen [137].

bbb. Vollstreckung nach § 888 ZPO

Die in der Rechtsprechung vorherrschende Auffassung geht davon aus, daß die sich aus einem gerichtlichen Vergleichsvertrag ergebende Verpflichtung der Behörde zum Erlaß eines Verwaltungsaktes nach den Regelungen der §§ 167 Abs. 1 Satz 1 VwGO bzw. 198 Abs. 1 SGG in Verbindung mit § 888 ZPO vollstreckbar sei [138]. Diese Auffassung hat jedoch ebenfalls keine Zustimmung verdient.

Eine Heranziehung der vollstreckungsrechtlichen Vorschriften der ZPO zur Vollstreckung eines verwaltungs- oder sozialgerichtlichen Titels kommt gemäß §§ 167 Abs. 1 Satz 1 VwGO bzw. 198 Abs. 1 SGG nur dann in Betracht, wenn die vollstreckungsrechtlichen Regelungen der VwGO bzw. des SGG keine Vollstrekkungsmöglichkeit eröffnen. Ob die vollstreckungsrechtlichen Regelungen der VwGO bzw. des SGG eine derartige Vollstreckungsmöglichkeit eröffnen, ist durch die allgemeinen Methoden der Gesetzesanwendung zu ermitteln, zu denen auch die entsprechende Anwendung von gesetzlichen Bestimmungen zu rechnen ist. Die entsprechende Anwendung von vollstreckungsrechtlichen Bestimmungen der VwGO bzw. des SGG genießt demnach Vorrang vor einer entsprechenden Anwendung vollstreckungsrechtlicher Bestimmungen der ZPO [139].

ccc. Vollstreckung nach §§ 172 VwGO bzw. 201 SGG

Hinsichtlich der Erzwingung der sich aus einem gerichtlichen Vergleichsvertrag ergebenden Verpflichtung der Behörde zum Erlaß eines Verwaltungsaktes kommt jedoch eine entsprechende Anwendung der §§ 172 VwGO bzw. 201 SGG in Betracht. Der gerichtliche Vergleichsvertrag ist mit den dort aufgeführten gerichtlichen Vollstreckungstiteln weitgehend vergleichbar. Er unterscheidet sich von diesen lediglich dadurch, daß sein Zustandekommen die Zustimmung des beklagten Rechtsträgers voraussetzt. Aus diesem Unterschied ergibt sich jedoch keine tragfähige Begründung für eine vollstreckungsrechtliche Ungleichbehandlung. Mit der im Schrifttum herrschenden Auffassung ist daher davon auszuge-

---

[137] Siehe Ule, Verwaltungsprozeßrecht, § 71 III und Renck-Laufke, BayVBl. 1976, 621 (622).

[138] So z. B. OVG Lüneburg, NJW 1980, 414 und OVG NW, DVBl. 1992, 785.

[139] Ebenso wohl Pietzner in Schoch/Schmidt-Aßmann/Pietzner (Hrsg.), VwGO, Vorbem. § 167 Rdnr. 12.

hen, daß die sich aus einem gerichtlichen Vergleichsvertrag ergebende Verpflichtung der Behörde zum Erlaß eines Verwaltungsaktes durch einen Antrag auf Zwangsvollstreckung gemäß §§ 172 VwGO bzw. 201 SGG erzwungen werden kann [140].

6. Anerkenntnisse

Als Grundlage eines Ausführungsbescheides kommen schließlich Anerkenntnisse in Betracht, die von der beklagten Partei im Rahmen eines verwaltungs- oder sozialgerichtlichen Verfahrens abgegeben werden.

a. Allgemeines und Bedeutung

aa. Begriff und Arten

Unter einem Anerkenntnis ist das Zugeständnis des streitigen Anspruchs durch die beklagte Partei zu verstehen [141]. Von Vergleichen unterscheiden sich Anerkenntnisse insbesondere dadurch, daß dem Zugeständnis der beklagten Partei kein Nachgeben der klagenden Partei gegenübersteht [142]. In systematischer Hinsicht sind einseitig erklärte Anerkenntnisse (im folgenden als „einseitige Anerkenntnisse" bezeichnet) von solchen Anerkenntnissen zu unterscheiden, die von der klagenden Partei angenommen wurden (im folgenden als „angenommene Anerkenntnisse" bezeichnet).

bb. Zulässigkeit

Hinsichtlich der Zulässigkeit von Anerkenntnissen ist zwischen der Anerkenntniserklärung und einem auf ihr aufbauenden Anerkenntnisurteil zu unterscheiden [143].

---

140 Ebenso Kopp, VwGO, § 172 Rdnr. 2, Pietzner in Schoch/Schmidt-Aßmann/Pietzner (Hrsg.), VwGO, § 172 Rdnr. 21, Meyer-Ladewig, SGG, § 201 Rdnr. 2, Schröder, Prozeßvergleich, S. 187 f. und Baumanns, Zwangsvollstreckung, S. 99.

141 Siehe Hartmann in Baumbach/Lauterbach, ZPO, Vorbem. §§ 306 ff. Rdnr. 1.

142 Siehe zur Abgrenzung von Anerkenntnis und Vergleich Bley, Sozialgerichtsbarkeit, S. 118 sowie LSG Saarland, SozVers. 1996, 304 (305). Siehe auch die Entscheidungen BSGE 38, 50 (52) und BSG, SozVers. 1981, 243 (245), in denen es das BSG dahingestellt bleiben läßt, ob ein angenommenes Anerkenntnis oder ein Vergleich vorliegt. Nach BSG Breithaupt 1981, 639 (641) enthält das angenommene Anerkenntnis „seinem Inhalt nach praktisch die Elemente eines Prozeßvergleichs".

143 Zur Unterscheidung von Anerkenntniserklärung und Anerkenntnisurteil siehe Behn, JZ 1979, 200 sowie Guttenberg, VBlBW 1992, 244 (245).

aaa. Die Anerkenntniserklärung

Die Zulässigkeit von verwaltungs- und sozialrechtlichen Anerkenntniserklärungen wird von den Regelungen §§ 87 a Abs. 1 Nr. 2, 156 VwGO und 101 Abs. 2, 199 Abs. 1 Nr. 2 SGG vorausgesetzt und in Rechtsprechung und Schrifttum nicht in Frage gestellt. Zu beachten ist hierbei lediglich, daß das Instrument des Anerkenntnisses nicht dazu eingesetzt werden darf, die Zulässigkeitsvoraussetzungen für den Abschluß eines Vergleichsvertrages zu umgehen. Soweit eine zwischen den Beteiligten eines Rechtsstreits bestehende Ungewißheit über die Sach- oder Rechtslage beseitigt werden soll, ist daher lediglich der Abschluß eines Vergleichsvertrages, nicht jedoch die Abgabe eines Anerkenntnisses als zulässig anzusehen. Erforderlich ist hierbei insbesondere ein gegenseitiges Nachgeben der Beteiligten.

bbb. Das Anerkenntnisurteil

Im Unterschied zur Frage nach der Zulässigkeit verwaltungs- und sozialrechtlicher Anerkenntniserklärungen wird die Frage nach der Zulässigkeit verwaltungs- und sozialgerichtlicher Anerkenntnisurteile kontrovers beant-wortet. Das BVerwG [144] und ein Teil des Schrifttums [145] vertreten die Auffassung, daß Anerkenntnisurteile in verwaltungs- oder sozialgerichtlichen Verfahren nicht zulässig seien. Die Richtigkeit dieser Auffassung erscheint jedoch zweifelhaft.

Gemäß §§ 173 VwGO bzw. 202 SGG sind die Bestimmungen der ZPO in verwaltungs- oder sozialgerichtlichen Verfahren entsprechend anwendbar, soweit die VwGO bzw. das SGG keine entsprechenden Bestimmungen enthalten und die grundsätzlichen Unterschiede der Verfahrensarten einer entsprechenden Anwendung nicht entgegenstehen.

Gegen eine entsprechende Anwendung des § 307 ZPO in verwaltungs- und sozialgerichtlichen Verfahren wird insbesondere der in diesen Verfahren herrschende Grundsatz der Amtsermittlung gemäß §§ 86 Abs. 1 VwGO bzw. 103 SGG ins Feld geführt [146]. Dieser Einwand hält einer näheren Betrachtung jedoch

---

[144] So BVerwG NJW 1957, 885 und BVerwGE 62, 18 (19). Anders nunmehr allerdings für den Fall einer Verpflichtungsklage in einem Gerichtsbescheid vom 07.01.1997, NVwZ 1997, 576.

[145] So insbesondere Lang, BayVBl. 1958, 170 (171) und VerwArch. 1961, 60, 175 (180 f.) sowie Behn, JZ 1979, 200 (201), SozVers. 1979, 169 (170) und ZfS 1981, 280 (284 f.).

[146] Siehe Lang, a.a.O. (Fn. 145).

nicht stand. Der Grundsatz der Amtsermittlung ist lediglich darauf gerichtet, den Beteiligten die Prozeßführung zu erleichtern. Er verfolgt demgegenüber nicht den Zweck, die Dispositionsfreiheit der Beteiligten bezüglich der Einleitung oder der Beendigung eines verwaltungs- oder sozialgerichtichen Rechtsschutzverfahrens einzuschränken [147]. Der Grundsatz der Amtsermittlung steht einer entsprechenden Anwendung des § 307 ZPO in diesen Verfahren daher nicht entgegen.

Im Bereich der Sozialgerichtsbarkeit wird gegen eine entsprechende Anwendung des § 307 ZPO weiterhin ins Feld geführt, daß hierfür im Hinblick auf die Regelung des § 101 Abs. 2 SGG kein Bedürfnis bestehe [148]. Auch dieser Einwand vermag jedoch nicht zu überzeugen, da diese Regelung nur das angenommene Anerkenntnis erfaßt. In Fällen, in denen ein Anerkenntnis von der klagenden Partei nicht angenommen wird, kann im sozialgerichtlichen Verfahren jedoch in gleicher Weise wie im verwaltungsgerichtlichen Verfahren ein Bedürfnis für den Erlaß eines Anerkenntnisurteils gegeben sein [149].

Mit dem BSG [150] und der im Schrifttum herrschenden Auffassung [151] ist daher davon auszugehen, daß Anerkenntnisurteile in verwaltungs- und sozialgerichtlichen Verfahren zulässig sind, soweit die anerkennende Partei in materiellrechtlicher Hinsicht zu einer Verfügung über den Streitgegenstand befugt ist.

cc. Wirkung

Ein im Rahmen eines verwaltungs- oder sozialgerichtlichen Verfahrens abgegebenes Anerkenntnis entfaltet grundsätzlich zunächst lediglich eine materiellrechtliche Wirkung. Das anhängige Verfahren wird demgegenüber erst durch ein Anerkenntnisurteil gemäß §§ 173 VwGO bzw. 202 SGG in Verbindung mit § 307 ZPO beendet [152]. Eine Ausnahme von diesem Grundsatz besteht lediglich für angenommene Anerkenntnisse im Bereich der Sozialgerichtsbarkeit, die ge-

---

147 Siehe Ule, Verwaltungsprozeßrecht, § 28 II sowie Guttenberg, VBlBW 1992, 244 (247).

148 Siehe Behn, a.a.O. (Fn. 145) und Tannen, DRV 1978, 180 (185). Unentschieden demgegenüber Meyer-Ladewig, SGb. 1980, 461 (465).

149 Siehe BSG Breithaupt 1978, 1099 (1100 f.) sowie LSG Saarland, SozVers. 1996, 304 (305).

150 Siehe BSG, a.a.O. (Fn. 149) sowie BSG SozR 1750 § 307 ZPO Nr. 2.

151 Siehe Bethge/Detterbeck, JuS 1993, 402 (404), Ule, Verwaltungsprozeßrecht, §§ 28 II und 43 I, Kopp, VwGO, § 86 Rdnr. 16 und § 107 Rdnr. 5 e, Redeker/v. Oertzen, VwGO, § 107 Rdnr. 6, Pietzner/Ronellenfitsch, Assessorexamen, § 19 Rdnr. 5, Schenke, Verwaltungsprozeßrecht, Rdnr. 19 und Guttenberg, VBlBW 1992, 244 (246 ff.).

152 Vgl. Kopp, VwGO, § 107 Rdnr. 53 und Meyer-Ladewig, SGG, § 101 Rdnr. 22.

mäß § 101 Abs. 2 SGG den Rechtsstreit in der Hauptsache unmittelbar erledigen [153].

b. Wirksamkeitsvoraussetzungen und Abänderungsmöglichkeiten

aa. Einseitige Anerkenntnisse

Ein Anerkenntnis beinhaltet nicht nur die Feststellung, zur Vornahme der streitgegenständlichen Handlung verpflichtet zu sein, sondern auch die Zusage, zu deren Vornahme bereit zu sein [154]. Soweit ein einseitiges Anerkenntnis auf den Erlaß eines Verwaltungsaktes gerichtet ist, erfüllt es daher alle Merkmale einer Zusicherung im Sinne der §§ 38 Abs. 1 Satz 1 VwVfG bzw. 34 Abs. 1 Satz 1 SGB X. Die Frage nach der Wirksamkeit eines einseitigen Anerkenntnisses oder den Möglichkeiten seiner Abänderung ist daher nach Maßgabe der §§ 38 VwVfG bzw. 34 SGB X zu beantworten. Gemäß §§ 38 Abs. 2 VwVfG bzw. 34 Abs. 2 SGB X kann ein einseitiges Anerkenntnis demnach z. B. gemäß §§ 48 VwVfG bzw. 45 SGB X zurückgenommen werden, wenn es sich als rechtswidrig erweist und die sonstigen Rücknahmevoraussetzungen dieser Vorschriften erfüllt sind [155].

Zweifelhaft ist, welche Konsequenzen sich aus der Rücknahme eines einseitigen Anerkenntnisses in solchen Fällen ergeben, in denen auf seiner Grundlage bereits ein rechtskräftiges Anerkenntnisurteil erlassen wurde. Da über die Begründetheit einer Verpflichtungsklage nach der Sach- und Rechtslage im Zeitpunkt der letzten mündlichen Verhandlung zu entscheiden ist [156] und zu diesem Zeitpunkt eine wirksame Zusicherung gegeben war, wird die Rechtskraft eines derartigen Urteils durch die nachträgliche Rücknahme des ihm zu Grund liegenden Anerkenntnisses nicht in Frage gestellt. Die Rücknahme des Anerkenntnisses entbindet die verurteilte Behörde in einem derartigen Fall daher nicht von ihrer Verpflichtung zum Erlaß des zugesicherten Verwaltungsaktes.

---

[153] Siehe Meyer-Ladewig, SGG, § 101 Rdnr. 22.

[154] Vgl. BSGE 38, 50 (52 f.).

[155] Zu den Wirksamkeitsvoraussetzungen und Abänderungsmöglichkeiten der Zusicherung siehe oben, Abschnitt II 1 b.

[156] Siehe hierzu Kopp, VwGO, § 113 Rdnr. 95 und Meyer-Ladewig, SGG, § 54 Rdnr. 34, beide mit zahlreichen weiteren Nachweisen.

bb. Angenommenes Anerkenntnis

Das BSG vertritt die Auffassung, daß die anerkennende Behörde ein angenommenes Anerkenntnis zurücknehmen könne, wenn die Voraussetzungen für die Rücknahme eines entsprechenden Verwaltungsaktes gegeben seien [157]. Gegen diese Auffassung bestehen jedoch erhebliche Bedenken. Angenommene Anerkenntnisse im Sinne des § 101 Abs. 2 SGG unterscheiden sich von Verwaltungsakten in erheblicher Weise durch ihren Charakter als zweiseitige Vereinbarung. Demgegenüber erfüllen sie in materiellrechtlicher Hinsicht alle Begriffsmerkmale eines öffentlich-rechtlichen Vertrages im Sinne der §§ 54 VwVfG bzw. 53 SGB X. Von einem gerichtlichen Vergleichsvertrag im Sinne der §§ 55 VwVfG i.V. mit § 106 VwGO bzw. 54 SGB X i.V. mit § 101 Abs. 1 SGG unterscheiden sie sich lediglich dadurch, daß dem Zugeständnis des streitigen Anspruchs durch die beklagte Partei kein Nachgeben der Klägerseite gegenübersteht. Aufgrund dieser Ähnlichkeit beider Rechtsinstitute ist davon auszugehen, daß ein angenommenes Anerkenntnis unter den gleichen Voraussetzungen wie ein gerichtlicher Vergleichsvertrag als nichtig anzusehen ist bzw. berichtigt, abgeändert oder aufgehoben werden kann [158].

c. Die Erzwingung der Verpflichtung

aa. Einseitige Anerkenntnisse

Hat sich die Behörde in einem einseitigen Anerkenntnis zum Erlaß eines Verwaltungsaktes verpflichtet, so ergeht auf Grund dieser Anerkenntniserklärung in der Regel ein Anerkenntnis-Verpflichtungsurteil gemäß §§ 113 Abs. 5 Satz 1 VwGO bzw. 131 Abs. 2 SGG in Verbindung mit § 307 ZPO [159]. Die Erfüllung der Verpflichtung ist dann aus diesem Urteil zu erzwingen. Ergeht ausnahmsweise auf Grund der Anerkenntniserklärung kein Anerkenntnis-Verpflichtungsurteil [160], so

---

[157] Siehe Urteil vom 25.01.1984, Az.: 9 a RV 12/83, nur teilweise veröffentlicht in VersB 1984, 95. Ebenso LSG Saarland, SozVers. 1996, 304 (305), Pickel, Verwaltungsverfahren, § 27 III 4 und Wiesner in Schroeder-Printzen (Hrsg.), SGB X, Vorb. §§ 44 - 49, Rdnr. 7. Noch weitergehend BfA (Hrsg.), SGB X, § 31 Erl. 4.13, die das angenommene Anerkenntnis ausdrücklich als Verwaltungsakt im Sinne des § 31 SGB X einstuft und auf diesem Wege zu einer unmittelbaren Anwendung der §§ 39 ff. SGB X gelangt.

[158] Ebenso Meyer-Ladewig, SGG, § 101 Rdnr. 24 und BSG, SozVers. 1981, 243 (245). Zu den Voraussetzungen, unter denen ein gerichtlicher Vergleichsvertrag als nichtig anzusehen ist bzw. berichtigt, abgeändert oder aufgehoben werden kann siehe oben, Abschnitt II 5 b.

[159] Vgl. BSG Breithaupt 1978, 1099 ff.

[160] Z. B. deshalb, weil der Kläger nach Abgabe des Anerkenntnisses die Klage zurückgenommen oder für erledigt erklärt hat.

muß der Kläger zur Durchsetzung seines sich aus der Anerkenntniserklärung ergebenden Anspruchs auf Erlaß eines Verwaltungsaktes eine Verpflichtungsklage gemäß §§ 42 Abs. 1 VwGO bzw. 54 Abs. 1 SGG erheben.

bb. Angenommene Anerkenntnisse

Kommt die Behörde der sich aus einem angenommenen Anerkenntnis im Sinne des § 101 Abs. 2 SGG ergebenden Verpflichtung zum Erlaß eines Verwaltungsaktes nicht nach, so ist hinsichtlich der Erzwingung dieser Verpflichtung danach zu unterscheiden, ob das Anerkenntnis einen vollstreckungsfähigen Inhalt hat, oder ob dies nicht der Fall ist. Ein vollstreckungsfähiger Inhalt liegt immer dann vor, wenn der Inhalt des zu erlassenden Verwaltungsaktes konkret bestimmt ist [161]. Demgegenüber fehlt es an einem vollstreckungsfähigen Inhalt, wenn die Behörde ihre Verpflichtung zum Erlaß eines Verwaltungsaktes nur dem Grunde nach anerkannt hat [162].

aaa. Anerkenntnisse mit vollstreckungsfähigem Inhalt

Angenommene Anerkenntnisse sind gemäß § 199 Abs. 1 Nr. 2 SGG als Vollstreckungstitel anerkannt. Kommt die Behörde der sich aus einem derartigen Anerkenntnis ergebenden Verpflichtung zum Erlaß eines Verwaltungsaktes nicht nach und hat dieses einen vollstreckungsfähigen Inhalt, so kann die Erfüllung dieser Verpflichtung daher durch ein Zwangsvollstreckungsverfahren gemäß § 201 SGG durchgesetzt werden [163]. Da eine derartige Zwangsvollstreckung als einfacheres und effektiveres Verfahren zur Erlangung des Rechtsschutzzieles anzusehen ist, fehlt einer auf Erlaß des betreffenden Verwaltungsaktes gerichteten Verpflichtungsklage in diesem Falle das Rechtsschutzinteresse [164].

---

161 Beispiel: Die beklagte kassenärztliche Vereinigung erkennt den Anspruch des Klägers auf Erteilung einer Zulassung als Vertragsarzt gemäß § 95 Abs. 2 SGB V an.

162 Beispiel: Der beklagte Rentenversicherungsträger erkennt den Anspruch des Klägers auf Bewilligung einer Rente wegen Erwerbsunfähigkeit gemäß § 44 SGB VI dem Grunde nach an; die Höhe der Rente wird in dem Anerkenntnis nicht festgelegt.

163 Siehe Meyer-Ladewig, SGG, § 201 Rdnr. 2.

164 Siehe BSG Breithaupt 1981, 639 (641 f.).

bbb. Anerkenntnisse ohne vollstreckungsfähigen Inhalt

Hat das angenommene Anerkenntnis keinen vollstreckungsfähigen Inhalt, so kommt das Zwangsvollstreckungsverfahren gemäß § 201 SGG zur Durchsetzung der Verpflichtung nicht in Betracht.

Im Schrifttum wird die Auffassung vertreten, daß in diesem Falle zur Konkretisierung der Verpflichtung eine Feststellungsklage gemäß § 55 Abs. 1 Nr. 1 SGG zu erheben sei [165]. Diese Auffassung begegnet jedoch erheblichen Bedenken. Da ein Feststellungsurteil ebenfalls keinen vollstreckungsfähigen Inhalt hat [166], würde ein derartiges Urteil den Kläger seinem Rechtsschutzziel nicht näher bringen. Einer auf die Konkretisierung der behördlichen Verpflichtung gerichteten Feststellungsklage fehlt daher das „berechtigte Interesse" des Klägers im Sinne des § 55 Abs. 1 SGG. Richtigerweise ist zur Durchsetzung der Verpflichtung der Behörde in derartigen Fällen daher eine neue Verpflichtungsklage erforderlich, die auf den Erlaß eines inhaltlich konkretisierten Verwaltungsaktes gerichtet ist [167]. Das in diesem Verfahren ergehende Urteil ist dann gemäß § 201 SGG vollstreckbar.

---

[165] Siehe Behn, SGb. 1980, 525 (532) und SozVers. 1980, 169 (170 f.).

[166] Siehe Meyer-Ladewig, SGG, § 198 Rdnr. 3.

[167] Siehe BSG SozR 1750 § 307 ZPO Nr. 2.

## III. Der Ausführungsbescheid als Verwaltungsakt im Sinne der §§ 35 VwVfG bzw. 31 SGB X

Eine Anwendung der den Verwaltungsakt betreffenden Regelungen des VwVfG und des SGB X auf den Ausführungsbescheid setzt zunächst die Feststellung voraus, daß dieser als Verwaltungsakt im Sinne dieser Gesetzes anzusehen ist. Nach der übereinstimmenden Definition des § 35 Satz 1 VwVfG und des § 31 Satz 1 SGB X ist Verwaltungsakt jede Verfügung, Entscheidung oder andere hoheitliche Maßnahme, die eine Behörde zur Regelung eines Einzelfalles auf dem Gebiet des öffentlichen Rechts trifft und die auf unmittelbare Rechtswirkung nach außen gerichtet ist.

### 1. Maßnahme

Maßnahme im Sinne der §§ 35 Satz 1 VwVfG bzw. 35 Satz 1 SGB X ist jedes zweckgerichtete Verhalten [168]. Der Erlaß eines Ausführungsbescheides ist darauf gerichtet, die ihm zu Grunde liegende Einzelfallregelung zu vollziehen. Er ist daher als zweckgerichtetes Verhalten und somit auch als Maßnahme im Sinne der §§ 35 Satz 1 VwVfG bzw. 31 Satz 1 SGB X anzusehen.

### 2. Behörde

Die Maßnahme muß von einer Behörde getroffen worden sein. Behörde im Sinne des VwVfG bzw. des SGB X ist nach §§ 1 Abs. 4 VwVfG bzw. 1 Abs. 2 SGB X jede Stelle, die Aufgaben der öffentlichen Verwaltung wahrnimmt [169]. Ausführungsbescheide werden regelmäßig von Behörden im Sinne dieser Gesetzesdefinition erlassen.

Umstritten ist allerdings, ob dieser Grundsatz auch für solche Ausführungsbescheide gilt, denen ein verwaltungs- oder sozialgerichtliches Urteil zu Grunde liegt. Im Schrifttum wird die Auffassung vertreten, daß ein derartiger Ausführungsbescheid in rechtlicher Hinsicht nicht der ihn erlassenden Verwaltungsbehörde, sondern dem entscheidenden Gericht zuzurechnen sei. Die Verwaltungsbehörde werde bei seinem Erlaß nicht auf Grund eines eigenen Entschlusses,

---

[168] Siehe Erichsen, Verwaltungsrecht, § 12 Rdnr. 7.

[169] Zum Begriff der Behörde siehe Maurer, Verwaltungsrecht, § 9 Rdnr. 22 ff.

sondern lediglich als „Bote des Gerichtes" tätig [170]. Diese Auffassung vermag jedoch nicht zu überzeugen.

Bereits die ihr zu Grunde liegende Prämisse, daß einer Behörde nur solche Handlungen zuzurechnen seien, die sie aus eigenem Entschluß oder auf Grund eigener Überzeugung vorgenommen habe, hält einer näheren Betrachtung nicht Stand. Die rechtliche Zurechnung einer Handlung setzt nicht voraus, daß der Handelnde auf Grund eigener Überzeugung gehandelt hat. Selbst Handlungen, die auf Grund einer Drohung oder unter Zwang vorgenommen wurden, sind dem Handelnden grundsätzlich zurechenbar [171]. Ebenso, wie sich eine Behörde etwa solche Handlungen zurechnen lassen muß, die sie auf Anweisung einer übergeordneten Behörde vorgenommen hat [172], muß sie sich demgemäß auch solche Handlungen zurechnen lassen, die sie auf „Anweisung" eines Verwaltungs- oder Sozialgerichts vorgenommen hat.

Gegen eine rechtliche Zurechnung des Ausführungsbescheides an das entscheidende Gericht spricht weiterhin der Umstand, daß dieses für den Erlaß des Verwaltungsaktes in sachlicher Hinsicht nicht zuständig ist. Die Regelungen der §§ 42 Abs. 1 und 113 Abs. 5 VwGO bzw. 54 Abs. 1 und 131 Abs. 1 und 2 SGG ermächtigen die Gerichte der Verwaltungs- und Sozialgerichtsbarkeit lediglich dazu, die beklagte Behörde zum Erlaß eines Verwaltungsaktes zu verpflichten, nicht jedoch dazu, den beantragten Verwaltungsakt an Stelle der Behörde selbst zu erlassen [173].

Gegen die Annahme, daß die verurteilte Behörde bei Erlaß des Ausführungsbescheides lediglich als „Bote" des Gerichtes tätig werde, spricht schließlich der Umstand, daß die Behörde durch das auszuführende Urteil lediglich dem Kläger, nicht jedoch dem Gericht gegenüber zum Erlaß des streitgegenständlichen Verwaltungsaktes verpflichtet wird. Während der Kläger die Ausführung des Urteils durch einen Antrag auf Zwangsvollstreckung gemäß §§ 172 VwGO bzw. 201 SGG erzwingen kann, hat das entscheidende Gericht von Amts wegen keine

---

170 So Friederichs, SGb. 1959, 263.

171 Siehe Larenz, BGB AT, § 19 I. Demgemäß gehen die Regelungen der §§ 48 Abs. 2 Satz 3 Nr. 1 VwVfG und 45 Abs. 2 Satz 3 Nr. 1 SGB X davon aus, daß ein Verwaltungsakt, der durch arglistige Täuschung, Drohung oder Bestechung erwirkt wurde, zwar rechtswidrig, aber nicht unwirksam ist.

172 Siehe Schlegel, VersB 1959, 105.

173 Siehe Strack, ZfS 1960, 241 (242).

Möglichkeit, die verurteilte Behörde von Amts wegen zum Erlaß des streitgegenständlichen Verwaltungsaktes anzuhalten.

Mit der im Schrifttum herrschenden Auffassung ist daher davon auszugehen, daß ein Ausführungsbescheid auch dann der ihn erlassenden Behörde zuzurechnen ist, wenn ihm ein verwaltungs- oder sozialgerichtiches Urteil zu Grunde liegt [174].

3. Gebietsklausel

Die Maßnahme einer Behörde kann nur dann Verwaltungsakt sein, wenn sie auf dem Gebiet des öffentlichen Rechts getroffen wurde. Eine Maßnahme wird auf dem Gebiet des öffentlichen Rechts getroffen, wenn sie in Vollzug öffentlich-rechtlicher Vorschriften ergeht [175]. Die als Grundlage eines Ausführungsbescheides in Betracht kommenden Einzelfallregelungen beruhen regelmäßig auf öffentlich-rechtlichen Vorschriften. Ein zur Ausführung einer derartigen Einzelfallregelung erlassener Bescheid beruht somit mittelbar ebenfalls auf öffentlich-rechtlichen Vorschriften. Ausführungsbescheide sind mithin Maßnahmen auf dem Gebiet des öffentlichen Rechts.

4. Hoheitlicher Charakter

Die getroffene Maßnahme muß weiterhin hoheitlich sein. Hoheitlichen Charakter hat eine Maßnahme immer dann, wenn sie nicht in gegenseitigem Einvernehmen zwischen der Behörde und dem Betroffenen, sondern einseitig ergeht [176]. Auch diese Voraussetzung ist bei Ausführungsbescheiden regelmäßig erfüllt.

5. Regelung

Die Qualifizierung einer Maßnahme als Verwaltungsakt setzt weiterhin voraus, daß sie zur Regelung eines Einzelfalles ergeht. Regelungscharakter hat eine behördliche Maßnahme immer dann, wenn sie auf die Bewirkung einer Rechtsfolge gerichtet ist [177]. Die Qualifizierung eines Ausführungsbescheides als Verwaltungsakt setzt demnach die Feststellung voraus, daß er Rechtswirkungen entfal-

---

[174] Siehe Schlegel, a.a.O. (Fn. 172) und SGb. 1962, 398 (399) sowie Strack, a.a.O. (Fn. 173).

[175] Siehe Faber, Verwaltungsrecht, § 20 I c.

[176] Siehe Erichsen, Verwaltungsrecht, § 12 Rdnr. 18.

[177] Siehe Maurer, Verwaltungsrecht, § 9 Rdnr. 6.

tet, die sich nicht bereits aus der ihm zu Grunde liegenden Einzelfallregelung ergeben.

Im Schrifttum wird vereinzelt die Auffassung vertreten, daß der Ausführungsbescheid keine Regelung treffe, da das Rechtsverhältnis zwischen dem Adressaten und der erlassenden Behörde bereits durch die dem Ausführungsbescheid zu Grunde liegende Einzelfallregelung geregelt werde und der Ausführungsbescheid daher keine eigenständige Rechtswirkung entfalte [178]. Diese Auffassung hat jedoch keine Zustimmung verdient.

Hinsichtlich der Rechtswirkungen des Ausführungsbescheides ist zwischen ergänzenden und wiederholenden Ausführungsbescheiden zu unterscheiden [179]:

a. Ergänzende Ausführungsbescheide

Keine besonderen Probleme wirft die Feststellung einer eigenständigen Rechtswirkung in solchen Fällen auf, in denen die Grundregelung die Gewährung einer Begünstigung in das Ermessen der Behörde stellt oder das Bestehen eines Leistungsanspruchs lediglich dem Grunde nach feststellt und die Festsetzung der Leistungshöhe der Behörde überläßt [180]. In derartigen Fällen wird erst durch den Ausführungsbescheid über die Gewährung der Begünstigung bzw. die Höhe der Leistung entschieden. Er setzt somit unzweifelhaft eine Rechtsfolge, die sich nicht bereits aus der ihm zu Grunde liegenden Einzelfallregelung ergibt.

b. Wiederholende Ausführungsbescheide

Schwieriger ist die Feststellung einer eigenständigen Rechtswirkung des Ausführungsbescheides in solchen Fällen, in denen die ihm zu Grunde liegende Einzelfallregelung umfassend und abschließend über die Gewährung einer Begünstigung entscheidet [181]. Der Ausführungsbescheid setzt jedoch auch in derartigen Fällen eine über die Rechtswirkungen der Grundregelung hinausgehende Rechtsfolge, indem er auf Grund der Regelungen der §§ 43 ff. VwVfG bzw. 39 ff. SGB

---

178 So insbesondere Krause, Rechtsformen, S. 206 und ders. in Gemeinschaftskommentar, § 31 Rdnr. 21 sowie Schneider-Danwitz in Gesamtkommentar, § 31 Anm. 22 d. Ebenso SG Mannheim Breithaupt 1989, 476 (478).

179 Zur Unterscheidung von wiederholenden und ergänzenden Ausführungsbescheiden siehe oben, Abschnitt I 3 a.

180 Siehe hierzu die Beispiele Fn. 17 und 18.

181 Siehe hierzu das Beispiel Fn. 16.

X über die Bestandskraft des Verwaltungsaktes eine vom Bestand der Grundregelung unabhängige Rechtsgrundlage für die Gewährung einer Begünstigung schafft [182]. Darüber hinaus ist die vorherige Feststellung durch einen Verwaltungsakt in zahlreichen Fällen zwingende Voraussetzung für die Erbringung einer Leistung der Verwaltung an den Bürger [183].

Der wiederholende Ausführungsbescheid erfüllt somit ebenfalls das Begriffsmerkmal der Regelung.

6. Einzelfall

Die Regelung muß einen Einzelfall betreffen. Ein Bescheid, der zur Ausführung einer Einzelfallregelung ergeht, betrifft selbst notwendigerweise ebenfalls einen Einzelfall. Der Ausführungsbescheid erfüllt somit auch dieses Begriffsmerkmal.

7. Unmittelbare Rechtswirkung nach außen

Verwaltungsakte sind schließlich nur solche Regelungen, die auf unmittelbare Rechtswirkung nach außen gerichtet sind. Dies ist immer dann der Fall, wenn sie über den verwaltungsinternen Bereich hinaus Pflichten oder Rechte für den Bürger oder sonstige außenstehende Rechtspersonen begründen [184]. Diese Voraussetzung ist bei Ausführungsbescheiden ebenfalls regelmäßig erfüllt.

Nach alledem sind Ausführungsbescheide als Verwaltungsakte im Sinne der §§ 35 Satz 1 VwVfG bzw. 31 Satz 1 SGB X anzusehen [185].

---

182 Siehe zur Rechtsgrundfunktion des Verwaltungsaktes Maurer, Verwaltungsrecht, § 28 Rdnr. 24.

183 So z. B. gemäß § 117 SGB VI für Leistungen nach diesem Gesetzbuch. Siehe allgemein zu der Frage, in welchen Fällen der vorherige Erlaß eines Verwaltungsaktes als konstitutive Voraussetzung für die Erbringung einer Leistung anzusehen ist Faber, Verwaltungsrecht, § 29 II d sowie Krause in Gemeinschaftskommentar, § 31 Rdnrn. 17 ff.

184 Siehe hierzu Maurer, Verwaltungsrecht, § 9 Rdnr. 26.

185 Ebenso Schlegel, SGb. 1962, 398 (399), Strack, ZfS 1960, 241 (243), Dörr, DAngVers. 1983, 378 (379), Ebsen, Jahrbuch, S. 398 f., BfA (Hrsg.), SGB X, § 31 Erl. 3.5 sowie BSGE 57, 138 (141). In seiner Entscheidung Breithaupt 1986, 136 (137) hat das BSG die Frage nach der Qualifikation des Ausführungsbescheides als Verwaltungsakt allerdings ausdrücklich offengelassen.

## IV. Die Anwendung der den Verwaltungsakt betreffenden Regelungen des VwVfG und des SGB X auf den Ausführungsbescheid

Nachdem zuvor festgestellt wurde, daß der Ausführungsbescheid als Verwaltungsakt im Sinne der §§ 35 VwVfG bzw. 31 SGB X anzusehen ist, sind im folgenden die den Verwaltungsakt betreffenden Regelungen des VwVfG und des SGB X daraufhin zu untersuchen, welche Besonderheiten bei ihrer Anwendung auf den Ausführungsbescheid zu beachten sind.

### 1. Die Regelungen der §§ 28 VwVfG und 24 SGB X

Die §§ 28 Abs. 1 VwVfG und 24 Abs. 1 SGB X normieren die grundsätzliche Verpflichtung der Behörde, einen Beteiligten vor Erlaß eines in seine Rechte eingreifenden Verwaltungsaktes zu den für die Entscheidung erheblichen Tatsachen anzuhören. Die §§ 28 Abs. 2 und 3 VwVfG und 24 Abs. 2 SGB X statuieren Ausnahmen von dieser Verpflichtung. In inhaltlicher Hinsicht unterscheiden sich § 28 VwVfG und § 24 SGB X insbesondere dadurch, daß gemäß § 28 Abs. 2 VwVfG von einer Anhörung nicht nur in enumerativ geregelten Ausnahmefällen, sondern bereits dann abgesehen werden kann, „wenn sie nach den Umständen des Einzelfalles nicht geboten ist". [186]

Eine Pflicht zur Anhörung besteht nur vor Erlaß solcher Verwaltungsakte, die in Rechte eines Beteiligten eingreifen. Unter einem Eingriff im Sinne der §§ 28 Abs. 1 VwVfG bzw. 24 Abs. 1 SGB X ist jede Einschränkung oder Entziehung einer rechtlich geschützten Position zu verstehen [187]. Umstritten ist, ob der Begriff des Eingriffs auch die teilweise oder vollständige Ablehnung eines Antrages umfaßt.

Im Schrifttum wird diese Frage zum Teil mit der Begründung bejaht, daß das Unterbleiben einer Leistung für den Bürger ebenso schwerwiegende Folgen haben könne, wie die Einschränkung einer rechtlichen geschützten Position [188].

---

[186] Zu den inhaltlichen Unterschieden zwischen § 28 VwVfG und § 24 SGB X siehe BSG SozR 1200 § 34 SGB I Nr. 8, S. 35.

[187] Siehe Kopp, VwVfG, § 28 Rdnr. 10 und v. Wulffen in Schroeder-Printzen (Hrsg.), SGB X, § 24 Rdnr. 3.

[188] So z. B. Kopp, VwVfG, § 28 Rdnr. 10, Badura in Erichsen (Hrsg.), Verwaltungsrecht, § 37 Rdnr. 12, Maurer, Verwaltungsrecht, § 19 Rdnr. 20, Ule/Laubinger, Verwaltungsverfahrensrecht, § 24 Rdnr. 2, Schnapp, DAngVers. 1979, 9 (10), Pitschas, JuS 1983, 434 (436), Schenke, VBlBW 1982, 313 (320 f.) und Pickel, Verwaltungsverfahren, § 19 II 2.

Die Richtigkeit dieser Auffassung erscheint jedoch zweifelhaft. Zunächst spricht bereits die Entstehungsgeschichte der §§ 28 VwVfG bzw. 24 SGB X gegen eine Anwendung dieser Regelung auf die Ablehnung eines Antrages [189]. Darüber hinaus sind sie jedoch auch nach ihrem Sinn und Zweck auf die Ablehnung eines Antrages nicht anwendbar. Der Zweck der Anhörung ist darin zu sehen, den betroffenen Beteiligten vor einer Überraschungsentscheidung zu schützen und ihm zugleich Gelegenheit zum Vortrag von Tatsachen zu geben, die dem von der Behörde beabsichtigten Erlaß des Verwaltungsaktes entgegenstehen könnten [190]. Im Falle der Ablehnung eines Antrags besteht jedoch keine Notwendigkeit, den Beteiligten vor einer Überraschungsentscheidung zu schützen, da er mit dieser Möglichkeit von vorneherein rechnen mußte. Darüber hinaus hat er bereits im Rahmen der Antragstellung Gelegenheit, alle Gesichtspunkte vorzutragen, die für eine Gewährung der von ihm beantragten Begünstigung sprechen [191]. Für das Bestehen einer Anhörungspflicht vor Ablehnung eines Antrags kann auch nicht ins Feld geführt werden, daß der Ausnahmetatbestand der §§ 28 Abs. 2 Nr. 3 VwVfG bzw. 24 Abs. 2 Nr. 3 SGB X nicht verständlich sei, wenn die Regelung der §§ 28 Abs. 1 VwVfG bzw. 24 Abs. 1 SGB X auf die teilweise oder vollständige Ablehnung eines Antrags keine Anwendung finden würde [192]. Der Regelung der §§ 28 Abs. 2 Nr. 3 VwVfG bzw. 24 Abs. 2 Nr. 3 SGB X verbleibt nämlich auch in diesem Fall ein eigenständiger Anwendungsbereich, z. B. bei Verwaltungsakten mit Doppelwirkung [193].

---

[189] Der Musterentwurf eines Verwaltungsverfahrensgesetzes von 1963 sah als § 21 Abs. 1 folgende Regelung vor: „Bevor ein Verwaltungsakt erlassen wird, der in Rechte eines Beteiligten eingreift, soll dem Beteiligten Gelegenheit gegeben werden, sich zu den für die Entscheidung erheblichen Tatsachen zu äußern. Das gleiche gilt, bevor ein Antrag abgelehnt wird, der den Erlaß eines Verwaltungsaktes zum Gegenstand hat." Der von der Bundesregierung 1970 vorgelegte erste Entwurf eines Verwaltungsverfahrensgesetzes (siehe BT-Drucks. 6/1173) übernahm zwar den Satz 1 des § 21 Abs. 1 ME unverändert, verzichtete jedoch auf dessen Satz 2. Nach der Begründung zum zweiten Entwurf eines Verwaltungsverfahrensgesetzes, der auf eine § 21 Abs. 1 Satz 2 ME entsprechende Regelung ebenfalls verzichtete, liegt ein Eingriff in Rechte eines Beteiligten nur dann vor, wenn der vorhandene Rechtskreis des Beteiligten durch die Verwaltungsentscheidung beeinträchtigt wird (Umwandlung eines Status quo in einen Status quo minus), nicht jedoch schon dann, wenn die Entscheidung erst eine Rechtspositiongewähren soll (siehe BT-Drucks. 7/910, S. 51).

In der Begründung zum zweiten Regierungsentwurf zum Allgemeinen Teil eines Sozialgesetzbuchs wird ausdrücklich ausgesprochen, daß für Verwaltungsakte über die Ablehnung eines Antrags eine Anhörungspflicht nicht bestehen soll (siehe BT-Drucks. 7/868, S. 28).

[190] Siehe Bonk in Stelkens/Bonk/Sachs, VwVfG, § 28 Rdnr. 1.

[191] Siehe Allesch, Widerspruchsverfahren, S. 128 sowie BT-Drucks. 7/868, S. 28.

[192] So Kopp, VwVfG, § 28 Rdnr. 10 und Laubinger, VerwArch. 75 (1984), 55 (73).

[193] Siehe Allesch, Widerspruchsverfahren, S. 127.

Mit der Rechtsprechung [194] und der im Schrifttum herrschenden Meinung [195] ist daher davon auszugehen, daß die Ablehnung eines Antrages grundsätzlich keine vorherige Anhörung des Antragstellers voraussetzt. Im Hinblick auf den von den §§ 28 VwVfG bzw. 24 SGB X verfolgten Regelungszweck eines Schutzes vor Überraschungsentscheidungen ist von diesem Grundsatz allerdings in solchen Fällen eine Ausnahme zu machen, in denen der Antrag aus für den Antragsteller nicht vorhersehbaren Gründen abgelehnt werden soll [196].

Bei der Anwendung der §§ 28 VwVfG bzw. 24 SGB X auf den Ausführungsbescheid sind folgende Fallgestaltungen zu unterscheiden:

a. Der Ausführungsbescheid gewährt uneingeschränkt die beantragte Begünstigung

Gewährt der Ausführungsbescheid uneingeschränkt die beantragte Begünstigung [197], so entfaltet er gegenüber seinem Adressaten ausschließlich begünstigende Wirkung und greift somit nicht in Rechte eines Beteiligten ein. Sein Erlaß setzt daher eine vorherige Anhörung des Adressaten nicht voraus.

b. Der Ausführungsbescheid versagt die beantragte Begünstigung oder gewährt diese nur mit Einschränkungen

Fälle, in denen der Ausführungsbescheid die beantragte Begünstigung versagt oder nur mit Einschränkungen gewährt, lassen sich in zwei Fallgruppen unterteilen. Denkbar ist zunächst der Fall, daß bereits die dem Ausführungsbescheid zu Grunde liegende Einzelfallregelung das Begehren des Antragstellers nur teilweise anerkennt und dessen Antrag im übrigen zurückweist (a.) [198]. In Betracht zu

---

[194] Siehe BVerwGE 66, 184 (186) sowie BSG SozR 1200 § 34 SGB I Nr. 8.

[195] Siehe Bonk in Stelkens/Bonk/Sachs, VwVfG, § 28 Rdnrn. 13 ff., v. Wulffen in Schroeder-Printzen (Hrsg.), SGB X, § 24 Rdnr. 3, BfA (Hrsg.), SGB X, § 24 Erl. 2 sowie Allesch, Widerspruchsverfahren, S. 126 ff.

[196] Z. B. bei einer Ablehnung wegen fehlender Zuständigkeit der Behörde, nachdem diese den Antrag ohne Vorbehalt entgegengenommen oder bereits Ermittlungen zu dessen Begründetheit durchgeführt hat.

[197] Beispiel: Der Antragsteller hat eine unbefristete Aufenthaltserlaubnis gemäß § 24 AuslG beantragt. Die beklagte Ausländerbehörde wird antragsgemäß verurteilt und erläßt einen entsprechenden Ausführungsbescheid.

[198] Beispiel: Der Antragsteller hat die Gewährung einer Rente wegen Erwerbsunfähigkeit gemäß § 44 SGB VI beantragt. Das SG verurteilt den beklagten Rentenversicherungsträger jedoch lediglich zur Gewährung einer Rente wegen Berufsunfähigkeit gemäß § 43 SGB VI und weist die Klage im übrigen ab.

ziehen ist daneben jedoch auch jener Fall, daß erst der Ausführungsbescheid selbst das Begehren des Antragstellers teilweise oder vollständig zurückweist (b.) [199].

Im Fall (a.) wird der Antragsteller bereits durch die dem Ausführungsbescheid zu Grunde liegende Einzelfallregelung belastet. Diese regelt mit verbindlicher Wirkung, daß er die von ihm beantragte Begünstigung nur teilweise beanspruchen kann. Der Ausführungsbescheid selbst entfaltet demgegenüber keine eigenständige belastende Wirkung und greift mithin nicht in Rechte eines Beteiligten ein. Die Regelungen der §§ 28 Abs. 1 VwVfG bzw. 24 Abs. 1 SGB X finden demgemäß in derartigen Fällen bereits nach ihrem Wortlaut keine Anwendung.

Darüber hinaus ist eine Anhörung des Antragstellers in derartigen Fällen auch nach dem Sinn und Zweck der §§ 28 VwVfG bzw. 24 SGB X nicht geboten. Dieser ist - wie zuvor festgestellt - darin zu sehen, den betroffenen Beteiligten vor einer Überraschungsentscheidung zu schützen und ihm zugleich Gelegenheit zum Vortrag solcher Tatsachen zu geben, die dem von der Behörde beabsichtigten Erlaß des Verwaltungsaktes entgegenstehen könnten. Im Falle eines Ausführungsbescheides ist der Adressat jedoch regelmäßig an dem Verwaltungs- oder Gerichtsverfahren beteiligt, das zum Erlaß der diesem zu Grunde liegenden Einzelfallregelung führt. Er hat daher in der Regel bereits im Rahmen dieses Verfahrens Gelegenheit zum Vortrag der seiner Auffassung nach entscheidungserheblichen Tatsachen und kann durch den Ausführungsbescheid nicht überrascht werden [200].

Im Fall (b.) entfaltet der Ausführungsbescheid demgegenüber eine eigenständige belastende Wirkung. Der Adressat wird daher nicht nur durch die dem Ausführungsbescheid zu Grunde liegende Einzelfallregelung, sondern auch durch diesen selbst belastet. Zwar ist dieser Fall mit dem zuvor erörterten Fall der Ablehnung eines Antrages insoweit vergleichbar, als der Ausführungsbescheid - ebenso wie der Ablehnungsbescheid - keine Einschränkung oder Entziehung einer bereits bestehenden Rechtsposition des Adressaten bewirkt. Ohne eine dem Erlaß des Ausführungsbescheides vorausgehende Anhörung bestünde für den Adressaten jedoch keine Gelegenheit, die für eine Gewährung der beantragten Begünstigung

---

[199] Beispiel: Der Antragsteller hat die Gewährung einer Rehabilitationsmaßnahme gemäß § 13 Abs. 1 SGB VI beantragt. Das SG verurteilt den beklagten Rentenversicherungsträger, den Kläger unter Beachtung der Rechtsauffassung des Gerichts erneut zu bescheiden. In seinem daraufhin erlassenen Bescheid lehnt dieser die Gewährung einer Rehabilitationsmaßnahme erneut ab.

[200] Ebenso Fluck, Erfüllung, S. 116.

sprechenden Gesichtspunkte vorzutragen. Zwar konnte er derartige Gesichtspunkte bereits bei der ursprünglichen Antragstellung geltend machen. Für die Entscheidung über den Erlaß des Ausführungsbescheides können jedoch andere Gesichtspunkte erheblich sein, als für die Entscheidung über den Erlaß des ursprünglich beantragten Verwaltungsaktes [201]. Dem Bescheidadressaten muß daher erneut die Möglichkeit einer Stellungnahme eröffnet werden. Im Unterschied zum Fall der Ablehnung eines Antrages werden derartige Fälle daher nach dem zuvor aufgezeigten Sinn und Zweck der §§ 28 VwVfG bzw. 24 SGB X vom Anwendungsbereich dieser Regelungen erfaßt.

c. Der Ausführungsbescheid entfaltet drittbelastende Doppelwirkung

Entfaltet der Ausführungsbescheid eine drittbelastende Doppelwirkung, so sind wiederum zwei Fallgruppen zu unterscheiden. Zu denken ist zunächst an den Fall, daß bereits die dem Ausführungsbescheid zu Grunde liegende Einzelfallregelung die Belastung des Dritten umfassend und abschließend regelt (a.) [202]. In Betracht kommt daneben jedoch auch die Fallgestaltung, daß die Grundregelung der Behörde einen eigenständigen Entscheidungsspielraum beläßt (b.) [203].

Im Fall (a.) wird die Rechtsposition des Dritten bereits durch die dem Ausführungsbescheid zu Grunde liegende Einzelfallregelung beeinträchtigt oder entzogen. Der Ausführungsbescheid selbst entfaltet demgegenüber keine eigenständige belastende Wirkung. Er greift mithin nicht in Rechte eines Beteiligten ein und setzt demnach bereits nach dem Wortlaut der §§ 28 Abs. 1 VwVfG bzw. 24 Abs. 1 SGB X keine Anhörung des Dritten voraus.

Darüber hinaus ist eine Anhörungspflicht in diesem Fall auch nach dem Sinn und Zweck der §§ 28 VwVfG bzw. 24 SGB X nicht gegeben. Bei Erlaß eines Ausführungsbescheides mit drittbelastender Doppelwirkung war der belastete Dritte regelmäßig an dem Verwaltungs- oder Gerichtsverfahren beteiligt, das zum Zustandekommen der diesem zu Grunde liegenden Einzelfallregelung geführt

---

[201] Z. B. die in einem Bescheidungsurteil aufgezeigten Ermessensgesichtspunkte.

[202] Beispiel: Auf Grund einer Nachbarklage wird die zuständige Bauaufsichtsbehörde dazu verurteilt, den Abbruch einer ohne Baugenehmigung und unter Mißachtung nachbarschützender Bestimmungen errichteten baulichen Anlage anzuordnen.

[203] Beispiel: Wie der vorherige Fall Fn. 202, jedoch mit dem Unterschied, daß die Bauaufsichtsbehörde lediglich dazu verurteilt wird, unter Beachtung der Rechtsauffassung des Gerichts über den Erlaß einer Abbruchanordnung zu entscheiden.

hat [204]. Soweit dieser die ihm zu Grunde liegende Einzelfallregelung lediglich wiederholt, bedarf der Dritte infolgedessen weder des Schutzes vor einer Überraschungsentscheidung noch einer weiteren Gelegenheit zum Tatsachenvortrag.

Im Unterschied hierzu wird im Fall (b.) die Rechtsposition des Dritten nicht bereits durch die dem Ausführungsbescheid zu Grunde liegende Einzelfallregelung, sondern erst durch diesen selbst beeinträchtigt oder entzogen. Der Ausführungsbescheid entfaltet daher eine eigenständige belastende Wirkung und wird somit sowohl nach dem Wortlaut wie auch nach dem Sinn und Zweck dieser Regelung von den §§ 28 Abs. 1 VwVfG bzw. 24 Abs. 1 SGB X erfaßt.

Zusammenfassend setzt der Erlaß eines Ausführungsbescheides grundsätzlich keine vorherige Anhörung des oder der Beteiligten voraus. Eine Ausnahme von diesem Grundsatz besteht lediglich für solche Ausführungsbescheide, die das Begehren des Adressaten unabhängig von der ihnen zu Grunde liegenden Einzelfallregelung ganz oder teilweise zurückweisen sowie für Ausführungsbescheide mit drittbelastender Doppelwirkung, soweit die Belastung des Dritten nicht bereits umfassend und abschließend durch die dem Ausführungsbescheid zu Grunde liegende Einzelfallregelung festgelegt wird.

2. Die Regelungen der §§ 36 VwVfG und 32 SGB X

Die in ihrem Wortlaut übereinstimmenden Regelungen des § 36 VwVfG und des § 32 SGB X normieren die Voraussetzungen, unter denen begünstigende Verwaltungsakte mit Nebenbestimmungen verbunden werden dürfen. Sie unterscheiden hierbei zwischen gebundenen Verwaltungsakten und Verwaltungsakten, deren Erlaß im Ermessen der Behörde steht. Ein gebundener Verwaltungsakt darf gemäß §§ 36 Abs. 1 VwVfG bzw. 32 Abs. 1 SGB X nur dann mit einer Nebenbestimmung verbunden werden, wenn diese durch Rechtsvorschrift zugelassen ist oder wenn sie sicherstellen soll, daß die gesetzlichen Voraussetzungen des Verwaltungsaktes erfüllt werden. Ein Verwaltungsakt, dessen Erlaß im Ermessen der Behörde steht, darf demgegenüber gemäß §§ 36 Abs. 2 VwVfG bzw. 32 Abs. 2 SGB X nach pflichtgemäßem Ermessen mit einer Nebenbestimmung verbunden werden.

---

[204] Die Notwendigkeit einer Beteiligung des Dritten folgt für das Verwaltungsverfahren aus §§ 13 Abs. 2 Satz 2 VwVfG bzw. 12 Abs. 2 Satz 2 SGB X und für das gerichtliche Verfahren aus §§ 65 Abs. 2 VwGO bzw. 75 Abs. 2 SGG. Öffentlich-rechtliche Verträge mit drittbelastender Doppelwirkung werden gemäß §§ 57 Abs. 1 VwVfG bzw. 58 Abs. 1 SGB X erst dann wirksam, wenn der belastete Dritte schriftlich zugestimmt hat.

a. Die Zulässigkeit von Nebenbestimmungen zu Ausführungsbescheiden

Bei der Anwendung der §§ 36 VwVfG bzw. 32 SGB X auf Ausführungsbescheide ist zunächst zu beachten, daß diesen unmittelbar keine Rechtsnorm, sondern eine diese konkretisierende Einzelfallregelung zu Grunde liegt. Diese überlagert die gesetzliche Regelung und tritt als Rechtsquelle an deren Stelle. Die Frage, ob ein Ausführungsbescheid als gebundener Verwaltungsakt im Sinne der §§ 36 Abs. 1 VwVfG bzw. 32 Abs. 1 SGB X oder als Ermessensverwaltungsakt im Sinne der §§ 36 Abs. 2 VwVfG bzw. 32 Abs. 2 SGB X anzusehen ist, entscheidet sich daher nicht nach der ihm nur mittelbar zu Grunde liegenden gesetzlichen Regelung, sondern nach der ihm unmittelbar zu Grunde liegenden Einzelfallregelung [205]. Diese kann demnach eine Ermessensentscheidung in eine gebundene Entscheidung oder eine gebundene Entscheidung in eine Ermessensentscheidung transformieren. Verpflichtet sich z. B. die Behörde in einem Vergleichsvertrag zum Erlaß eines bestimmten Verwaltungsaktes, so ist der zur Ausführung dieser Verpflichtung ergehende Verwaltungsakt auch dann als gebundener Verwaltungsakt im Sinne der §§ 36 Abs. 1 VwVfG bzw. 32 Abs. 1 SGB X anzusehen, wenn die dem Vergleichsvertrag zu Grunde liegende Rechtsnorm den Erlaß des Verwaltungsaktes in das Ermessen der Behörde stellt.

Stellt der Erlaß eines Ausführungsbescheides nach diesen Grundsätzen eine gebundene Entscheidung im Sinne der §§ 36 Abs. 1 VwVfG bzw. 32 Abs. 1 SGB X dar [206], so ist davon auszugehen, daß die Frage nach der Zulässigkeit einer Nebenbestimmung bereits durch die ihm zu Grunde liegende Einzelfallregelung abschließend entschieden wird. Enthält diese keine Aussage zur Zulässigkeit einer Nebenbestimmung [207], so ist im Zweifel davon auszugehen, daß der Adressat die durch den Ausführungsbescheid festzustellende Begünstigung ohne Einschränkungen beanspruchen kann. Eine Nebenbestimmung zu einem gebundenen Ausführungsbescheid ist daher nur dann als zulässig anzusehen, wenn diese durch die ihm zu Grunde liegende Einzelfallregelung ausdrücklich oder konkludent zugelassen wird.

---

[205] Siehe Fluck, Erfüllung, S. 70.

[206] Z. B. bei der Ausführung eines Verpflichtungsurteils im Sinne der §§ 113 Abs. 5 Satz 1 VwGO bzw. 131 Satz 2 SGG, das die beklagte Behörde zum Erlaß eines inhaltlich bestimmten Verwaltungsaktes verpflichtet.

[207] So z. B. bei der Verurteilung eines Rentenversicherungsträgers zur Gewährung einer befristeten Rente gemäß § 102 Abs. 2 bis 4 SGB VI.

Stellt der Erlaß des Ausführungsbescheides nach den zuvor aufgezeigten Grundsätzen demgegenüber eine Ermessensentscheidung im Sinne der §§ 36 Abs. 2 VwVfG bzw. 32 Abs. 2 SGB X dar [208], so wird der Adressat durch die Gewährung der beantragten Begünstigung unter einer einschränkenden Nebenbestimmung in der Regel weniger belastet, als durch ihre vollständige Ablehnung [209]. Im Hinblick auf den Grundsatz der Verhältnismäßigkeit ist daher davon auszugehen, daß der Ausführungsbescheid in einem solchen Fall auch ohne ausdrückliche oder konkludente Ermächtigung durch die ihm zu Grunde liegende Einzelfallregelung nach pflichtgemäßem Ermessen mit einer Nebenbestimmung verbunden werden darf.

b. Der Rechtsschutz gegen unzulässige Nebenbestimmungen zu einem Ausführungsbescheid

aa. Der Rechtsschutz gegen Nebenbestimmungen im allgemeinen

Nebenbestimmungen zu begünstigenden Verwaltungsakten schränken deren Begünstigungswirkung ein und entfalten somit ihrerseits eine belastende Wirkung [210]. Für den Adressaten stellt sich daher die Frage, auf welchem Wege er ihre Beseitigung erreichen kann. Als denkbare Wege zur Gewährung verwaltungs- oder sozialgerichtlichen Rechtsschutzes gegen eine unzulässige und unerwünschte Nebenbestimmung zu einem begünstigenden Verwaltungsakt kommen entweder eine auf die isolierte Aufhebung der Nebenbestimmung gerichtete Anfechtungsklage oder eine auf Erlaß eines nebenbestimmungsfreien Verwaltungsaktes gerichtete Verpflichtungsklage in Betracht. Die Frage nach der richtigen Klageart wird in Rechtsprechung und Schrifttum kontrovers beantwortet.

---

[208] Z. B. bei der Ausführung eines Bescheidungsurteils im Sinne der §§ 113 Abs. 5 Satz 2 VwGO bzw. 131 Abs. 3 SGG, das die beklagte Behörde lediglich zu einer Neubescheidung des Klägers verpflichtet.

[209] Siehe Karl, Rechtsschutz, S. 2 und Hönig, Nebenbestimmungen, S. 202 f.

[210] Siehe Erichsen, Jura 1990, 214 (217).

aaa. Meinungsstand

(1) Die Rechtsprechung

(a) Das BVerwG

Das BVerwG hat bei der Beantwortung der Frage nach der richtigen Klageart zur gerichtlichen Überprüfung einer Nebenbestimmung zu einem begünstigenden Verwaltungsakt ursprünglich sowohl nach deren Art wie auch nach der Art der Hauptregelung unterschieden. Danach wurde gegen Bedingungen und Befristungen Rechtsschutz durch eine Verpflichtungsklage und gegen Auflagen grundsätzlich Rechtsschutz durch eine Anfechtungsklage gewährt [211]. Eine Ausnahme von diesem Grundsatz galt für sogenannte „modifizierende Auflagen" und für Auflagen zu Ermessensverwaltungsakten, gegen die Rechtsschutz ebenfalls durch eine Verpflichtungsklage gewährt wurde [212].

In seiner neueren Rechtsprechung gewährt das BVerwG gegen alle Auflagen einheitlich Rechtsschutz durch eine Anfechtungsklage, unabhängig davon, ob die Hauptregelung eine gebundene Entscheidung oder eine Ermessensentscheidung darstellt [213]. Unklar bleibt demgegenüber, ob dies auch für Bedingungen und Befristungen gelten soll [214].

(b) Das BSG

Das BSG hat ursprünglich in Anlehnung an die Rechtsprechung des BVerwG die Auffassung vertreten, daß eine selbständige Anfechtung von Bedingungen und Befristungen nicht zulässig sei und die gerichtliche Überprüfung einer derartigen Nebenbestimmung daher nur im Rahmen einer Verpflichtungsklage möglich sei [215]. In seiner neueren Rechtsprechung geht das BSG jedoch davon aus, daß gegen alle Arten von Nebenbestimmungen eine Anfechtungsklage zulässig sei [216].

---

211 Siehe BVerwGE 29, 261 (265), 36, 145 (154) und 41, 178 (180 ff.).

212 Siehe BVerwG DÖV 1974, 380 sowie BVerwGE 55, 135 (137) und 56, 254 (256).

213 Siehe BVerwGE 60, 269 (275 f.), 65, 139 (141), 81, 185 (186), 85, 24 (28) und 88, 348 (349).

214 Das BVerwG in diesem Sinne verstehend z. B. Pietzner/Ronellenfitsch, Assessorexamen, § 9 Rdnr. 13 und BSGE 59, 148 (152).

215 Siehe BSGE 30, 218 (219 f.) und BSG SozR 1300 § 32 SGB X Nr. 2.

216 Siehe BSGE 59, 148 (152) und BSG NJW 1992, 2981.

(2) Das Schrifttum

Im Schrifttum wird zur Frage nach der richtigen Klageart gegen Nebenbestimmungen eine große Zahl unterschiedlicher Auffassungen vertreten. Diese können vereinfachend auf vier Grundpositionen zurückgeführt werden.

(a) Unterscheidung nach der Art der Nebenbestimmung

Diese Auffassung hält an der früheren Rechtsprechung des BVerwG und des BSG fest, wonach die Art der Nebenbestimmung über die richtige Klageart entscheiden sollte. Gegen Befristungen, Bedingungen und Widerrufsvorbehalte soll danach Rechtsschutz durch eine Verpflichtungsklage und gegen Auflagen und Auflagenvorbehalte Rechtsschutz durch eine Anfechtungsklage gewährt werden [217].

(b) Unterscheidung nach der Art der Hauptregelung

Diese Auffassung unterscheidet bei der Beantwortung der Frage nach der richtigen Klageart zur gerichtlichen Überprüfung einer Nebenbestimmung nach der Art der Hauptregelung. Danach soll gegen Nebenbestimmungen zu gebundenen Verwaltungsakten Rechtsschutz durch eine Anfechtungsklage und gegen Nebenbestimmungen zu Ermessensverwaltungsakten Rechtsschutz durch eine Verpflichtungs- bzw. Bescheidungsklage gewährt werden [218].

(c) Einheitslösung Verpflichtungsklage

Nach dieser Auffassung soll gegen alle Nebenbestimmungen einheitlich Rechtsschutz durch eine Verpflichtungsklage gewährt werden [219].

---

[217] So z. B. Bosch/Schmidt, Verwaltungsgerichtliches Verfahren, § 24 II, Stelkens in Stelkens/Bonk/Sachs, VwVfG, § 36 Rdnrn. 78 ff., Pietzcker, NVwZ 1995, 15 (20), ders. in Schoch/Schmidt-Aßmann/Pietzner (Hrsg.), VwGO, § 42 Abs. 1 Rdnr. 137 und Schroeder-Printzen, SGB X, § 32 Rdnrn. 31 f.

[218] So z. B. Schneider, Nebenbestimmungen, S. 166 ff., Brenner, JuS 1996, 281 (287), Maurer, Verwaltungsrecht, § 12 Rdnr. 28, Kopp, VwGO, § 42 Rdnr. 23, Schenke, Verwaltungsprozeßrecht, Rdnrn. 295 ff., Erichsen, Verwaltungsrecht, § 15 Rdnr. 33, Meyer-Ladewig, SGG, nach § 54 Rdnr. 17 a sowie Schroeder-Printzen/Benkel, SGb. 1990, 398 (402).

[219] So z. B. Eyermann/Fröhler/Kormann, VwGO, Anh. zu § 42 Rdnr. 3, Fehn, DÖV 1988, 202 (207 ff.) und Stadie, DVBl. 1991, 613 (614 ff.).

(d) Einheitslösung Anfechtungsklage

Diese Auffassung geht in Anlehnung an die neuere Rechtsprechung des BVerwG und des BSG davon aus, daß gegen alle Nebenbestimmungen einheitlich Rechtsschutz durch eine Anfechtungsklage zu gewähren sei [220].

bbb. Stellungnahme

(1) Die Rangordnung von Anfechtungs- und Verpflichtungsklage

Ausgangspunkt einer Beantwortung der Frage nach der richtigen Klageart zur gerichtlichen Überprüfung einer Nebenbestimmung zu einem begünstigenden Verwaltungsakt ist zunächst die Feststellung der Rangordnung von Anfechtungs- und Verpflichtungsklage.

Verpflichtungsurteile unterscheiden sich von Aufhebungsurteilen in ihrer Wirkung insbesondere dadurch, daß sie das Rechtsschutzziel des Klägers nicht unmittelbar, sondern erst auf Grund einer Ausführungshandlung der verurteilten Behörde verwirklichen [221]. Die Anfechtungsklage ist daher im Vergleich zur Verpflichtungsklage als wirkungsvollere Klageart anzusehen [222]. Nach allgemeinen prozeßrechtlichen Grundsätzen ist jedoch das Rechtsschutzinteresse für eine Klage nicht gegeben, wenn der Kläger sein Klageziel durch einfachere oder wirkungsvollere Mittel erreichen kann [223]. Eine Verpflichtungsklage ist daher nur dann als zulässig anzusehen, wenn der Kläger sein Klageziel nicht durch eine Anfechtungsklage erreichen kann. Als Zwischenergebnis folgt hieraus, daß bei der Wahl der richtigen Klageart zur gerichtlichen Überprüfung einer Nebenbestimmung zu einem begünstigenden Verwaltungsakt vorrangig die Rechtsschutztauglichkeit einer Anfechtungsklage zu prüfen ist.

(2) Rechtsschutz gegen Nebenbestimmungen durch eine Anfechtungsklage

Die Gewährung von Rechtsschutz gegen eine Nebenbestimmung durch eine Anfechtungsklage setzt voraus, daß die Nebenbestimmung selbständig angefochten und aufgehoben werden kann.

---

[220] So z. B. Pietzner/Ronellenfitsch, Assessorexamen, § 9 Rdnr. 13, Ule/Laubinger, Verwaltungsverfahren, § 50 Rdnr. 29 und Laubinger, VerwArch. 1982, 345 (357 ff.).

[221] Siehe Meyer-Ladewig, SGG, § 54 Rdnr. 47 sowie BSG Breithaupt 1995, 988 (991).

[222] Ebenso Schenke, JuS 1983, 182 (187).

[223] Siehe Rosenberg/Schwab/Gottwald, Zivilprozeßrecht, § 92 IV 1.

Sowohl im verwaltungsgerichtlichen wie auch im sozialgerichtlichen Verfahren ist die teilweise Anfechtung eines Verwaltungsaktes als zulässig anzusehen. Im verwaltungsgerichtlichen Verfahren folgt die Zulässigkeit der Teilanfechtung eines Verwaltungsaktes aus der Regelung des § 113 Abs. 1 Satz 1 VwGO. Danach ist ein Verwaltungsakt aufzuheben, soweit er rechtswidrig ist und den Kläger in seinen Rechten verletzt. Da einem Kläger im Hinblick auf die Kostenfolgen eines teilweisen Unterliegens [224] nicht zugemutet werden kann, einen Antrag zu stellen, der vorhersehbar teilweise abgewiesen werden wird, muß er die Möglichkeit haben, seinen Klageantrag auf die Aufhebung des rechtswidrigen Teils eines Verwaltungsaktes zu beschränken [225]. Für das sozialgerichtliche Verfahren folgt die Zulässigkeit einer Teilanfechtung aus der Regelung des § 54 Abs. 1 Satz SGG, nach der neben der Aufhebung eines Verwaltungsaktes auch dessen Abänderung beantragt werden kann [226].

Die teilweise Aufhebung eines Verwaltungsaktes ist ebenfalls sowohl im verwaltungsgerichtlichen wie auch im sozialgerichtlichen Verfahren als zulässig anzusehen. Dies folgt für das verwaltungsgerichtliche Verfahren unmittelbar aus der Regelung des § 113 Abs. 1 Satz 1 VwGO („soweit") [227] und für das sozialgerichtliche Verfahren aus der Dispositionsmaxime des § 123 SGG, mit der es nicht vereinbar wäre, einen gemäß § 54 Abs. 1 Satz 1 SGG nur teilweise angefochteten Verwaltungsakt vollständig aufzuheben [228]. Für die Zulässigkeit der teilweisen Aufhebung eines Verwaltungsaktes im verwaltungs- oder sozialgerichtlichen Verfahren spricht weiterhin die verwaltungsverfahrensrechtliche Regelung der §§ 44 Abs. 4 VwVfG bzw. 40 Abs. 4 SGB X. Diese geht davon aus, daß ein Verwaltungsakt teilweise nichtig und teilweise wirksam sein kann. Da zwischen rechtswidrig-nichtigen und rechtswidrig-wirksamen Verwaltungsakten kein prinzipieller, sondern lediglich ein gradueller Unterschied besteht, folgt hieraus die grundsätzliche Zulässigkeit der Teilaufhebung eines Verwaltungsaktes [229].

---

[224] Gemäß § 155 Abs. 1 Satz 1 VwGO sind im Falle eines teilweisen Unterliegens die Kosten der Beteiligten gegeneinander aufzuheben oder verhältnismäßig zu teilen. Für das sozialgerichtliche Verfahren fehlt eine vergleichbare Regelung. Auch hier wird das dem Gericht gemäß § 193 Abs. 1 SGG eingeräumte Kostenverteilungsermessen im Falle eines teilweisen Unterliegens jedoch in der Regel im Sinne einer verhältnismäßigen Kostenteilung ausgeübt, siehe Meyer-Ladewig, SGG, § 193 Rdnr. 14.

[225] Ebenso Schneider, Nebenbestimmungen, S. 101.

[226] Siehe Meyer-Ladewig, SGG, § 54 Rdnr. 46.

[227] Siehe Sodan in Sodan/Ziekow (Hrsg.), VwGO, § 42 Rdnr. 19.

[228] Im Ergebnis ebenso Meyer-Ladewig, SGG, § 131 Rdnr. 3.

[229] Siehe Erichsen, Verwaltungsrecht, § 15 Rdnr. 32.

Ist nach alledem die teilweise Anfechtung und Aufhebung eines einheitlichen Verwaltungsaktes im Rahmen einer Anfechtungsklage grundsätzlich als zulässig anzusehen, so muß erst recht die selbständige Anfechtung und Aufhebung einer mit dem Verwaltungsakt verbundenen Nebenbestimmung zulässig sein.

Gegen diese Auffassung kann nicht eingewandt werden, daß durch die selbständige Aufhebung einer Nebenbestimmung zu einem begünstigenden Verwaltungsakt die Rechtsstellung des Klägers erweitert werde und eine derartige Erweiterung einer Rechtsstellung prinzipiell der Verpflichtungsklage vorbehalten sei [230]. Diese Prämisse hält einer näheren Betrachtung nicht stand, da durch jede Aufhebung einer belastenden Regelung die Rechtsstellung des Betroffenen erweitert wird. Würde man daher jegliche Erweiterung einer Rechtsstellung der Verpflichtungsklage vorbehalten, so verbliebe für die Anfechtungsklage letztlich keinerlei Anwendungsbereich [231]. Richtigerweise sind die Rechtsschutzzonen von Anfechtungs- und Verpflichtungsklage daher nicht danach abzugrenzen, ob der Kläger eine Erweiterung seiner Rechtsstellung erstrebt, sondern danach, ob bereits ein Verwaltungsakt erlassen wurde, der zum Gegenstand des Verfahrens gemacht werden kann [232].

Gegen die grundsätzliche Zulässigkeit der selbständigen Anfechtung und Aufhebung einer Nebenbestimmung kann auch nicht ins Feld geführt werden, daß eine Nebenbestimmung oftmals ohne die Hauptregelung ihren Sinn verliere [233]. Zwar treffen Nebenbestimmungen tatsächlich ohne die mit ihnen verbundene Hauptregelung oftmals keine sinnvolle Regelung. Dies gilt insbesondere für Bedingungen, Befristungen und Widerrufsvorbehalte. Da nach der selbständigen Aufhebung einer Nebenbestimmung jedoch nicht diese, sondern die Hauptregelung bestehen bleibt, kann allenfalls die fehlende Existenzfähigkeit der Hauptregelung, nicht jedoch die fehlende Existenzfähgkeit der Nebenbestimmung deren isolierter Aufhebung entgegenstehen [234].

Schranken für die Zulässigkeit einer selbständigen Aufhebung von Nebenbestimmungen ergeben sich jedoch aus dem Grundsatz der Gesetzmäßigkeit von

---

230 So aber Eyermann/Fröhler/Kormann, VwGO Anh. § 42 Rdnr. 3, Pietzcker, NVwZ 1995, 15 (17 f.) und Stadie, DVBl. 1991, 613 (616).

231 Siehe Schenke, WiVerw. 1982, 142 (150).

232 Ebenso Schneider, Nebenbestimmungen, S. 104.

233 So aber Bosch/Schmidt, Verwaltungsgerichtliches Verfahren, § 24 II 1 b.

234 Siehe Ule/Laubinger, Verwaltungsverfahren, § 50 Rdnr. 28.

Verwaltung und Rechtsprechung gemäß Art. 20 Abs. 3 GG und dem Grundsatz der Gewaltenteilung gemäß Art. 20 Abs. 2 GG.

Der Grundsatz der Gesetzmäßigkeit von Verwaltung und Rechtsprechung untersagt den Gerichten der Verwaltungs- und Sozialgerichtsbarkeit die Herbeiführung oder Vertiefung eines rechtswidrigen Zustandes. Die selbständige Anfechtung und Aufhebung einer Nebenbestimmung ist daher zunächst immer dann als unzulässig anzusehen, wenn die verbleibende Hauptregelung rechtswidrig wäre [235]. Zwar könnte die Restregelung in diesem Falle grundsätzlich gemäß §§ 48 Abs. 1 Satz 2 VwVfG bzw. 45 SGB X zurückgenommen werden [236]. Die Rücknahme eines begünstigenden Verwaltungsaktes nach diesen Regelungen ist jedoch durch die Notwendigkeit einer Vertrauensschutzprüfung und einer Ermessensabwägung sowie durch die zu beachtenden Rücknahmefristen weitgehend Einschränkungen unterworfen und somit nicht in jedem Fall zulässig [237].

Der Grundsatz der Gewaltenteilung untersagt den Gerichten der Verwaltungs- und Sozialgerichtsbarkeit in Verbindung mit den Regelungen der §§ 114 VwGO bzw. 54 Abs. 2 Satz 2 SGG eine Nachprüfung der Zweckmäßigkeit verwaltungsbehördlicher Ermessensentscheidungen. Durch die selbständige Aufhebung einer Nebenbestimmung zu einem Ermessensverwaltungsakt würde der Behörde jedoch eine Regelung aufgedrängt, zu deren Erlaß sie nicht verpflichtet war und die ihr möglicherweise unzweckmäßig erscheint [238]. Hauptregelung und Nebenbestimmung sind in diesem Falle als Ergebnis einer einheitlichen und unteilbaren Ermessensentscheidung anzusehen [239]. Soweit nicht ausnahmweise anzunehmen ist, daß die Behörde die Hauptregelung auch in Kenntnis der Rechtswidrigkeit und Aufhebbarkeit der Nebenbestimmung gewährt hätte, ist die selbständige Anfechtung und Aufhebung einer Nebenbestimmung zu einer Ermessensentscheidung daher ebenfalls als unzulässig anzusehen [240].

Entgegen der Rechtsprechung des BVerwG gilt diese Ausnahme auch für Auflagen. Das BVerwG vertritt die Auffassung, daß die selbständige Aufhebung einer

---

[235] Siehe Schenke, Verwaltungsprozeßrecht, Rdnr. 807.

[236] Hierauf verweisen Roser, BB 1967, 908 (909) und Hufen, Verwaltungsprozeßrecht, § 14 Rdnr. 66.

[237] Siehe Schenke, Verwaltungsprozeßrecht, Rdnr. 807 a.

[238] Siehe VG Bremen, NJW 1965, 1196 (1197).

[239] Siehe Meyer in Meyer/Borgs, VwVfG, § 36 Rdnr. 47.

[240] Siehe Schenke, Verwaltungsprozeßrecht, Rdnr. 807 und Schachel, Nebenbestimmungen, S. 116 f.

Auflage zu einem Ermessensverwaltungsakt unbedenklich sei, da die Behörde im Falle eines fehlenden Einverständnisses mit der verbleibenden Hauptregelung diese in entsprechender Anwendung der §§ 49 Abs. 2 Satz 1 Nr. 2 VwVfG bzw. 47 Abs. 1 Nr. 2 SGB X widerrufen könne [241]. Diese Auffassung vermag jedoch nicht zu überzeugen. Fragwürdig ist bereits die Gleichsetzung von gerichtlicher Aufhebung und Nichterfüllung einer Auflage, da dem Adressaten im Falle der Aufhebung im Unterschied zum Fall der Nichterfüllung keinerlei Fehlverhalten zur Last gelegt werden kann [242]. Darüber hinaus ist die Zulässigkeit eines Widerrufs gemäß §§ 49 Abs. 2 Satz 1 Nr. 2 VwVfG bzw. 47 Abs. 1 Nr. 2 SGB X vom Ergebnis einer Ermessensabwägung abhängig und nur für die Zukunft zulässig [243].

(3) Rechtsschutz gegen Nebenbestimmungen durch eine Verpflichtungsklage

Soweit eine Nebenbestimmung zu einem begünstigenden Verwaltungsakt nicht selbständig angefochten und aufgehoben werden kann, ist dem Adressaten Rechtsschutz durch eine Verpflichtungsklage zu gewähren. Hierbei ist allerdings zu beachten, daß in den Fällen, in denen die selbständige Anfechtung und Aufhebung einer Nebenbestimmung nicht zulässig ist, in der Regel auch eine auf Erteilung eines nebenbestimmungsfreien Verwaltungsaktes gerichtete Verpflichtungsklage nicht begründet ist. Steht z. B. der Erlaß des Verwaltungsaktes im Ermessen der Behörde, so kann diese gemäß §§ 114 VwGO bzw. 54 Abs. 2 Satz 2 SGG nicht zum Erlaß eines nebenbestimmungsfreien Verwaltungsaktes, sondern lediglich zu einer Neubescheidung des Klägers verurteilt werden. Und in solchen Fällen, in denen der Verwaltungsakt ohne die Nebenbestimmung rechtswidrig wäre, kann die Behörde ebenfalls nicht zur Erteilung eines nebenbestimmungsfreien Verwaltungsaktes verurteilt werden, da die Ablehnung oder Unterlassung des Verwaltungsaktes in diesem Falle nicht rechtswidrig ist. Der Verpflichtungsklage verbleibt somit bei der Gewährung von Rechtsschutz gegen Nebenbestimmungen nur ein enger Anwendungsbereich. Denkbar wäre in diesem Zusammenhang z. B. die Verurteilung der Behörde zum Erlaß eines Verwaltungsaktes mit einer neuen, den Kläger weniger belastenden Nebenbestimmung [244].

---

[241] BVerwGE 65, 139 (141).

[242] Siehe Fehn, DÖV 1988, 202 (207).

[243] Siehe Schenke, Verwaltungsprozeßrecht, Rdnr. 808.

[244] Siehe Schenke, Verwaltungsprozeßrecht, Rdnr. 300.

bb. Konsequenzen für den Rechtsschutz gegen unzulässige Nebenbestimmungen zu Ausführungsbescheiden

Die zuvor aufgezeigten Grundsätze hinsichtlich des Rechtsschutzes gegen Nebenbestimmungen zu begünstigenden Verwaltungsakten können grundsätzlich auch auf Ausführungsbescheide angewendet werden. Eine Ausnahme von diesem Grundsatz gilt allerdings für solche Ausführungsbescheide, denen ein verwaltungs- oder sozialgerichtliches Urteil, eine einstweilige Anordnung, ein gerichtlicher Vergleich oder ein angenommenes Anerkenntnis im Sinne des § 101 Abs. 2 SGG zu Grunde liegt. Die Ausführung dieser Grundregelungen kann durch ein Zwangsvollstreckungsverfahren nach §§ 172 VwGO bzw. 201 SGG erzwungen werden. Versieht die Behörde den Ausführungsbescheid mit einer unzulässigen Nebenbestimmung, so ist hierin eine teilweise Nichterfüllung der ihr auferlegten Verpflichtung zu sehen. Der Adressat hat daher die Möglichkeit, die Nebenbestimmung durch einen auf Erlaß eines nebenbestimmungsfreien Ausführungsbescheides gerichteten Antrag nach §§ 172 VwGO bzw. 201 SGG einer gerichtlichen Überprüfung zuzuführen [245]. Da einem Kläger das Rechtsschutzinteresse fehlt, wenn er bereits über einen zu seinen Gunsten wirkenden vollstreckbaren Titel verfügt, der das mit der Klage angestrebte Urteil voll ersetzt [246], verdrängt dieser Antrag eine ansonsten mögliche Anfechtungs- oder Verpflichtungsklage.

3. Die Regelungen der §§ 37 VwVfG und 33 SGB X

Die in ihrem Wortlaut übereinstimmenden §§ 37 Abs. 1 VwVfG und 33 Abs. 1 SGB X normieren das Gebot hinreichender inhaltlicher Bestimmtheit des Verwaltungsaktes. Die in ihrem Wortlaut ebenfalls übereinstimmenden §§ 37 Abs. 2 bis 4 VwVfG und 33 Abs. 2 bis 4 SGB X regeln die Form des Verwaltungsaktes.

a. Die Bestimmtheit des Verwaltungsaktes

Das Gebot hinreichender inhaltlicher Bestimmtheit des Verwaltungsaktes gilt als Ausfluß des Grundsatzes der Rechtssicherheit für alle Arten hoheitlicher Regelungen [247]. Die Regelungen der §§ 37 Abs. 1 VwVfG bzw. 33 Abs. 1 SGB X sind daher auf den Ausführungsbescheid uneingeschränkt anwendbar. Ausfüh-

---

[245] Ebenso VGH Baden-Württemberg, NVwZ 1991, 1197 und Pietzner in Schoch/Schmidt-Aßmann/Pietzner (Hrsg.), VwGO, § 172 Rdnr. 34.

[246] Siehe Rosenberg/Schwab/Gottwald, Zivilprozeßrecht, § 92 IV 1.

[247] Vgl. Allesch, Widerspruchsverfahren, S. 151.

rungsbescheide müssen demnach den Inhalt sowie den Sinn und Zweck ihrer Regelung vollständig, klar und unzweideutig erkennen lassen [248].

Bei Ausführungsbescheiden, die ein Gebot aussprechen, stellt sich - wie allgemein bei derartigen Verwaltungsakten - die Frage, ob die Behörde lediglich das Ziel der Anordnung oder auch das zu dessen Erreichung einzusetzende Mittel bestimmen muß. Die Rechtsprechung [249] und der überwiegende Teil des Schrifttums [250] vertreten die Auffassung, daß die Bestimmung des Zieles der Anordnung als ausreichend anzusehen sei. Zur Begründung dieser Auffassung wird insbesondere auf den Grundsatz der Verhältnismäßigkeit verwiesen [251]. Die Prämisse, daß ein Verwaltungsakt, der lediglich das Ziel der Anordnung, nicht jedoch das zu dessen Erreichung einzusetzende Mittel bestimmt, den Adressaten weniger belaste, als ein Verwaltungsakt, der auch das einzusetzende Mittel bestimmt, hält einer näheren Betrachtung jedoch nicht stand. Zunächst kann die Ermittlung eines geeigneten Mittels für den Adressaten mit erheblichen finanziellen Belastungen verbunden sein [252]. Darüber hinaus trägt der Adressat im Falle eines Verwaltungsaktes, der lediglich das Ziel der Anordnung bestimmt, das Risiko der Geeignetheit des von ihm gewählten Mittels [253]. Erweist sich das von ihm gewählte Mittel zur Erreichung des gesetzten Zieles als ungeeignet, so muß er mit Maßnahme der Verwaltungszwangsvollstreckung oder sonstigen Sanktionen [254] rechnen. Schließlich beeinträchtigt ein Verwaltungsakt, der lediglich das Ziel der Anordnung bestimmt, auch die Rechtsverteidigung des Adressaten, da die Prüfung der Frage, ob ein Verwaltungsakt den Grundsatz der Verhältnismäßigkeit beachtet, eine Gegenüberstellung von Zweck und Mittel voraussetzt [255]. Entgegen der Rechtsprechung und der im Schrifttum herrschenden Auffassung

---

[248] Vgl. Kopp, VwVfG, § 37 Rdnr. 4.

[249] So etwa BVerwGE 31, 15 (18), BVerwGE 38, 209 (211), BVerwG, NVwZ 1984, 724 (725), VGHBW, VBlBW 1982, 97 (98), BayVGH, BayVBl. 1985, 149 (152) und OVG NW, NVwZ 1985, 355 (356).

[250] So etwa Badura in Erichsen (Hrsg.), Verwaltungsrecht, § 38 Rdnr. 18, Breuer, JuS 1986, 359 (361), Obermayer, VwVfG, § 37 Rdnrn. 15 f., Stumpp, DVBl. 1968, 330 (331 ff.), Wendt, JA 1980, 25 (33) und Wolff/Bachof/Stober, Verwaltungsrecht, § 48 Rdnr. 34.

[251] So insbesondere Badura in Erichsen (Hrsg.), Verwaltungsrecht, § 38 Rdnr. 18 und Stumpp, DVBl. 1968, 330 (331).

[252] Z. B. dann, wenn hierzu die Einholung eines Sachverständigengutachtens erforderlich ist.

[253] Ebenso Stelkens in Stelkens/Bonk/Sachs, VwVfG, § 37 Rdnr. 20.

[254] Z. B. der Verhängung eines Bußgeldes im Falle eines strafbewehrten Verwaltungsaktes oder eines Widerrufs der begünstigenden Hauptregelung gemäß §§ 49 Abs. 2 Satz 1 Nr. 2 VwVfG bzw. 47 Abs. 1 Nr. 2 SGB X im Falle einer Ausgestaltung der Anordnung als Auflage.

[255] Vgl. hierzu Maurer, Verwaltungsrecht, § 10 Rdnr. 17.

ist daher zu fordern, daß ein gebietender Verwaltungsakt nicht nur das Ziel der Anordnung, sondern auch das zu dessen Erreichung einzusetzende Mittel bestimmt [256]. Dem Grundsatz der Verhältnismäßigkeit kann hierbei dadurch Rechnung getragen werden, daß dem Adressaten die Befugnis eingeräumt wird, das bestimmte Mittel durch ein anderes Mittel, das zur Erreichung des gesetzten Zieles in gleicher Weise geeignet ist, zu ersetzen [257].

b. Die Form des Verwaltungsaktes

Die Regelungen der §§ 37 Abs. 2 bis 4 VwVfG bzw. 33 Abs. 2 bis 4 SGB X stellen die Wahl der Form des Verwaltungsaktes grundsätzlich in das Ermessen der Behörde. Bei der Anwendung dieser Regelungen auf den Ausführungsbescheid ist zu beachten, daß der Erlaß eines Ausführungsbescheides in der Regel einem besonders formalisierten Verwaltungs- oder Gerichtsverfahren nachfolgt und die als Grundlage eines Ausführungsbescheides in Betracht kommenden Einzelfallregelungen grundsätzlich in schriftlicher Form ergehen [258]. Die Erwartung der Beteiligten an einem derartigen Verfahren wird daher darauf gerichtet sein, daß der Ausführungsbescheid ebenfalls in schriftlicher Form erlassen wird. Im Hinblick auf den Grundsatz der Rechtssicherheit wird sich das Formwahlermessen der Behörde in der Regel daher dahingehend verdichten, daß der Ausführungsbescheid in schriftlicher Form erlassen werden muß.

4. Die Regelungen der §§ 39 VwVfG und 35 SGB X

Die §§ 39 Abs. 1 VwVfG und 35 Abs. 1 SGB X normieren die grundsätzliche Verpflichtung der Behörde zur Begründung eines schriftlich erlassenen oder schriftlich bestätigten Verwaltungsaktes. Die §§ 39 Abs. 2 VwVfG und 35 Abs. 2 SGB X normieren Ausnahmen von dieser Verpflichtung. In inhaltlicher Hinsicht unterscheiden sich beide Regelungen zunächst dadurch, daß der Anwendungsbereich der Ausnahmeregelung des §§ 35 Abs. 2 SGB X im Unterschied zur inhaltsgleichen Ausnahmeregelung des § 39 Abs. 2 VwVfG durch die Regelung des § 35 Abs. 3 SGB X weitgehenden Einschränkungen unterworfen ist. Darüber hinaus ist die Bekanntgabe von Ermessengründen nach der Regelung des §

---

[256] Ebenso Stelkens in Stelkens/Bonk/Sachs, VwVfG, § 37 Rdnrn. 17 ff.

[257] Ebenso Kopp, VwVfG, § 37 Rdnr. 12.

[258] Siehe §§ 38 Abs. 1 Satz 1 VwVfG bzw. 34 Abs. 1 Satz 1 SGB X für die Zusicherung, §§ 73 Abs. 3 VwGO bzw. 85 Abs. 3 SGG für den Widerspruchsbescheid, §§ 117 Abs. 1 Satz 2 VwGO bzw. 136 SGG für das Urteil und §§ 57 VwVfG bzw. 56 SGB X für den öffentlichrechtlichen Vertrag. Lediglich einstweilige Anordnungen können unter Umständen auch in mündlicher Form ergehen, siehe hierzu Kopp, VwGO, § 123 Rdnr. 16.

35 Abs. 1 Satz 3 SGB X („muß") im Unterschied zur Regelung des § 39 Abs. 1 Satz 3 VwVfG („soll") zwingend vorgeschrieben [259].

Hinsichtlich der inhaltlichen Anforderungen an die Begründung eines Ausführungsbescheides ist nach der Regelungsdichte der ihm zu Grunde liegenden Einzelfallregelung zu unterscheiden. Legt die dem Ausführungsbescheid zu Grunde liegende Einzelfallregelung dessen Inhalt umfassend und abschließend fest [260], so genügt zu dessen Begründung der Hinweis, daß er zur Ausführung der näher bezeichneten Einzelfallregelung ergeht [261]. Legt die dem Ausführungsbescheid zu Grunde liegende Einzelfallregelung den Anspruch auf eine Begünstigung demgegenüber nur dem Grunde nach fest [262], so kann sie auch nur hinsichtlich des Bestehens des Anspruchs dem Grunde nach zur Begründung des Ausführungsbescheides herangezogen werden. Hinsichtlich der Feststellung der Höhe der Leistung sind in einem solchen Fall gemäß §§ 39 Abs. 1 Satz 2 VwVfG bzw. 35 Abs. 1 Satz 2 SGB X die wesentlichen tatsächlichen und rechtlichen Gründe mitzuteilen, die die Behörde zu ihrer Entscheidung bewogen haben. Stellt die dem Ausführungsbescheid zu Grunde liegende Einzelfallregelung die Gewährung einer Begünstigung schließlich in das Ermessen der Behörde [263], so muß bzw. soll seine Begründung gemäß §§ 39 Abs. 1 Satz 3 VwVfG bzw. 35 Abs. 1 Satz 3 SGB X die Gesichtspunkte erkennen lassen, von denen die Behörde bei der Ausübung ihres Ermessens ausgegangen ist.

Von erheblicher praktischer Bedeutung für den Ausführungsbescheid sind die Ausnahmeregelungen der §§ 39 Abs. 2 VwVfG bzw. 35 Abs. 2 SGB X. In Fällen, in denen der Ausführungsbescheid dem Antrag des Adressaten in vollem Umfang entspricht und Dritten gegenüber keine belastende Wirkung entfaltet, ist eine Begründung gemäß §§ 39 Abs. 2 Nr. 1 VwVfG bzw. 35 Abs. 2 Nr. 1 SGB

---

[259] Zu den inhaltlichen Unterschieden zwischen der Regelung des § 39 VwVfG und des § 35 SGB X siehe Krause in Gemeinschaftskommentar, § 35 Rdnr. 2.

[260] Beispiel: Die beklagte Ausländerbehörde wird verurteilt, dem Kläger eine unbefristete Aufenthaltserlaubnis gemäß § 24 AuslG zu erteilen.

[261] Formulierungsbeispiel: „Dieser Bescheid ergeht auf Grund des Urteils des Verwaltungsgerichts ... vom ...". Weitere Formulierungsbeispiele bei Knauf, SozVers. 1986, 143.

[262] Beispiel: Der beklagte Rentenversicherungsträger wird verurteilt, dem Kläger eine Rente wegen Erwerbsunfähigkeit gemäß § 44 SGB VI zu gewähren. Die Höhe der Rente wird durch das Urteil nicht bestimmt.

[263] Beispiel: Der beklagte Rentenversicherungsträger wird verurteilt, den Kläger unter Beachtung der Rechtsauffassung des Gerichts erneut über die Gewährung einer Rehabilitationsmaßnahme gemäß § 13 Abs. 1 SGB VI zu bescheiden.

X entbehrlich [264]. Das gleiche gilt gemäß §§ 39 Abs. 2 Nr. 2 VwVfG bzw. 35 Abs. 2 Nr. 2 SGB X in solchen Fällen, in denen dem Adressaten auf Grund seiner Beteiligung an dem zum Erlaß der Grundregelung führenden Verwaltungs- oder Gerichtsverfahren die Auffassung der Behörde über die Sach- und Rechtslage bereits bekannt ist [265].

5. Die Regelung des § 36 SGB X

§ 36 SGB X normiert die Verpflichtung der Behörde, den durch einen schriftlich erlassenen oder schriftlich bestätigten Verwaltungsakt beschwerten Beteiligten über seine Rechtsbehelfsmöglichkeiten zu belehren.

Die Regelung, für die sich im VwVfG keine Parallelvorschrift findet [266], ist nur von geringer praktischer Bedeutung. Ein Verstoß gegen § 36 SGB X macht einen Verwaltungsakt nach allgemeiner Ansicht nicht rechtswidrig [267]. Die Erteilung einer fehlerfreien Rechtsbehelfsbelehrung ist gemäß §§ 58 Abs. 1 VwGO bzw. 66 Abs. 1 SGG lediglich Voraussetzung für den Lauf der Rechtsbehelfsfristen dieser Gesetze. Diese Rechtsfolge ergibt sich jedoch unabhängig von der Regelung des § 36 SGB X bereits unmittelbar aus §§ 58 Abs. 1 VwGO bzw. 66 Abs. 1 SGG [268]. Die Regelung des § 36 SGB X geht inhaltlich über die Regelung der §§ 58 Abs. 1 VwGO bzw. 66 Abs. 1 SGG nur insoweit hinaus, als sie die Behörde dazu verpflichtet, den Adressaten auch über die Form des Rechtsbehelfs zu belehren [269].

Eine Belehrungspflicht besteht nach der Regelung des § 36 SGB X nur für solche Verwaltungsakte, durch die ein Beteiligter beschwert wird. Eine Beschwer im Sinne dieser Regelung entfaltet jeder Verwaltungsakt, der einen Beteiligten in seinen rechtlichen geschützten Interessen beeinträchtigt [270]. Im Unterschied zur Regelung der §§ 28 Abs. 1 VwVfG bzw. 24 Abs. 1 SGB X erfaßt die Regelung

---

[264] Ebenso Fluck, Erfüllung, S. 117.

[265] Ebenso Fluck, Erfüllung, S. 118.

[266] Maßgebend ist in diesem Bereich die Regelung des § 59 VwGO.

[267] Siehe z. B. Schroeder-Printzen, SGB X, § 36 Rdnr. 16 sowie Krause in Gemeinschaftskommentar, § 36 Rdnr. 9.

[268] Krause in Gemeinschaftskommentar, § 36 Rdnr. 2.

[269] Krause in Gemeinschaftskommentar, § 36 Rdnr. 4.

[270] Schroeder-Printzen, SGB X, § 36 Rdnr. 5.

des § 36 SGB X hierbei unstreitig auch solche Verwaltungsakte, durch die ein Antrag vollständig oder teilweise abgelehnt wird [271].

Bei der Anwendung des § 36 SGB X auf den Ausführungsbescheid sind folgende Fallgruppen zu unterscheiden:

a. Der Ausführungsbescheid gewährt uneingeschränkt die beantragte Begünstigung

Gewährt der Ausführungsbescheid uneingeschränkt die beantragte Begünstigung [272], so entfaltet er gegenüber seinem Adressaten ausschließlich eine begünstigende Wirkung und beeinträchtigt somit keine rechtlich geschützten Interessen. Eine Rechtsbehelfsbelehrung ist daher nicht erforderlich [273].

b. Der Ausführungsbescheid versagt die beantragte Begünstigung oder gewährt diese nur mit Einschränkungen

Fälle, in denen der Ausführungsbescheid die beantragte Begünstigung versagt oder nur mit Einschränkungen gewährt, lassen sich in zwei Fallgruppen unterteilen. In Betracht zu ziehen ist zunächst der Fall, daß bereits die dem Ausführungsbescheid zu Grunde liegende Einzelfallregelung das Begehren des Antragstellers nur teilweise anerkannt und dessen Antrag im übrigen zurückweist (a.) [274]. Vorstellbar erscheint daneben jedoch auch die Fallgestaltung, daß erst der Ausführungsbescheid selbst das Begehren des Antragstellers teilweise oder vollständig zurückweist (b.) [275].

Im Fall (a.) werden die rechtlichen geschützten Interessen des Antragstellers bereits durch die dem Ausführungsbescheid zu Grunde liegende Einzelfallregelung beeinträchtigt. Diese regelt mit verbindlicher Wirkung, daß er die von ihm beantragte Begünstigung nur teilweise beanspruchen kann. Der Ausführungsbescheid selbst entfaltet demgegenüber keine eigenständige Beschwer. Eine Rechtsbehelfsbelehrung ist daher nicht erforderlich.

---

271 Siehe Krause in Gemeinschaftskommentar, § 36 Rdnr. 12.

272 Siehe das Beispiel Fn. 197.

273 Ebenso Fluck, Erfüllung, S. 117.

274 Siehe das Beispiel Fn. 198.

275 Siehe das Beispiel Fn. 199.

Im Fall (b.) entfaltet der Ausführungsbescheid demgegenüber eine eigenständige belastende Wirkung. Der Adressat wird daher nicht nur durch die dem Ausführungsbescheid zu Grunde liegende Einzelfallregelung, sondern auch durch diesen selbst in seinen rechtlich geschützten Interessen beeinträchtigt. Eine Rechtsbehelfsbelehrung ist daher erforderlich.

c. Der Ausführungsbescheid entfaltet drittbelastende Doppelwirkung

Entfaltet der Ausführungsbescheid eine drittbelastende Doppelwirkung, so sind wiederum zwei Fallgruppen zu unterscheiden: Denkbar ist zunächst der Fall, daß bereits die dem Ausführungsbescheid zu Grunde liegende Einzelfallregelung die Belastung des Dritten umfassend und abschließend regelt (a.) [276]. Vorstellbar erscheint daneben jedoch auch jene Fallgestaltung, daß die Grundregelung der Behörde einen eigenständigen Entscheidungsspielraum beläßt (b.) [277].

Im Fall (a.) werden die rechtlich geschützten Interessen des Dritten bereits durch die dem Ausführungsbescheid zu Grunde liegende Einzelfallregelung beeinträchtigt. Der Ausführungsbescheid selbst entfaltet demgegenüber keine eigenständige Beschwer. Eine Rechtsbehelfsbelehrung ist daher nicht erforderlich.

Im Unterschied hierzu werden im Fall (b.) die rechtlich geschützten Interessen des Adressaten nicht bereits durch die dem Ausführungsbescheid zu Grunde liegende Einzelfallregelung, sondern erst durch diesen selbst beeinträchtigt. Der Ausführungsbescheid entfaltet somit eine eigenständige Beschwer. Eine Rechtsbehelfsbelehrung ist daher erforderlich.

Von Ausnahmefällen abgesehen, unterliegen Ausführungsbescheide demnach nicht der Regelung des § 36 SGB X. Im Hinblick auf die Rechtsfolgen einer fehlenden Rechtsbehelfsbelehrung nach §§ 58 Abs. 1 VwVfG bzw. 66 Abs. 1 SGB X kann eine Rechtsbehelfsbelehrung jedoch auch dann zweckmäßig sein, wenn sie durch die Regelung des § 36 SGB X nicht gefordert wird. Dies ist z. B. dann der Fall, wenn eine belastende Wirkung des Ausführungsbescheides nicht ausgeschlossen werden kann [278].

---

[276] Siehe das Beispiel Fn. 202.

[277] Siehe das Beispiel Fn. 203.

[278] So z. B. dann, wenn die dem Ausführungsbescheid zu Grunde liegende Einzelfallregelung den Anspruch auf eine Begünstigung nur dem Grunde nach feststellt und die Festsetzung ihrer Höhe der Behörde überläßt. Da der Behörde hierbei Rechtsanwendungsfehler unterlaufen können, kann eine den Adressaten belastende Wirkung des Ausführungsbescheides nicht ausgeschlossen werden. Eine Rechtsbehelfsbelehrung wird in derartigen Fällen daher auch

6. Die Regelungen der §§ 40 VwVfG und 39 Abs. 1 SGB I

Die §§ 40 VwVfG und 39 Abs. 1 SGB I regeln die Art und Weise, in der die Behörde ein ihr eingeräumtes Ermessen auszuüben hat. In inhaltlicher Hinsicht unterscheiden sich beide Regelungen durch die Klarstellung des § 39 Abs. 1 Satz 2 SGB I, nach der auf die pflichtgemäße Ausübung des Ermessens ein Anspruch besteht.

Bei der Anwendung dieser Regelungen auf den Ausführungsbescheid ist zu beachten, daß diesem unmittelbar keine Rechtsnorm, sondern eine diese konkretisierende Einzelfallregelung zu Grunde liegt. Die Frage, ob der Erlaß eines Ausführungsbescheides eine gebundene Entscheidung oder eine Ermessensentscheidung darstellt, ist daher - wie bereits festgestellt [279] - nicht nach Maßgabe der ihm nur mittelbar zu Grunde liegenden gesetzlichen Regelung, sondern nach Maßgabe der ihm unmittelbar zu Grunde liegenden Einzelfallregelung zu entscheiden. Das gleiche gilt auch für die Feststellung des Zwecks und der Grenzen des Ermessens. Wird z. B. die Behörde durch ein Bescheidungsurteil im Sinne der §§ 113 Abs. 5 Satz 2 VwGO bzw. 131 Abs. 3 SGG zu einer erneuten Bescheidung des Klägers verurteilt, so ergeben sich die Gesichtspunkte, die von der Behörde berücksichtigt werden müssen oder deren Berücksichtigung nicht statthaft ist, vorrangig aus der Begründung des Urteils. Lediglich dann, wenn die dem Ausführungsbescheid zu Grunde liegende Einzelfallregelung keine besonderen Anordnungen trifft, ist bezüglich des Zwecks und der Grenzen des Ermessens auf die dem Ausführungsbescheid nur mittelbar zu Grunde liegende Rechtsnorm zurückzugreifen [280].

7. Die Regelungen der §§ 41 VwVfG und 37 SGB X

Die in ihrem Wortlaut übereinstimmenden Regelungen der §§ 41 VwVfG und 37 SGB X normieren die Form der Bekanntgabe des Verwaltungsaktes. Die Vorschriften sind auf den Ausführungsbescheid ohne Einschränkungen anwendbar.

Bei der Anwendung der §§ 41 Abs. 1 Satz 2 VwVfG bzw. 37 Abs. 1 Satz 2 SGB X auf den Ausführungsbescheid stellt sich in der Verwaltungspraxis oft-

---

von der Verwaltungsvorschrift Nr. 4 zu § 23 der Allgemeinen Verwaltungsvorschriften der Kriegsopferversorgung vom 8. Februar 1956 (Bundesanzeiger Nr. 33 vom 16. Februar 1956) gefordert.

279 Siehe oben, Abschnitt IV 2 a.

280 Siehe hierzu Kopp, VwVfG, § 40 Rdnr. 12 ff.

mals die Frage, ob ein Bevollmächtigter, der für das zum Erlaß der Grundregelung führende Verwaltungs- oder Gerichtsverfahren bestellt wurde, auch für das auf Erlaß des Ausführungsbescheides gerichtete Verwaltungsverfahren als bestellt anzusehen ist. Die Antwort auf diese Frage ist der Vollmacht zu entnehmen. Soweit diese keine ausdrückliche Regelung trifft, ist im Hinblick auf den engen sachlichen Zusammenhang zwischen beiden Verfahren davon auszugehen, daß eine für das Grundverfahren erteilte Vollmacht auch für das Ausführungsverfahren gelten soll [281].

## 8. Die Regelungen der §§ 42 VwVfG und 38 SGB X

Die §§ 42 VwVfG und 38 SGB X ermächtigen die Behörde, Schreibfehler, Rechenfehler und ähnliche offenbare Unrichtigkeiten in einem Verwaltungsakt jederzeit zu berichtigen.

Die Anwendung dieser Regelungen auf den Ausführungsbescheid wirft keine besonderen Probleme auf. Es stellt sich allerdings die Frage, ob ein Ausführungsbescheid auch dann nach §§ 42 VwVfG bzw. 38 SGB X berichtigt werden kann, wenn die ihm zu Grunde liegende Einzelfallregelung nach dieser oder einer anderen Vorschrift [282] wegen einer offenbaren Unrichtigkeit berichtigt wird [283]. Diese Frage ist zu bejahen. Ein Berichtigungsbeschluß nach §§ 42 VwVfG bzw. 38 SGB X oder nach anderen Vorschriften entfaltet seine Wirkung ex tunc [284]. Wird die einem Ausführungsbescheid zu Grunde liegende Einzelfallregelung wegen einer offenbaren Unrichtigkeit berichtigt, so hat dies daher zur Folge, daß dieser selbst mit Wirkung ex tunc unrichtig wird. Die Unrichtigkeit des Ausführungsbescheides ist in derartigen Fällen auch offensichtlich, da die Abweichung der durch ihn getroffenen Regelung von der ihm zu Grunde liegenden - berichtigten - Einzelfallregelung für den Adressaten ohne weiteres erkennbar ist [285].

---

281 Vgl. Bay VGH, NVwZ 1985, 352, wonach eine für das Klageverfahren erteilte Vollmacht im Zweifel auch für ein sich anschließendes Vollstreckungsverfahren gilt.

282 Z. B. §§ 118 VwGO und 138 SGG.

283 Beispiel: Das SG will den beklagten Rentenversicherungsträger zur Zahlung einer Rente wegen Berufsunfähigkeit ab 01.11.1995 verurteilen. Infolge eines Schreibfehlers erfolgt jedoch eine Verurteilung zur Zahlung einer Rente bereits ab 01.10.1995. Nachdem der Rentenversicherungsträger zur Ausführung des Urteils eine Rente ab 01.10.1995 festgestellt hat, wird dieses gemäß § 138 SGG dahingehend berichtigt, daß die Rente erst ab 01.11.1995 zu zahlen ist.

284 Siehe Redeker/v. Oertzen, VwGO, § 138 Rdnr. 6, Meyer-Ladewig, SGG, § 138 Rdnr. 4, Kopp, VwVfG, § 42 Rdnr. 6 und Schroeder-Printzen, SGB X, § 38 Rdnr. 5.

285 Zur Definition des Begriffes der „Offensichtlichkeit" siehe BVerwGE 30, 146 und BSG DVBl. 1962, 29.

## 9. Die Regelungen der §§ 43 VwVfG und 39 SGB X

Die in ihrem Wortlaut übereinstimmenden §§ 43 VwVfG und 39 SGB X regeln den Beginn und die Dauer der Wirksamkeit des Verwaltungsaktes. Während die Anwendung der §§ 43 Abs. 1 und 3 VwVfG bzw. 39 Abs. 1 und 3 SGB X auf Ausführungsbescheide keine besonderen Probleme aufwirft, stellt sich im Zusammenhang mit den Regelungen der §§ 43 Abs. 2 VwVfG bzw. 39 Abs. 2 SGB X die Frage, welche Konsequenzen sich aus einer Änderung oder Aufhebung der ihm zu Grunde liegenden Einzelfallregelung für die weitere Wirksamkeit eines Ausführungsbescheides ergeben [286].

### a. „Hinfälligwerden" des Ausführungsbescheides

Das BSG vertritt im Zusammenhang mit der Ausführung von nicht rechtskräftigen sozialgerichtlichen Urteilen gemäß § 154 Abs. 2 SGG [287] die Auffassung, daß der Ausführungsbescheid mit der Aufhebung des ihm zu Grunde liegenden Urteils durch das Berufungs- oder Revisionsgericht ohne weiteres „hinfällig" werde [288]. Diese Auffassung hält einer näheren Betrachtung jedoch nicht stand. Ein Bescheid zur Ausführung eines sozialgerichtlichen Urteils entfaltet grundsätzlich eine begünstigende Wirkung. Die Beendigung der Wirksamkeit eines begünstigenden Verwaltungsaktes stellt jedoch einen Eingriff in die durch diesen begründete oder festgestellte Rechtsposition des Adressaten dar und wirkt daher ihrerseits belastend. Sie ist daher nach dem Grundsatz des Vorbehaltes des Gesetzes nur dann als zulässig anzusehen, wenn sie durch Gesetz oder auf

---

[286] Beispiele:
Die beklagte Ausländerbehörde wird verurteilt, dem Ausländer A eine Aufenthaltserlaubnis zu erteilen. Nach Erlaß eines entsprechenden Ausführungsbescheides wird das Urteil im Rahmen eines Wiederaufnahmeverfahrens gemäß § 153 Abs. 1 VwGO i. V. mit § 580 ZPO aufgehoben, da die Behörde nachweisen kann, daß es auf einer verfälschten Urkunde beruht.

In einem Vergleichsvertrag gemäß § 55 VwVfG verpflichtet sich die zuständige Behörde gegenüber dem Gastwirt W zur Erteilung einer Erlaubnis zum Betrieb einer Gaststätte gemäß § 2 Abs. 1 Satz 2 GaststättenG. Nach Erlaß eines entsprechenden Ausführungsbescheides erkennt die Behörde, daß ihre auf die Annahme des Vergleichsvertrages gerichtete Willenserklärung auf einem Irrtum über die Zuverlässigkeit des W (siehe § 4 Abs. 1 Nr. 1 GaststättenG) beruht. Sie ficht den Vergleich daher gemäß § 59 Abs. 1 VwVfG i. V. mit § 119 Abs. 2 BGB an.

[287] Beispiel: Der beklagte Rentenversicherungsträger wird durch das SG dem Grunde nach verurteilt, eine Rente wegen Erwerbsunfähigkeit zu gewähren. Nach Erlaß eines entsprechenden Ausführungsbescheides wird das Urteil des SG auf die Berufung des Rentenversicherungsträgers durch das LSG aufgehoben und die Klage abgewiesen.

[288] Siehe BSGE 9, 169 (170).

Grund eines Gesetzes erfolgt [289]. Eine gesetzliche Regelung, nach der ein Ausführungsbescheid mit der Aufhebung der ihm zu Grunde liegenden Einzelfallregelung ebenfalls automatisch seine Wirksamkeit verliert, existiert jedoch nicht [290].

b. Mitaufhebung des Ausführungsbescheides

Ein Teil des sozialrechtlichen Schrifttums vertritt gleichfalls im Zusammenhang mit der Ausführung nicht rechtskräftiger sozialgerichtlicher Urteile gemäß § 154 Abs. 2 SGG die Auffassung, daß die Aufhebung des Urteils durch das Berufungs- oder Revisionsgericht zugleich auch als Aufhebung des auf ihm beruhenden Ausführungsbescheides anzusehen sei [291]. Diese Auffassung hat jedoch gleichfalls keine Zustimmung verdient, da für eine derartige Aufhebung des Ausführungsbescheides durch das Rechtsmittelgericht ebenfalls keine Rechtsgrundlage ersichtlich ist.

c. Der Ausführungsbescheid als vorläufiger Verwaltungsakt

aa. Begriff und Zulässigkeit vorläufiger Verwaltungsakte

In Rechtsprechung [292] und Schrifttum [293] besteht - weitgehend [294] - Übereinstimmung darüber, daß in Fällen, in denen einerseits der Zweck einer öffentlich-rechtlichen Leistung nur dann erreicht werden kann, wenn sie ohne weitere Verzögerung erbracht wird, andererseits das Vorliegen der tatbestandsmäßigen Voraussetzungen für ihre Bewilligung derzeit noch nicht abschließend festgestellt werden kann, die zuständige Behörde dazu befugt ist, einen Bewilligungsbescheid unter dem Vorbehalt einer endgültigen Regelung nach vollständiger Aufklärung des entscheidungserheblichen Sachverhaltes zu erlassen. Die Frage,

---

289 Siehe Maurer, Verwaltungsrecht, § 6 Rdnr. 12.

290 Ebenso Dörr, DAngVers. 1983, 378 (379) und 1985, 116 (117).

291 So etwa Meyer-Ladewig, SGG, § 154 Rdnr. 4 und Tannen, DRV 1985, 61 (64).

292 Siehe BVerwGE 67, 99 (103), BVerwGE 74, 357 (365), BSGE 62, 32 (39), BSGE 67, 104 (109), BSG SozR 3 - 1200 § 42 SGB I Nr. 2 sowie BSG Breithaupt 1996, 567 (572).

293 Siehe etwa Friederichs, SozVers. 1976, 86, Martens, DOK 1979, 169 (177), Tiedemann, DÖV 1981, 786, ders., DÖV 1983, 815, Götz, JuS 1983, 924, Peine, DÖV 1986, 849, Martens, DÖV 1987, 992, Bieback, DVBl. 1988, 453, Kopp, DVBl. 1989, 238, Kemper, DVBl. 1989, 981, König, BayVBl. 1989, 33, Schimmelpfennig, BayVBl. 1989, 69, ders. Vorläufige Verwaltungsakte, S. 137 ff., Mrozynski, SGB I, § 42 Rdnr. 21, Hofe, SGb. 1990, 527 (533 ff.) und Maurer, Verwaltungsrecht, § 9 Rdnr. 63 b.

294 Kritisch etwa Henke, DVBl. 1983, 1247, Kreßel, BayVBl. 1989, 65 (69) und Erichsen, Verwaltungsrecht, § 12 Rdnr. 31.

ob für den Erlaß derartiger vorläufiger Verwaltungsakte eine Rechtsgrundlage erforderlich ist und woraus diese sich gegebenenfalls ergibt, wird allerdings kontrovers beantwortet.

aaa. Erfordernis einer Rechtsgrundlage

Vereinzelt wird im Schrifttum die Auffassung vertreten, daß eine gesetzliche Grundlage für den Erlaß eines vorläufigen Verwaltungsaktes nicht erforderlich sei, da dieser ausschließlich eine begünstigende Wirkung entfalte und daher vom Grundsatz des Vorbehaltes des Gesetzes nicht erfaßt werde [295]. Diese Auffassung verkennt jedoch, daß der vorläufige Verwaltungsakt infolge der Einschränkung seiner Bestandskraft und der damit verbundenen Unsicherheit für den Adressaten auch belastende Regelungselemente beinhaltet [296]. Darüber hinaus dürfen gemäß § 31 SGB I Rechte und Pflichten in den Sozialleistungsbereichen des SGB nur begründet, festgestellt, geändert oder aufgehoben werden, soweit ein Gesetz es vorschreibt oder zuläßt. Hiermit wäre es jedoch nicht vereinbar, ohne ausdrückliche gesetzliche Ermächtigung eine Sozialleistung festzustellen, bevor die den Anspruch begründenden Tatsachen nachgewiesen sind [297]. Mit der im Schrifttum herrschenden Auffassung ist daher für den Erlaß eines vorläufigen Verwaltungsaktes eine gesetzliche Ermächtigungsgrundlage zu fordern [298].

bbb. Die §§ 36 VwVfG bzw. 32 SGB X als Rechtsgrundlage vorläufiger Verwaltungsakte

Zahlreiche Stimmen im Schrifttum wollen die Befugnis der Verwaltung zum Erlaß vorläufiger Verwaltungsakte aus der Regelung der §§ 36 VwVfG bzw. 32 SGB X herleiten. Die Vorbehaltsklausel des vorläufigen Verwaltungsaktes wird hierbei entweder als auflösende Befristung [299], als auflösende Bedingung [300], als Vorbehalt des Widerrufs [301] oder als Nebenbestimmung sui generis [302] interpretiert. Diese Auffassung hat jedoch keine Zustimmung verdient.

---

295 So etwa Tiedemann, DÖV 1981, 786 (789 f.) und wohl auch Kopp, DVBl. 1989, 238 (239).

296 Ebenso Schimmelpfennig, Vorläufige Verwaltungsakte, S. 137 und 141 sowie Kreßel, BayVBl. 1989, 65 (68).

297 Siehe Peine, DÖV 1986, 849 (857) und Kreßel, BayVBl. 1989, 65 (66).

298 Siehe insbesondere Götz, JuS 1983, 924 (927), Kreßel, BayVBl. 1989, 65 (68) und Kemper, DVBl. 1989, 981 (985). Unklar demgegenüber BVerwGE 67, 99.

299 So etwa Kemper, DVBl. 1989, 981 (983 und 985).

300 So etwa Kopp, DVBl. 1989, 238 (240) und König, BayVBl. 1989, 33 (36).

301 So etwa Krause, NJW 1981, 81 (86).

(1) Die Vorbehaltsklausel als auflösende Befristung

Die Vorbehaltsklausel des vorläufigen Verwaltungsaktes kann nicht als auflösende Befristung qualifiziert werden. Unter einer auflösenden Befristung ist nach der Definition der §§ 36 Abs. 2 Nr. 1 VwVfG bzw. 32 Abs. 2 Nr. 1 SGB X eine Bestimmung zu verstehen, nach der die Wirksamkeit eines Verwaltungsaktes zu einem bestimmten Zeitpunkt enden soll. In Rechtsprechung [303] und Schrifttum [304] wird hierzu zwar auch der Fall gerechnet, daß die Wirksamkeit des Verwaltungsaktes mit Eintritt eines Ereignisses enden soll, das zwar mit Sicherheit eintreten wird, bei dem der Zeitpunkt des Eintritts jedoch noch offen ist [305]. Im Falle der Vorbehaltsklausel des vorläufigen Verwaltungsaktes ist jedoch nicht nur ungewiß, wann eine endgültige Regelung erfolgen wird, sondern darüber hinaus auch, ob der vorläufige Verwaltungsakt überhaupt jemals durch eine endgültige Regelung abgelöst werden wird [306].

(2) Die Vorbehaltsklausel als auflösende Bedingung

Die Vorbehaltsklausel des vorläufigen Verwaltungsaktes kann auch nicht als auflösende Bedingung qualifiziert werden. Unter einer auflösenden Bedingung ist nach der Definition der §§ 36 Abs. 2 Nr. 2 VwVfG bzw. 32 Abs. 2 Nr. SGB X eine Bestimmung zu verstehen, nach der die Wirksamkeit eines Verwaltungsaktes mit Eintritt eines bestimmten Ereignisses enden soll. Die Vorbehaltsklausel des vorläufigen Verwaltungsaktes macht dessen Wirksamkeit jedoch nicht von einem nach seinem Erlaß eintretenden Ereignis, sondern vom Ergebnis der vollständigen Aufklärung des Sachverhaltes abhängig [307].

(3) Die Vorbehaltsklausel als Vorbehalt des Widerrufs

Die Vorbehaltsklausel des vorläufigen Verwaltungsaktes kann weiterhin auch nicht als Vorbehalt des Widerrufs im Sinne der §§ 36 Abs. 2 Nr. 3 VwVfG bzw.

---

302 So etwa Martens, DÖV 1987, 992 (998 f.), Bieback, DVBl. 1988, 453 (454), Kopp, DVBl. 1989, 238 (241) sowie Hofe, SGb. 1990, 527 (534). Ebenso BSGE 62, 32 (42) und 67, 104 (120).

303 Siehe BVerwGE 60, 269 (275).

304 Siehe Jung, Nebenbestimmungen, S. 81, Brenner, JuS 1996, 281 (283) sowie Meyer in Meyer/Borgs, VwVfG, § 36 Rdnr. 11.

305 Wie z. B. der Tod eines Menschen.

306 Siehe Schimmelpfennig, Vorläufige Verwaltungsakte, S. 114 sowie BSGE 62, 32 (42).

307 Siehe Tiedemann, DÖV 1981, 786 (790), König, BayVBl. 1989, 33 (37), Schimmelpfennig, Vorläufige Verwaltungsakte, S. 115 f., BVerwGE 67, 99 (102) sowie BSGE 62, 32 (42).

32 Abs. 2 Nr. 3 SGB X qualifiziert werden. Zunächst stellt der Vorbehalt des Widerrufs - wie ein Seitenblick auf die Regelungen der §§ 49 Abs. 2 Satz 1 Nr. 1 VwVfG bzw. 46 Abs. 1 SGB X ergibt - nach der Konzeption des Gesetzes ein Instrument zur Änderung oder Aufhebung rechtmäßiger Verwaltungsakte dar. Ein vorläufiger Verwaltungsakt ergeht jedoch gerade dann, wenn das Vorliegen der tatbestandsmäßigen Voraussetzungen für die Bewilligung einer Begünstigung noch nicht sicher festgestellt werden kann und die Rechtmäßigkeit der Bewilligung daher in Zweifel steht [308]. Darüber hinaus darf ein Verwaltungsakt auf Grund eines Widerrufsvorbehaltes gemäß §§ 49 Abs. 2 Satz 1 VwVfG bzw. 46 Abs. 1 SGB X nur mit Wirkung für die Zukunft widerrufen werden. Im Falle eines vorläufigen Verwaltungsaktes ist der Wille der Behörde jedoch darauf gerichtet, dessen Wirkungen von Anfang an zu beseitigen, falls die weiteren Ermittlungen ergeben, daß die tatbestandsmäßigen Voraussetzungen für die Bewilligung der entsprechenden Begünstigung nicht gegeben sind [309].

(4) Die Vorbehaltsklausel als Nebenbestimmung sui generis

Die Vorbehaltsklausel des vorläufigen Verwaltungsaktes kann schließlich auch nicht als Nebenbestimmung sui generis qualifiziert werden. Zwar ist grundsätzlich davon auszugehen, daß der Nebenbestimmungskatalog der §§ 36 Abs. 2 VwVfG bzw. 32 Abs. 2 SGB X nicht als abschließend anzusehen ist [310]. Nach der Regelung der §§ 36 Abs. 1 VwVfG bzw. 32 Abs. 1 SGB X darf ein Verwaltungsakt, auf dessen Erlaß ein Anspruch besteht, jedoch nur dann mit einer Nebenbestimmung versehen werden, wenn sie durch Rechtsvorschrift zugelassen ist oder wenn sie sicherstellen soll, daß die gesetzlichen Voraussetzungen des Verwaltungsaktes erfüllt werden. Der Vorbehalt einer endgültigen Regelung stellt jedoch keine geeignete Vorkehrung dar, um die Erfüllung der gesetzlichen Voraussetzungen des Verwaltungsaktes sicherzustellen. Ein derartiger Vorbehalt ermöglicht vielmehr lediglich die Beseitigung des Verwaltungsaktes für den Fall,

[308] Siehe Tiedemann, DÖV 1981, 786 (788), Platzer, SGb. 1983, 277 (279 f.), König BayVBl. 1989, 33 (36) sowie Schimmelpfennig, Vorläufige Verwaltungsakte, S. 122.

[309] Siehe Kopp, DVBl. 1989, 238 (239 und 241), Schimmelpfennig, Vorläufige Verwaltungsakte, S. 121 sowie BSGE 62, 32 (42) und 67, 104 (117). Gegen die Qualifizierung der Vorbehaltsklausel als Vorbehalt des Widerrufs auch BVerwGE 67, 99 (102).

[310] Siehe Ule/Laubinger, Verwaltungsverfahrensrecht, § 50 Rdnr. 5, Stelkens in Stelkens/Bonk/Sachs, VwVfG, § 36 Rdnr. 3, Elster, Bedingungen, S. 161 sowie BSGE 62, 32 (42 f).

daß die tatabestandsmäßigen Voraussetzungen für die Bewilligung der entsprechenden Begünstigung nicht gegeben sind [311].

ccc. §§ 10 VwVfG bzw. 9 SGB X als Rechtsgrundlage vorläufiger Verwaltungsakte

Ein weiterer Teil des Schrifttums sieht in den Regelungen der §§ 10 VwVfG bzw. 9 SGB X eine Rechtsgrundlage für den Erlaß vorläufiger Verwaltungsakte [312]. Diese Auffassung vermag jedoch ebenfalls nicht zu überzeugen. Die §§ 10 VwVfG bzw. 9 SGB X regeln lediglich die Ausgestaltung des Verwaltungsverfahrens, nicht jedoch dessen mögliche Ergebnisse. Aus diesen Vorschriften kann daher allenfalls die verfahrensrechtliche Zulässigkeit vorläufiger Verwaltungsakte, nicht jedoch deren materiellrechtliche Zulässigkeit abgeleitet werden [313].

ddd. § 17 Abs. 1 Nr. SGB I als Rechtsgrundlage vorläufiger Verwaltungsakte

Nach Auffassung des 4. Senats des BSG kann im Bereich des Sozialrechts weiterhin die Regelung des § 17 Abs. 1 Nr. 1 SGB I als Rechtsgrundlage für den Erlaß vorläufiger Verwaltungsakte herangezogen werden [314]. Auch diese Auffassung hat jedoch keine Zustimmung verdient. § 17 Abs. 1 Nr. 1 SGB I statuiert lediglich allgemeine Leitvorstellungen des Gesetzgebers über die Art und Weise der Ausführung von Sozialleistungen [315]. Als Ermächtigungsgrundlage für den Erlaß eines vorläufigen Verwaltungsaktes ist diese Regelung demgegenüber nicht hinreichend bestimmt [316]. Darüber hinaus wären die besonderen Regelungen der §§ 42 und 43 SGB I über die Gewährung von Vorschüssen nicht verständlich, wenn sich bereits aus § 17 Abs. 1 Nr. 1 SGB I eine allgemeine Ermächtigung der Verwaltung zur Gewährung vorläufiger Leistungen ergeben würde.

---

[311] Siehe Tiedemann, DÖV 1981, 786 (790) sowie Schimmelpfennig, Vorläufige Verwaltungsakte, S. 128 f.

[312] So etwa Lutz in Finkelnburg/Lässig, VwVfG, § 10 Rdnr. 18, Peine, DÖV 1986, 849 (857) und Schimmelpfennig, BayVBl. 1989, 69 (74). Ebenso BSGE 67, 104 (120).

[313] Ebenso Götz, JuS 1983, 924 (927) und Kemper, Vorläufiger Verwaltungsakt, S. 122 f.

[314] Siehe BSGE 67, 104 (120).

[315] Siehe Rode in Bochumer Kommentar, § 17 Rdnrn. 1 bis 3 sowie BT-Drucks. 7/868, S. 26.

[316] Ebenso neuerdings der 5. Senat des BSG, siehe Breithaupt 1997, 241 (244).

eee. § 123 VwGO als Rechtsgrundlage vorläufiger Verwaltungsakte

Ein weiterer Teil des Schrifttums will schließlich die Regelung des § 123 VwGO als Rechtsgrundlage für den Erlaß vorläufiger Verwaltungsakte heranziehen [317]. Diese Auffassung erscheint überzeugend. Aufgabe der Verwaltungs- und Sozialgerichtsbarkeit ist die Gewährung von Rechtsschutz gegenüber Maßnahmen der Verwaltung. Die Verwaltung muß daher in gleichem Umfang zur vorläufigen Regelung eines Sachverhaltes berechtigt sein, wie die sie kontrollierende Gerichtsbarkeit. Es wäre nicht nur in hohem Maße unzweckmäßig, sondern auch mit dem verfassungsrechtlichen Grundsatz der Gewaltenteilung nicht vereinbar, wenn die für den Erlaß eines Verwaltungsaktes zuständige Verwaltungsbehörde einen Antragsteller bei Vorliegen der Voraussetzungen für den Erlaß einer einstweiligen Anordnung gemäß § 123 Abs. 1 VwGO an das Verwaltungs- oder Sozialgericht verweisen müßte [318]. Die Regelung des § 123 Abs. 1 VwGO ist daher im Verwaltungsverfahren entsprechend anwendbar [319].

bb. Die Einstufung des Ausführungsbescheides als vorläufiger Verwaltungsakt

Der Ausführungsbescheid erfüllt nur in Ausnahmefällen die zuvor aufgezeigten charakteristischen Wesensmerkmale des vorläufigen Verwaltungsaktes.

Der Erlaß eines vorläufigen Verwaltungsaktes setzt voraus, daß einerseits der Zweck der durch ihn festzustellenden öffentlich-rechtlichen Leistung nur dann erreicht werden kann, wenn sie ohne weitere Verzögerungen erbracht wird, und andererseits das Vorliegen der tatbestandsmäßigen Voraussetzungen für die Bewilligung dieser Leistung derzeit noch nicht abschließend festgestellt werden kann [320]. Diese Voraussetzungen für den Erlaß eines vorläufigen Verwaltungsaktes ergeben sich unmittelbar daraus, daß - wie zuvor dargelegt - als Rechtsgrundlage derartiger Verwaltungsakte die Regelung des § 123 VwGO heranzuziehen ist. Ein Anordnungsgrund für den Erlaß einer einstweiligen Anordnung nach dieser Regelung ist gegeben, wenn entweder die Gefahr besteht, daß durch eine Veränderung des bestehenden Zustandes die Verwirklichung eines

---

[317] So etwa Kopp, BayVBl. 1968, 236, Maurer, Verwaltungsrecht, § 9 Rdnr. 63 b und Schimmelpfennig, Vorläufige Verwaltungsakte, S. 147 ff.

[318] So überzeugend Kopp, BayVBl. 1968, 236 (237).

[319] Der Grundsatz der Gesetzmäßigkeit der Verwaltung steht einer Analogie im Verwaltungsrecht jedenfalls dann nicht entgegen, wenn der Betroffene hierdurch begünstigt wird. Siehe hierzu etwa Sachs in Stelkens/Bonk/Sachs, VwVfG, § 44 Rdnr. 26.

[320] Siehe oben, Abschnitt IV 9 c aa.

Rechts des Antragstellers vereitelt oder wesentlich erschwert werden könnte (§ 123 Abs. 1 Satz 1 VwGO) oder wenn die Regelung eines vorläufigen Zustands in bezug auf ein streitiges Rechtsverhältnis zur Abwendung wesentlicher Nachteile, zur Verhinderung drohender Gewalt oder aus anderen Gründen nötig erscheint (§ 123 Abs. 1 Satz 2 VwGO). Eine einstweilige Anordnung soll verhindern, daß bis zur Entscheidung über die Hauptsache irreversible Fakten geschaffen werden [321]. Aus dieser Funktion der einstweiligen Anordnung folgt, daß ein Anordnungsgrund nicht gegeben ist, wenn der Antragsteller durch das Hauptsacheverfahren rechtzeitigen Rechtsschutz zu erlangen vermag [322]. In gleicher Weise ist der Erlaß eines vorläufigen Verwaltungsaktes als unzulässig anzusehen, wenn der Sachverhalt vollständig aufgeklärt ist und dem bestehenden Regelungsbedarf daher durch den Erlaß eines endgültigen Verwaltungsaktes Rechnung getragen werden kann [323].

Voraussetzung für den Erlaß eines Ausführungsbescheides ist jedoch gerade nicht die Feststellung des Vorliegens der tatbestandsmäßigen Voraussetzungen für die Bewilligung der jeweiligen Begünstigung, sondern lediglich das Vorliegen einer wirksamen Grundregelung, aus der sich die Verpflichtung der Behörde zum Erlaß des betreffenden Verwaltungsaktes ergibt. Hat sich etwa der beklagte Rentenversicherungsträger im Rahmen eines sozialgerichtlichen Verfahrens in einem Vergleich zur Gewährung einer Rente wegen Erwerbsunfähigkeit gemäß §§ 44 SGB VI verpflichtet, so setzt der Erlaß eines entsprechenden Ausführungsbescheides lediglich die Feststellung voraus, daß dieser Vergleich wirksam ist. Zur Prüfung der Frage, ob die tatbestandsmäßigen Voraussetzungen des § 44 SGB VI erfüllt sind, ist der Rentenversicherungsträger in diesem Falle demgegenüber weder berechtigt noch verpflichtet. Steht die Wirksamkeit des Vergleiches außer Frage, so fehlt es an der für den Erlaß eines vorläufigen Verwaltungsaktes erforderlichen Ungewißheit über die Sachlage. Der Rentenversicherungsträger ist daher selbst dann zum Erlaß eines endgültigen Rentenbescheides verpflichtet, wenn er das Vorliegen der Voraussetzungen des § 44 SGB VI bezweifelt oder sogar davon überzeugt ist, daß diese nicht gegeben sind.

An der für den Erlaß eines vorläufigen Verwaltungsaktes erforderlichen Ungewißheit über die Sachlage fehlt es selbst dann, wenn die dem Ausführungsbescheid zu Grunde liegende Einzelfallregelung ihrerseits nur vorläufigen Charakter

---

[321] Siehe Schoch in Schoch/Schmidt-Aßmann/Pietzner (Hrsg.), VwGO, § 123 Rdnr. 10.

[322] Siehe Schoch in Schoch/Schmidt-Aßmann/Pietzner (Hrsg.), VwGO, § 123 Rdnr. 81 sowie VGH BW, NVwZ - RR 1989, 478 (479).

[323] Ebenso Schimmelpfennig, Vorläufige Verwaltungsakte, S. 156.

hat [324]. Auch in diesem Fall setzt die Verpflichtung der Behörde zum Erlaß des Ausführungsbescheides lediglich die Feststellung voraus, daß die Grundregelung wirksam ist. Steht die Wirksamkeit der Grundregelung außer Frage, so ist die Behörde daher auch in diesem Falle grundsätzlich zum Erlaß eines endgültigen Verwaltungsaktes verpflichtet [325]. Eine Ausnahme von diesem Grundsatz ist allerdings dann anzunehmen, wenn die Grundregelung die Behörde ausdrücklich lediglich zum Erlaß eines vorläufigen Verwaltungsaktes verpflichtet. Eine derartige auf den Erlaß eines vorläufigen Verwaltungsaktes beschränkte Verpflichtung der Behörde ist etwa im Rahmen einer einstweiligen Anordnung grundsätzlich als zulässig anzusehen, da eine derartige Anordnung keine dauerhafte, sondern lediglich eine vorübergehende Regelung des streitigen Rechtsverhältnisses bewirken soll [326].

d. Der Ausführungsbescheid als auflösend bedingter Verwaltungsakt

Eine Bindung der Wirksamkeit des Ausführungsbescheides an den Bestand der ihm zu Grunde liegenden Einzelfallregelung kann daher nur durch eine auflösende Bedingung im Sinne der §§ 36 Abs. 2 Nr. 2 VwVfG bzw. 32 Abs. 2 Nr. 2 SGB X erreicht werden [327]. Als zukünftiges, die Wirksamkeit des Ausführungsbescheides beendendes Ereignis ist hierbei die Abänderung oder Aufhebung der Grundregelung zu bestimmen. Eine konkludente Ermächtigung der verpflichteten Behörde zur Beifügung einer derartigen Nebenbestimmung ist immer dann anzunehmen, wenn die Grundregelung lediglich vorläufigen Charakter hat, wie z. B. ein nicht rechtskräftiges Urteil oder eine einstweilige Anordnung. Die auflösende Bedingung kann hierbei sowohl in ausdrücklicher wie auch in konkludenter Form in den Ausführungsbescheid aufgenommen werden. Als konkludente Erklärung einer auflösenden Bedingung kann z. B. der Hinweis angesehen werden, daß auf Grund des Ausführungsbescheides gewährte Leistungen im Falle einer Aufhebung der ihm zu Grunde liegenden Einzelfallregelung wieder zurückgefordert werden können [328].

---

[324] Wie z. B. eine einstweilige Anordnung oder ein noch nicht rechtskräftiges sozialgerichtliches Urteil.

[325] Siehe Dörr, DAngVers. 1992, 97 (100), für Ausführungsbescheide, die auf Grund eines nicht rechtskräftigen sozialgerichtlichen Urteils erlassen wurden und wohl auch Kopp, VwGO, § 123 Rdnr. 42 a, für Ausführungsbescheide, denen eine einstweilige Anordnung zu Grunde liegt.

[326] Ebenso Kopp, VwGO, § 123 Rdnr. 11 und Redeker/v. Oertzen, VwGO, § 123 Rdnr. 13.

[327] Ebenso Dörr, DAngVers. 1983, 378 (379 f.) und Ebsen, Jahrbuch, S. 398 f.

[328] Formulierungsbeispiele bei Dörr, DAngVers. 1983, 378 (378 und 381) sowie Knauf, SozVers. 1986, 143.

In Fällen, in denen die Wirksamkeit des Ausführungsbescheides nicht durch eine derartige auflösende Bedingung vom Bestand der ihm zu Grunde liegenden Einzelfallregelung abhängig gemacht wurde, hat die Änderung oder Aufhebung der Grundregelung keine unmittelbaren Auswirkungen auf dessen eigenen Bestand. Die Wirksamkeit des Ausführungsbescheides kann in einem derartigen Fall nur durch eine Aufhebung nach §§ 48 ff. VwVfG bzw. 44 ff. SGB X beendet werden.

Die Richtigkeit der hier gefundenen Antwort auf die Frage, welche Konsequenzen sich aus einer Änderung oder Aufhebung der ihm zu Grunde liegenden Einzelfallregelung für den Bestand des Ausführungsbescheides ergeben, wird bestätigt durch einen Seitenblick auf zwei ähnlich gelagerte Problemkonstellationen: Die Auswirkungen der Aufhebung eines Zwischen- oder Grundurteils nach §§ 280 bzw. 304 ZPO auf ein bereits ergangenes Endurteil und die Auswirkungen der Aufhebung eines Vorbescheides auf den abschließenden Genehmigungsbescheid im Rahmen eines gestuften Verwaltungsverfahrens.

aa. Die Auswirkungen der Aufhebung eines Zwischen- und Grundurteils nach §§ 280 bzw. 304 ZPO auf ein bereits ergangenes Endurteil

Gemäß § 280 Abs. 1 ZPO kann das Gericht im Rahmen eines Zivilprozesses anordnen, daß über die Zulässigkeit der Klage abgesondert verhandelt wird. Ergeht in diesem Verfahren ein Zwischenurteil, so ist es gemäß § 280 Abs. 2 Satz 1 ZPO in betreff der Rechtsmittel als Endurteil anzusehen und kann damit mit den Rechtsmitteln angefochten werden, die gegen ein Endurteil gegeben sind. Gemäß § 280 Abs. 2 Satz 2 ZPO kann das Gericht auf Antrag zugleich anordnen, daß parallel hierzu zur Hauptsache zu verhandeln ist. Trifft das Gericht eine entsprechende Anordnung, so kann hierdurch die Situation entstehen, daß das Rechtsmittelgericht das Zwischenurteil aufhebt und die Klage als unzulässig abweist, während das Gericht der ersten Instanz der Klage bereits rechtskräftig stattgegeben hat. Ist ein Anspruch nach Grund und Betrag streitig, so kann das Gericht gemäß § 304 Abs. 1 ZPO über den Grund vorab entscheiden. Das Urteil ist gemäß § 304 Abs. 2 Halbsatz 1 ZPO in betreff der Rechtsmittel ebenfalls als Endurteil anzusehen und kann daher wiederum mit den Rechtsmitteln angefochten werden, die gegen ein Endurteil gegeben sind. Ist der Anspruch für begründet erklärt, so kann das Gericht gemäß § 304 Abs. 2 Halbsatz 2 ZPO zugleich anordnen, daß parallel hierzu über den Betrag zu verhandeln ist. Trifft das Gericht eine entsprechende Anordnung, so kann die Situation entstehen, daß das Rechtsmittelgericht das Grundurteil aufhebt und die Klage abweist, während das

Gericht der ersten Instanz im Betragsverfahren dem Kläger einen bestimmten Betrag bereits rechtskräftig zugesprochen hat.

In beiden Fällen stellt sich die Frage, welche Konsequenzen sich aus der Aufhebung des Zwischen- bzw. Grundurteils für das Endurteil ergeben. Im Schrifttum wird diese Frage einhellig dahingehend beantwortet, daß das Endurteil durch die Aufhebung des Zwischen- bzw. Grundurteils auflösend bedingt ist und daher mit der Aufhebung des Zwischen- bzw. Grundurteils ebenfalls automatisch seine Wirksamkeit verliert [329].

bb. Die Auswirkungen der Aufhebung eines Vorbescheides auf den abschließenden Genehmigungsbescheid im gestuften Verwaltungsverfahren

In bau-, immissionsschutz- und atomrechtlichen Genehmigungsverfahren kann vor Erlaß eines abschließenden Genehmigungsbescheides das Vorliegen einzelner Genehmigungsvoraussetzungen durch einen Vorbescheid festgestellt werden (sogenanntes „gestuftes Verwaltungsverfahren") [330]. Verfährt die Genehmigungsbehörde in dieser Weise, so kann hierdurch die Situation eintreten, daß nach Erlaß des abschließenden Genehmigungsbescheides der Vorbescheid im Rahmen einer Anfechtungsklage durch das Gericht oder nach §§ 48 ff. VwVfG durch die Verwaltung aufgehoben wird. In einem derartigen Falle stellt sich die Frage, welche Konsequenzen sich aus der Aufhebung des Vorbescheides für den abschließenden Genehmigungsbescheid ergeben. In Rechtsprechung [331] und Schrifttum [332] wird diese Frage einhellig dahingehend beantwortet, daß der abschließende Genehmigungsbescheid durch die Aufhebung des Vorbescheides auflösend bedingt ist und daher mit dessen Aufhebung ebenfalls automatisch seine Wirksamkeit verliert.

---

[329] Siehe etwa Arens/Lüke, Zivilprozeßrecht, Rdnrn. 157 und 324, Rosenberg/Schwab/Gottwald, Zivilprozeßrecht, § 59 III 2 und IV 5 d sowie Schiedermair, JuS 1961, 212 (214 ff.). Ebenso für Zwischenurteile nach § 109 VwGO Clausing in Schoch/Schmidt-Aßmann/Pietzner (Hrsg.), VwGO, § 109 Rdnr. 8, Kopp, VwGO, § 109 Rdnr. 8 und Redeker/v. Oertzen, VwGO, § 109 Rdnr. 5.

[330] Siehe hierzu allgemein Kopp, VwVfG, § 9 Rdnr. 40 und Maurer, Verwaltungsrecht, § 19 Rdnr. 7 a.

[331] Siehe etwa BVerwGE, DVBl. 1982, 960 (961), BVerwGE 70, 365 (373) und BVerwGE 80, 21 (30).

[332] Siehe etwa Kopp, VwVfG § 9 Rdnr. 42, Mann, Gestuftes Verwaltungsverfahren, S. 221 und Schenke, DÖV 1990, 489 (498).

## 10. Die Regelungen der §§ 44 VwVfG und 40 SGB X

Die §§ 44 VwVfG und 40 SGB X regeln die Nichtigkeit des Verwaltungsaktes. Die Vorschriften stehen in einem engen systematischen Zusammenhang mit den Regelungen der §§ 43 Abs. 3 VwVfG bzw. 39 Abs. 3 SGB X, nach denen ein nichtiger Verwaltungsakt als unwirksam anzusehen ist.

Nach der Generalklausel der §§ 44 Abs. 1 VwVfG bzw. 40 Abs. 1 SGB X ist ein Verwaltungsakt grundsätzlich dann als nichtig anzusehen, wenn er an einem besonders schwerwiegenden Fehler leidet und dies bei verständiger Würdigung aller in Betracht kommender Umstände offenkundig ist. Die §§ 44 Abs. 2 VwVfG und 40 Abs. 2 SGB X normieren besondere Fehlertatbestände, deren Vorliegen unabhängig von der Erfüllung der Voraussetzungen der §§ 44 Abs. 2 VwVfG bzw. 40 Abs. 2 SGB X die Nichtigkeit des Verwaltungsaktes zur Folge hat. Die §§ 44 Abs. 3 VwVfG und 40 Abs. 3 SGB X normieren schließlich solche Tatbestände, die nicht zur Nichtigkeit eines Verwaltungsaktes führen. In inhaltlicher Hinsicht unterscheiden sich die Regelungen des § 44 VwVfG und des § 40 SGB X lediglich dadurch, daß der Katalog des § 44 Abs. 2 VwVfG im Unterschied zum Katalog des § 40 Abs. 2 SGB X auch den Fall umfaßt, daß die Behörde den Verwaltungsakt außerhalb ihrer durch § 3 Abs. 1 Nr. 1 VwVfG begründeten Zuständigkeit erlassen hat [333].

Bei der Anwendung der §§ 44 VwVfG bzw. 40 SGB X auf den Ausführungsbescheid stellt sich die Frage, welche Konsequenzen sich aus der Nichtigkeit der ihm zu Grunde liegenden Einzelfallregelung für seine eigene Wirksamkeit ergeben [334].

In Rechtsprechung [335] und Schrifttum [336] wird im Zusammenhang mit der Ausführung öffentlich-rechtlicher Verpflichtungsverträge die Auffassung vertreten, daß die Nichtigkeit der ihm zu Grunde liegenden Einzelfallregelung auch die

---

[333] Zu den Gründen für diese Abweichung siehe Krause in Gemeinschaftskommentar, § 40 Rdnr. 2.

[334] Beispiel: Die zuständige Bauaufsichtsbehörde verpflichtet sich in einem Vergleichsvertrag gemäß § 55 VwVfG zur Erteilung einer gegen nachbarschützende Bestimmungen des Bauordnungsrechts verstoßenden Baugenehmigung und erläßt einen entsprechenden Ausführungsbescheid. Der betroffene Nachbar hat dem Vertrag nicht zugestimmt. Es stellt sich daher die Frage, ob die Nichtigkeit des Vergleichsvertrages (siehe § 58 Abs. 1 VwVfG) zugleich auch die Nichtigkeit der zu seiner Ausführung erlassenen Baugenehmigung zur Folge hat.

[335] So BVerwGE 17, 339 (341).

[336] So Fluck, Erfüllung, S. 108 ff.

Nichtigkeit des Ausführungsbescheides zur Folge habe. Begründet wird die Nichtigkeit des Ausführungsbescheides in derartigen Fällen mit einer analogen Anwendung der Regelungen der §§ 44 Abs. 4 VwVfG bzw. 40 Abs. 4 SGB X auf das Verhältnis zwischen Grundregelung und Ausführungsbescheid [337] sowie mit der Lehre vom Wegfall bzw. Fehlen der Geschäftsgrundlage [338]. Diese Auffassung hat jedoch keine Zustimmung verdient.

### a. Analoge Anwendung der §§ 44 Abs. 4 VwVfG bzw. 40 Abs. 4 SGB X

Die in ihrem Wortlaut übereinstimmenden §§ 44 Abs. 4 VwVfG bzw. 40 Abs. 4 SGB X regeln die Folgen der teilweisen Nichtigkeit eines Verwaltungsaktes. Betrifft ein Nichtigkeitstatbestand nur einen Teil eines Verwaltungsaktes, so ist er demnach nur dann im ganzen nichtig, wenn der nichtige Teil so wesentlich ist, daß die Behörde ihn ohne diesen Teil insgesamt nicht erlassen hätte. Eine analoge Anwendung dieser Regelungen auf das Verhältnis zwischen Grundregelung und Ausführungsbescheid würde bedeuten, daß im Falle einer Nichtigkeit der Grundregelung auch der zu ihrer Ausführung erlassene Ausführungsbescheid als nichtig anzusehen wäre, wenn anzunehmen ist, daß die Behörde ihn in Kenntnis der Nichtigkeit der Grundregelung nicht erlassen hätte. Die Voraussetzungen für eine derartige Analogie sind jedoch nicht gegeben.

#### aa. Vorliegen einer Regelungslücke

Die analoge Anwendung einer Norm auf einen von ihrem Wortlaut nicht erfaßten Sachverhalt setzt zunächst das Vorliegen einer planwidrigen Regelungslücke voraus [339]. Das VwVfG und das SGB X haben zwar hinsichtlich der Auswirkungen, die sich aus der Nichtigkeit der einem Ausführungsbescheid zu Grunde liegenden Einzelfallregelung für dessen eigene Wirksamkeit ergeben, keine besonderen Regelungen getroffen. Sie haben jedoch in den §§ 48 ff. VwVfG bzw. 44 ff. SGB X allgemein geregelt, welche Konsequenzen sich aus der Feststellung ergeben, daß ein Verwaltungsakt ohne gesetzliche Grundlage erlassen wurde bzw. die rechtliche oder tatsächliche Grundlage eines Verwaltungsaktes nach seinem Erlaß entfallen ist. Der Verwaltungsakt kann bzw. muß in diesem Falle nach Maßgabe dieser Bestimmungen aufgehoben werden. Gegen eine Anwendung dieser Bestimmungen auf einen Ausführungsbescheid, der auf einer nichti-

---

[337] So Fluck, Erfüllung, S. 112 ff.

[338] So BVerwGE 17, 339 (341).

[339] Siehe Larenz, Methodenlehre, S. 370.

gen Grundregelung beruht, bestehen jedoch keine Bedenken [340]. Eine die analoge Anwendung der §§ 44 Abs. 4 VwVfG bzw. 40 Abs. 4 SGB X rechtfertigende Regelungslücke liegt mithin nicht vor.

bb. Vergleichbare Interessenlage der Beteiligten

Voraussetzungen für die analoge Anwendung einer Norm auf einen von ihrem Wortlaut nicht erfaßten Sachverhalt ist weiterhin, daß dieser Sachverhalt nach der Interessenlage der beteiligten Rechtssubjekte mit dem vom Wortlaut der Norm geregelten Sachverhalt vergleichbar ist [341]. Die §§ 44 Abs. 4 VwVfG bzw. 40 Abs. 4 SGB X ermöglichen die Aufspaltung einer nichtigen Gesamtregelung in zwei Teilregelungen, von denen eine nichtig und die andere wirksam ist. Ohne die Möglichkeit einer derartigen Aufspaltung wäre der nur teilweise von einem Nichtigkeitstatbestand betroffene Verwaltungsakt insgesamt als nichtig anzusehen. Die Regelungen der §§ 44 Abs. 4 VwVfG bzw. 40 Abs. 4 SGB X sind demnach darauf gerichtet, die Wirksamkeit eines nur teilweise von einem Nichtigkeitstatbestand betroffenen Verwaltungsaktes so weit wie möglich zu erhalten [342]. Sie entfalten damit aus der Sicht desjenigen, dessen Interesse auf einen Fortbestand des von dem Nichtigkeitstatbestand nicht betroffenen Regelungsteiles gerichtet ist, eine begünstigende und aus der Sicht desjenigen, dessen Interesse auf eine vollständige Unwirksamkeit der Gesamtregelung gerichtet ist, eine belastende Wirkung.

Im Falle ihrer Anwendung auf das Verhältnis von Ausführungsbescheid und Grundregelung würden die Regelungen der §§ 44 Abs. 4 VwVfG bzw. 40 Abs. 4 SGB X eine dieser Zwecksetzung genau entgegengesetzte Wirkung entfalten. Sie würden in diesem Falle zwei selbständige Regelungen, von denen eine nichtig und eine wirksam ist, zu einer insgesamt unwirksamen Gesamtregelung zusammenfügen und damit entgegen ihrer Zwecksetzung keine geltungserhaltende, sondern - in bezug auf den von einem Nichtigkeitstatbestand nicht betroffenen Ausführungsbescheid - eine geltungszerstörende Wirkung entfalten. Damit

---

340 Siehe Bonk in Stelkens/Bonk/Sachs, VwVfG, § 54 Rdnr. 65, § 58 Rdnr. 14 und § 59 Rdnr. 9 sowie Maurer, Verwaltungsrecht, § 14 Rdnr. 46.

341 Siehe Larenz, Methodenlehre, S. 381.

342 Siehe BT-Drucks. 7/910, S. 65, wonach die Nichtigkeit des gesamten Verwaltungsaktes eine Ausnahme darstellen soll. Die §§ 44 Abs. 4 VwVfG bzw. 40 Abs. 4 SGB X haben die Folgen der teilweisen Nichtigkeit eines Verwaltungsaktes daher bewußt abweichend von der zivilrechtlichen Parallelvorschrift des § 139 BGB geregelt, nach der im Falle der teilweisen Nichtigkeit eines Rechtsgeschäftes die Nichtigkeit des gesamten Rechtsgeschäftes vermutet wird.

würde sich ihr Charakter aus der Sicht desjenigen, dessen Interesse auf einen Fortbestand des von einem Nichtigkeitstatbestand nicht betroffenen Regelungsteiles (im konkreten Fall der Ausführungsbescheid) gerichtet ist, von einer begünstigenden zu einer belastenden und aus der Sicht desjenigen, dessen Interesse auf eine vollständige Unwirksamkeit der Gesamtregelung (im konkreten Fall die Verbindung von Grundregelung und Ausführungsbescheid) gerichtet ist, von einer belastenden zu einer begünstigenden Regelung wandeln. Der Fall eines auf einer nichtigen Grundlage beruhenden Ausführungsbescheides ist daher nach der Interessenlage der beteiligten Rechtssubjekte mit dem von §§ 44 Abs. 4 VwVfG bzw. 40 Abs. 4 SGB X geregelten Fall eines teilweise nichtigen Verwaltungsaktes nicht vergleichbar.

b. Anwendung der Lehre vom Wegfall bzw. Fehlen der Geschäftsgrundlage

Nach der Lehre vom Fehlen oder Wegfall der Geschäftsgrundlage soll beim Fehlen oder späteren Wegfall bestimmter für den Abschluß eines Vertrages grundlegender Umstände der Vertrag den veränderten Umständen angepaßt oder aufgelöst werden. Als Geschäftsgrundlage wird hierbei ein Umstand angesehen, der mindestens von einer Vertragspartei bei Abschluß des Vertrages als für den Vertragsschluß wesentlich vorausgesetzt wurde und auf dessen Berücksichtigung sich die andere Partei redlicherweise hätte einlassen müssen [343]. Auch diese Lehre vermag jedoch die Auffassung, daß die Nichtigkeit der ihm zu Grunde liegenden Einzelfallregelung zugleich auch die Nichtigkeit des Ausführungsbescheides zur Folge habe, nicht zu begründen.

Zunächst ist bereits zweifelhaft, ob die Grundsätze dieser Lehre auf einen Verwaltungsakt überhaupt anwendbar sind. Die Lehre vom Wegfall bzw. Fehlen der Geschäftsgrundlage beruht auf dem Grundsatz von Treu und Glauben gemäß § 242 BGB [344]. Die Anwendung dieser Regelung setzt jedoch - ebenso wie die Analogie - das Vorliegen einer Regelungslücke voraus [345]. Der Gesetzgeber hat jedoch - wie zuvor bereits festgestellt - in den §§ 48 ff. VwVfG bzw. 44 ff. SGB X umfassend geregelt, welche Konsequenzen sich aus der Feststellung ergeben, daß ein Verwaltungsakt ohne gesetzliche Grundlage erlassen wurde bzw. die rechtliche oder tatsächliche Grundlage eines Verwaltungsaktes nach seinem Erlaß entfallen ist. Insbesondere die §§ 49 Abs. 2 Satz 1 Nr. 3 VwVfG und 48

---

343 Siehe Brox, Schuldrecht AT, Rdnr. 84.

344 Siehe Heinrichs in Palandt, BGB, § 242, Rdnrn. 110 ff. sowie BVerwGE 17, 339 (341).

345 Siehe Brox, Schuldrecht AT, Rdnr. 76.

Abs. 1 SGB X eröffnen der Verwaltung die Möglichkeit, einen Verwaltungsakt an veränderte tatsächliche Umstände anzupassen. Für einen Rückgriff auf den Grundsatz von Treu und Glauben besteht daher kein Bedürfnis [346].

Darüber hinaus ist das Verhältnis zwischen dem Ausführungsbescheid und der ihm zu Grunde liegenden Einzelfallregelung dem Verhältnis zwischen Verpflichtungs- und Erfüllungsgeschäft im zivilrechtlichen Vertragsrecht vergleichbar [347]. Für das Verhältnis dieser Rechtsgeschäfte zueinander ist jedoch anerkannt, daß die Lehre vom Wegfall bzw. Fehlen der Geschäftsgrundlage nicht zur Anwendung kommt. Rechtsprechung [348] und Schrifttum [349] gehen hier vielmehr einhellig davon aus, daß die Wirksamkeit des Verfügungsgeschäftes unabhängig von der Wirksamkeit des Verpflichtungsgeschäftes zu beurteilen ist (sog. „Abstraktionsgrundsatz"). Demgemäß hat etwa die Nichtigkeit eines Verpflichtungsgeschäftes wegen Sittenwidrigkeit gemäß § 138 Abs. 1 BGB nicht notwendigerweise auch die Nichtigkeit eines zu seiner Erfüllung getätigten Verfügungsgeschäftes zur Folge. Dieses ist vielmehr nur dann als nichtig anzusehen, wenn es auch selbst gegen die guten Sitten verstößt [350].

Nach alledem ist davon auszugehen, daß die Nichtigkeit der ihm zu Grunde liegenden Einzelfallregelung nicht automatisch zugleich auch die Nichtigkeit des Ausführungsbescheides zur Folge hat. Dieser ist vielmehr nur dann als nichtig anzusehen, wenn er selbst von einem der Nichtigkeitstatbestände der §§ 44 Abs. 1 oder 2 VwVfG bzw. 40 Abs. 1 oder 2 SGB X betroffen ist [351].

---

[346] Ebenso Kopp, VwVfG, § 48 Rdnr. 1 und Krause, Rechtsformen, S. 169.

[347] Siehe Schimpf, Vertrag, S. 75 und Baumanns, Zwangsvollstreckung, S. 20.

[348] So bereits RGZ 63, 179 (185 f.) sowie BGH NJW 1990, 384 (385).

[349] Siehe Larenz, BGB AT, § 18 II d sowie Heinrichs in Palandt, BGB, § 138 Rdnr. 20.

[350] Siehe Larenz, BGB AT, § 22 III c. Eine Ausnahme von diesem Grundsatz ist nur dann anzunehmen, wenn das Verpflichtungs- und das Verfügungsgeschäft durch die Vertragsparteien zu einer Einheit zusammengefügt wurden. Siehe hierzu Heinrichs in Palandt, BGB, § 139 Rdnr. 7 und BGHZ 31, 321 (323).

[351] Ebenso Bonk in Stelkens/Bonk/Sachs, VwVfG § 59 Rdnr. 9, Maurer, Verwaltungsrecht, § 14 Rdnr. 46 und wohl auch Henke, DÖV 1987, 125 (126). In dem Beispielsfall Fn. 334 wäre die Baugenehmigung demnach zwar rechtswidrig, aber nicht nichtig. Sie könnte daher bei Vorliegen der sonstigen Rücknahmevoraussetzungen dieser Vorschrift nach Maßgabe des § 48 VwVfG zurückgenommen werden.

## 11. Die Regelungen der §§ 45 VwVfG und 41 SGB X

Die §§ 45 VwVfG und 41 SGB X eröffnen der Behörde die Möglichkeit, die Rechtswidrigkeit eines Verwaltungsaktes durch Nachholung einer fehlerhaften oder unterbliebenen Verfahrenshandlung zu heilen. In inhaltlicher Hinsicht unterscheiden sich beide Regelungen zunächst dadurch, daß der Katalog des § 41 Abs. 1 SGB X im Unterschied zum Katalog des § 45 Abs. 1 VwVfG auch den Fall umfaßt, daß die erforderliche Hinzuziehung eines Beteiligten nachgeholt wird [352]. Ein weiterer Unterschied zwischen beiden Regelungen besteht hinsichtlich des Zeitpunktes, bis zu dem die Nachholung der fehlerhaften oder unterbliebenen Verfahrenshandlung spätestens erfolgt sein muß. Während eine Nachholung nach § 45 Abs. 2 VwVfG bis zum Abschluß eines verwaltungsgerichtlichen Verfahrens möglich ist, kann die Verfahrenshandlung nach § 41 Abs. 2 SGB X nur bis zum Abschluß eines Vorverfahrens oder, falls ein Vorverfahren nicht stattfindet, bis zur Erhebung einer verwaltungs- oder sozialgerichtlichen Klage nachgeholt werden [353].

Die Regelungen der §§ 45 VwVfG und 41 SGB X sind für den Ausführungsbescheid nur von begrenzter praktischer Bedeutung, da der Erlaß eines Ausführungsbescheides die Vornahme der in §§ 45 Abs. 1 VwVfG bzw. 41 Abs. 1 SGB X aufgeführten Verfahrenshandlungen nur in Ausnahmefällen voraussetzt.

### a. Nachholung der Antragstellung (Abs. 1 Nr. 1)

Nach §§ 45 Abs. 1 Nr. 1 VwVfG bzw. 41 Abs. 1 Nr. 1 SGB X kann ein infolge eines fehlenden Antrages rechtswidriger Verwaltungsakt dadurch geheilt werden, daß der für seinen Erlaß erforderliche Antrag nachträglich gestellt wird. Bei der Anwendung dieser Regelungen auf den Ausführungsbescheid ist zu beachten, daß diesem unmittelbar keine Rechtsnorm, sondern eine diese konkretisierende Einzelfallregelung zu Grunde liegt. Die Frage, ob der Erlaß eines Ausführungsbescheides einen Antrag des Adressaten voraussetzt, ist daher nicht nach Maßgabe der ihm nur mittelbar zu Grunde liegenden Rechtsnorm, sondern nach Maßgabe der ihm unmittelbar zu Grunde liegenden Einzelfallregelung zu beantworten. Wird etwa die zuständige Behörde durch ein verwaltungsgerichtliches

---

[352] Siehe § 41 Abs. 1 Nr. 6 SGB X. Zur Begründung dieser Abweichung siehe BT-Drucks. 8/4022, S. 82.

[353] Diese Abweichung ist darauf zurückzuführen, daß die Neufassung des § 45 Abs. 2 VwVfG durch das Genehmigungsverfahrensbeschleunigungsgesetz vom 12.09.1996 (BGBl. I, S. 1354) bislang noch nicht in das SGB X übernommen wurde.

Verpflichtungsurteil zur Gewährung von Wohngeld verurteilt, so hat sie vor Erlaß eines entsprechenden Ausführungsbescheides nicht mehr zu prüfen, ob der nach § 1 WoGG erforderliche Antrag des Adressaten vorliegt. Sie ist vielmehr unabhängig vom Vorliegen eines derartigen Antrages zur Ausführung des Urteils verpflichtet. Etwas anderes würde nur dann gelten, wenn die Grundregelung die Verpflichtung der Behörde zum Erlaß des Ausführungsbescheides ausdrücklich von einer vorherigen Antragstellung des Adressaten abhängig machen würde. Derartige Fälle sind jedoch allenfalls theoretisch, nicht aber praktisch denkbar. Die Regelungen der §§ 45 Abs. 1 Nr. 1 VwVfG bzw. 41 Abs. 1 Nr. 1 SGB X sind für den Ausführungsbescheid daher ohne praktische Relevanz.

b. Nachholung von Begründung und Anhörung (Abs. 1 Nrn. 2 und 3)

Nach §§ 45 Abs. 1 Nr. 2 VwVfG bzw. 41 Abs. 1 Nr. 2 SGB X kann ein infolge einer fehlenden oder unzureichenden Begründung rechtswidriger Verwaltungsakt geheilt werden, wenn die erforderliche Begründung nachträglich gegeben wird. Das Gleiche gilt gemäß §§ 45 Abs. 1 Nr. 3 VwVfG bzw. 41 Abs. 1 Nr. 3 SGB X für einen infolge einer unterbliebenen Anhörung rechtswidrigen Verwaltungsakt, wenn die erforderliche Anhörung nachgeholt wird. Infolge ihres zumeist begünstigenden Charakters und der Beteiligung des oder der Adressaten an dem zum Erlaß der Grundregelung führenden Verwaltungs- oder Gerichtsverfahren setzen Ausführungsbescheide nur in Ausnahmefällen eine Anhörung oder Begründung voraus [354]. Fälle, in denen ein Ausführungsbescheid infolge einer fehlenden oder unzureichenden Begründung oder infolge einer unterbliebenen Anhörung als rechtswidrig anzusehen ist, dürften daher in der Verwaltungspraxis eine seltene Erscheinung darstellen. Die Regelungen der §§ 45 Abs. 1 Nrn. 2 und 3 VwVfG bzw. 41 Abs. 1 Nrn. 2 und 3 SGB X tangieren den Ausführungsbescheid mithin nur am Rande.

c. Nachträgliche Mitwirkung eines Ausschusses oder einer anderen Behörde (Abs. 1 Nrn. 4 und 5)

Nach §§ 45 Abs. 1 Nrn. 4 und 5 VwVfG bzw. 41 Abs. 1 Nrn. 4 und 5 SGB X kann ein infolge der unterbliebenen Mitwirkung eines Ausschusses oder einer anderen Behörde rechtswidriger Verwaltungsakt durch die Nachholung dieser Mitwirkung geheilt werden. Fälle, in denen die Grundregelung die Verpflichtung der Behörde zum Erlaß eines Ausführungsbescheides von der Mitwirkung einer

---

[354] Siehe oben, Abschnitte IV 1 und IV 4.

anderen Behörde abhängig macht, sind gleichfalls nur theoretisch, nicht jedoch praktisch vorstellbar. Die Regelungen der §§ 45 Abs. 1 Nrn. 4 und 5 VwVfG bzw. 41 Abs. 1 Nrn. 4 und 5 SGB X haben für den Ausführungsbescheid daher gleichfalls keine praktische Bedeutung.

12. Die Regelungen der §§ 46 VwVfG und 42 SGB X

Die §§ 46 VwVfG und 42 Satz 1 SGB X begrenzen den Anspruch auf Aufhebung eines form- oder verfahrensfehlerhaften Verwaltungsaktes. Der Anspruch auf Aufhebung eines derartigen Verwaltungsaktes ist danach ausgeschlossen, wenn offensichtlich ist, daß der Form- oder Verfahrensfehler die Entscheidung in der Sache nicht beeinflußt hat (§ 46 VwVfG) bzw. wenn keine andere Entscheidung in der Sache hätte getroffen werden können (§ 42 Satz 1 SGB X) [355]. Nach der Regelung des § 42 Satz 2 SGB X, für die sich in § 46 VwVfG keine Parallelvorschrift findet [356], gilt die Regelung des § 42 Satz 1 SGB X nicht für Anhörungsfehler.

a. Die Anwendung der §§ 46 VwVfG und 42 SGB X auf begünstigende Ausführungsbescheide

Soweit ein Ausführungsbescheid eine ausschließlich begünstigende Wirkung entfaltet, scheitert ein Anspruch auf Aufhebung bereits daran, daß die nach §§ 42 Abs. 2 VwGO bzw. 54 Abs. 1 Satz 2 SGG erforderliche Beschwer des Adressaten nicht gegeben ist. Die Regelungen der §§ 46 VwVfG bzw. 42 SGB X kommen auf derartige Ausführungsbescheide daher nicht zur Anwendung.

b. Die Anwendung der §§ 46 VwVfG und 42 SGB X auf belastende Ausführungsbescheide

Soweit ein Ausführungsbescheid demgegenüber eine belastende Wirkung entfaltet, ist weiterhin danach zu unterscheiden, ob sein Erlaß eine gebundene Entscheidung [357] oder eine Ermessensentscheidung [358] darstellt. Stellt der Erlaß

---

[355] Diese Abweichung ist - ebenso wie im Falle der §§ 45 Abs. 2 VwVfG und 41 Abs. 2 SGB X - darauf zurückzuführen, daß die Neufassung des § 46 VwVfG durch das Genehmigungsverfahrensbeschleunigungsgesetz vom 12.09.1996 (BGBl. I, S. 1354) bislang noch nicht in das SGB X übernommen wurde.

[356] Zu den Gründen für diese Abweichung siehe BT-Drucks. 8/4022, S. 82 sowie Krause in Gemeinschaftskommentar, § 42 Rdnr. 2.

[357] Beispiel: Auf Grund einer Nachbarklage wird die zuständige Bauaufsichtsbehörde dazu verurteilt, den Abbruch einer ohne Baugenehmigung und unter Mißachtung nachbarschützender

des Ausführungsbescheides eine Ermessensentscheidung dar, so findet die Regelung des § 42 Satz 1 SGB X gleichfalls grundsätzlich keine Anwendung, da in diesem Falle eine andere Entscheidung in der Sache hätte ergehen können [359]. Die Regelung des § 46 VwVfG ist demgegenüber auch auf Ermessensentscheidungen anwendbar, sofern anzunehmen ist, daß die Behörde auch bei Vermeidung des Form- oder Verfahrensfehlers dieselbe Entscheidung getroffen hätte [360].

Da belastende Ausführungsbescheide in der Verwaltungspraxis eine seltene Erscheinung darstellen, sind die Regelungen der §§ 46 VwVfG und 42 SGB X ebenso wie die Regelungen der §§ 45 VwVfG und 41 SGB X für den Ausführungsbescheid nur von begrenzter praktischer Relevanz.

### 13. Die Regelungen der §§ 47 VwVfG und 43 SGB X

Die in ihrem Wortlaut übereinstimmenden §§ 47 VwVfG und 43 SGB X regeln die Umdeutung eines fehlerhaften Verwaltungsaktes in einen fehlerfreien.

In Rechtsprechung und Schrifttum ist umstritten, ob eine Umdeutung nach diesen Vorschriften kraft Gesetzes eintritt oder eines Verwaltungsaktes bedarf. Die Rechtsprechung [361] und ein Teil des Schrifttums [362] vertreten die erstgenannte Auffassung. Zur Begründung dieses Standpunktes wird insbesondere darauf verwiesen, daß die §§ 47 VwVfG und 43 SGB X der Regelung des § 140 BGB nachgebildet seien und die Umdeutung eines privatrechtlichen Rechtsgeschäftes nach dieser Vorschrift nach allgemeiner Auffassung kraft Gesetzes eintrete [363].

---

Bestimmungen errichteten baulichen Anlage anzuordnen. Sie erläßt daraufhin eine entsprechende Abbruchanordnung.

358 Beispiel: Wie der vorherige Fall Fn. 357, jedoch mit dem Unterschied, daß die Bauaufsichtsbehörde lediglich dazu verurteilt wurde, unter Beachtung der Rechtsauffassung des Gerichts über den Erlaß einer Abbruchanordnung zu entscheiden.

359 Zur grundsätzlichen Beschränkung des Anwendungsbereichs des § 42 SGB X auf gebundene Entscheidungen siehe Pickel, SGb. 1985, 532 (539). Ebenso Schenke, DÖV 1986, 305 (315) für die Regelung des § 46 VwVfG in der bis zum Inkrafttreten des Genehmigungsverfahrensbeschleunigungsgesetzes vom 12.09.1996 (BGBl. I, S. 1354) geltenden Fassung.

360 Siehe Bonk, NVwZ 1997, 320 (325), Schmitz/Wessendorf, NVwZ 1996, 955 (958) sowie BT-Drucks. 13/3995, S. 8.

361 Siehe BVerwG NVwZ 1984, 64 sowie BSG Breithaupt 1993, 853 (854).

362 So etwa Laubinger, VerwArch. 1987, 345 ff., Maurer, Verwaltungsrecht, § 10 Rdnr. 44, Sachs in Stelkens/Bonk/Sachs, VwVfG, § 47 Rdnrn. 6 ff. und Ule/Laubinger, Verwaltungsverfahrensrecht, § 60 Rdnr. 20.

363 So insbesondere Maurer, Verwaltungsrecht, § 10 Rdnr. 44 und Sachs in Stelkens/Bonk/Sachs, VwVfG, § 47 Rdnr. 6. Zur Rechtsnatur der Umdeutung nach § 140 BGB als

Bei dieser Argumentation werden jedoch die wesensmäßigen Unterschiede zwischen einem Verwaltungsakt und einem privatrechtlichen Rechtsgeschäft nicht hinreichend beachtet. Das privatrechtlichen Rechtsgeschäft stellt ein Instrument zur freien Gestaltung eines privatrechtlichen Rechtsverhältnisses im Rahmen der durch Art. 2 Abs. 1 GG garantierten Privatautonomie dar [364]. Die Regelung des § 140 BGB hat vor diesem Hintergrund die Funktion, dem Willen der Vertragsparteien so weit als irgend möglich zum Erfolg zu verhelfen [365]. Der Verwaltungsakt stellt demgegenüber ein Instrument zur Konkretisierung einer abstrakt-generellen Regelung auf einen Einzelfall dar [366]. Der Adressat soll dem Verwaltungsakt unmittelbar und ohne Rückgriff auf die ihm zu Grunde liegende gesetzliche Regelung entnehmen können, „was für ihn Rechtens sein soll" [367]. Mit dieser Konkretisierungs- und Klarstellungsfunktion des Verwaltungsaktes wäre es jedoch nicht vereinbar, ihm kraft Gesetzes einen von der Erklärung abweichenden Inhalt zu geben und den Adressaten zur Bestimmung der für ihn geltenden Regelung auf das Gesetz zurückzuverweisen. Eine Umdeutung kann daher nicht kraft Gesetzes, sondern nur durch einen Gestaltungsakt der Verwaltung erfolgen [368]. Ein derartiger Gestaltungsakt erfüllt jedoch alle Begriffsmerkmale eines Verwaltungsaktes im Sinne der §§ 35 Satz 1 VwVfG bzw. 31 Satz 1 SGB X [369].

Bei der Anwendung der §§ 47 VwVfG und 43 SGB X auf den Ausführungsbescheid ist zu beachten, daß diesem unmittelbar keine Rechtsnorm, sondern eine diese konkretisierende Einzelfallregelung zu Grunde liegt. Die Frage, ob ein Ausführungsbescheid als „fehlerhaft" im Sinne der §§ 47 Abs. 1 VwVfG bzw. 43 Abs. 1 SGB X anzusehen ist, ist daher nicht am Maßstab der ihm nur mittelbar zu Grunde liegenden gesetzlichen Regelung, sondern am Maßstab der ihm un-

---

richterlicher Erkenntnisakt siehe Heinrichs in Palandt, BGB, § 140 Rdnr. 1 mit zahlreichen weiteren Nachweisen.

364 Siehe hierzu Larenz, BGB AT, § 2 II e.

365 Siehe hierzu Mayer-Maly in MK BGB, § 140 Rdnr. 1.

366 Siehe Erichsen, Verwaltungsrecht, § 12 Rdnr. 5.

367 So bereits Mayer, Verwaltungsrecht, S. 95.

368 Ebenso Kopp, VwVfG, § 47 Rdnr. 4, Schenke, DVBl. 1987, 641 (646 ff.), ders., NVwZ 1988, 1 (5), Wirth, Umdeutung, S. 75 ff., Krause in Gemeinschaftskommentar, § 47 Rdnr. 15, Pickel, SGb. 1985, 532 (539) sowie BayVGH, BayVBl. 1984, 20 (21) und 1992, 401 (402).

369 Ebenso Schenke, DVBl. 1987, 641 (647) und Wirth, Umdeutung, S. 112 ff.

mittelbar zu Grunde liegenden Einzelfallregelung zu entscheiden [370]. Entspricht der Ausführungsbescheid dieser Einzelfallregelung und ist diese wirksam, so ist er selbst dann nicht als „fehlerhafter" Verwaltungsakt im Sinne der §§ 47 Abs. 1 VwVfG bzw. 43 Abs. 1 SGB X anzusehen, wenn er nicht auf eine gesetzliche Rechtsgrundlage gestützt werden kann. Er kann mithin auch nicht nach diesen Bestimmungen umgedeutet werden [371].

14. Die Regelungen der §§ 48 VwVfG und 44, 45 SGB X

Die §§ 48 VwVfG und 44, 45 SGB X regeln die als „Rücknahme" bezeichnete Aufhebung rechtswidriger Verwaltungsakte durch die Verwaltung. Sie unterscheiden hierbei zwischen nicht begünstigenden Verwaltungsakten, deren Rücknahme in den §§ 48 Abs. 1 Satz 1 VwVfG bzw. 44 SGB X geregelt wird (nachfolgend b.) und begünstigenden Verwaltungsakten, deren Rücknahme in den §§ 48 Abs. 2 bis 4 VwVfG bzw. 45 SGB X geregelt wird (nachfolgend c.).

a. Der maßgebliche Zeitpunkt für die Beurteilung der Rechtswidrigkeit des Verwaltungsaktes

In Rechtsprechung und Schrifttum ist umstritten, ob der Anwendungsbereich der §§ 48 VwVfG bzw. 44 und 45 SGB X auf den bereits im Zeitpunkt seines Erlasses rechtswidrigen Verwaltungsakt beschränkt ist oder auch den erst nach diesem Zeitpunkt rechtswidrig gewordenen Verwaltungsakt umfaßt. Von praktischer Bedeutung ist diese Streitfrage insbesondere deshalb, weil die Regelung des § 48 VwVfG - im Unterschied zur Regelung des § 49 VwVfG - die Verwaltung auch zur rückwirkenden Aufhebung eines Verwaltungsaktes ermächtigt [372]. Die praktische Bedeutung der Frage nach dem maßgebenden Zeitpunkt zur

---

370 Siehe zum Begriff der Fehlerhaftigkeit des Verwaltungsaktes im Sinne der §§ 47 VwVfG bzw. 43 SGB X Kopp, VwVfG, § 47 Rdnr. 6, Wiesner in Schroeder-Printzen (Hrsg.), SGB X, § 43 Rdnr. 3 und Schenke, DVBl. 1987, 641 (644).

371 Beispiel: Auf Grund einer Nachbarklage wird die zuständige Bauaufsichtsbehörde durch das VG dazu verurteilt, den Abbruch einer in genehmigungswidriger Weise genutzten baulichen Anlage anzuordnen. Nach Eintritt der Rechtskraft ergeht ein entsprechender Ausführungsbescheid.
In diesem Fall verletzt der Ausführungsbescheid zwar den Grundsatz der Verhältnismäßigkeit, da die Beseitigung des baurechtswidrigen Zustandes auch durch eine den Grundstückseigentümer weniger belastende Nutzungsuntersagung zu erreichen gewesen wäre. Er ist jedoch dennoch nicht als „fehlerhaft" im Sinne des § 47 Abs. 1 VwVfG anzusehen, da ihm ein wirksames Urteil zu Grunde liegt. Er kann daher nicht nach dieser Vorschrift in eine Nutzungsuntersagung umgedeutet werden.

372 Siehe Schenke, DVBl. 1989, 433. Hieraus ergibt sich zugleich, daß diese Streitfrage für das sozialrechtliche Verwaltungsverfahren nur eine geringe praktische Bedeutung entfaltet, da

Beurteilung der Rechtmäßigkeit eines Verwaltungsaktes wird auch durch das Gesetz zur Änderung verwaltungsverfahrensrechtlicher Vorschriften vom 02.05.1996 [373] nicht in Frage gestellt [374]. Zwar hat dieses Gesetz mit den Regelungen der §§ 49 Abs. 3 VwVfG und 47 Abs. 2 SGB X eine Rechtsgrundlage für den rückwirkenden Widerruf von Verwaltungsakten geschaffen. Der Anwendungsbereich dieser Regelungen beschränkt sich jedoch auf verwendungszweckgebundene Leistungsbescheide.

Nach der im Schrifttum herrschenden Auffassung ist unter einem rechtswidrigen Verwaltungsakt im Sinne der §§ 48 VwVfG bzw. 44 und 45 SGB X nur ein bereits im Zeitpunkt seines Erlasses rechtswidriger, nicht dagegen ein erst nach diesem Zeitpunkt rechtswidrig gewordener Verwaltungsakt zu verstehen [375]. Diese Auffassung hält einer näheren Betrachtung jedoch nicht stand.

Zunächst ist dem Wortlaut der §§ 48 VwVfG bzw. 44 und 45 SGB X kein Hinweis darauf zu entnehmen, daß der Begriff des rechtswidrigen Verwaltungsaktes nur den von Anfang an rechtswidrigen Verwaltungsakt erfassen soll. Nach ihrem Wortlaut sind diese Regelungen vielmehr auch auf den rechtswidrig gewordenen Verwaltungsakt anwendbar [376]. Darüber hinaus ist nach der Rechtsprechung des Bundesverwaltungsgerichts [377] und des Bundessozialgerichts [378] wie auch nach der im Schrifttum herrschenden Auffassung [379] als maßgeblicher Zeitpunkt für die Beurteilung der Begründetheit einer verwaltungs- oder sozial-

---

hier - wie noch zu zeigen sein wird - die Regelung des § 48 Abs. 1 SGB X auch die rückwirkende Aufhebung rechtwidriger Verwaltungsakte ermöglicht; siehe hierzu Schnapp, SGb. 1993, 1 (5).

373 BGBl. I, S. 656.

374 Ebenso Baumeister, NVwZ 1997, 19 (21). Anderer Ansicht Dickersbach, NVwZ 1993, 846 (851) und 1996, 962 (966).

375 Siehe etwa Kopp, VwVfG, § 48 Rdnr. 25, ders., BayVBl. 1989, 652 (653), Klappstein in Knack (Hrsg.), VwVfG, vor § 43, Rdnr. 5.2.4, Meyer in Meyer/Borgs, VwVfG, § 48 Rdnr. 12, Dommach, DÖV 1981, 122 (124), Maurer, Verwaltungsrecht, § 10 Rdnr. 3, Erichsen, Verwaltungsrecht, § 17 Rdnr. 5, Wiesner in Schroeder-Printzen (Hrsg.), SGB X, § 45 Rdnr. 10, Schnapp in Gemeinschaftskommentar, § 45 Rdnr. 12 f., ders., SGb. 1993, 1 (4) sowie Knipping, SGb. 1994, 514 ff. und NZS 1994, 109. Ebenso BVerwGE 1, 35 (37) und 13, 28 (31) sowie BSGE 57, 274 (276).

376 Siehe Schenke, DVBl. 1989, 433 (434).

377 Siehe BVerwGE 64, 218 (221 f.) und BVerwG NVwZ 1991, 361 f.

378 Siehe BSGE 7, 129 (134) und 61, 203 (205).

379 Siehe etwa Redeker/v. Oertzen, VwGO, § 108 Rdnr. 19, Bosch/Schmidt, Verwaltungsgerichtliches Verfahren, § 39 III, Schenke, NVwZ 1986, 522 ff. und Meyer-Ladewig, SGG, § 54 Rdnr. 33. Kritisch hierzu Ule, Verwaltungsprozeßrecht, § 57 II 2 und Kopp, VwGO, § 113 Rdnr. 25 a.

gerichtlichen Anfechtungsklage - jedenfalls bei Verwaltungsakten mit Dauerwirkung - der Zeitpunkt der Beendigung der letzten mündlichen Verhandlung anzusehen. Hieraus folgt, daß unter einem rechtswidrigen Verwaltungsakt im Sinne der §§ 113 Abs. 1 Satz 1 VwGO bzw. 54 Abs. 2 Satz 1 und 131 SGG nicht nur ein von Anfang an rechtswidriger, sondern auch ein rechtswidrig gewordener Verwaltungsakt zu verstehen ist. Zwischen diesen prozeßrechtlichen Regelungen einerseits und den materiellrechtlichen Regelungen der §§ 48 VwVfG bzw. 44 und 45 SGB X andererseits besteht jedoch insoweit ein enger thematischer Zusammenhang, als beide Normenkomplexe die Aufhebung von Verwaltungsakten zum Gegenstand haben. Der Begriff des rechtswidrigen Verwaltungsaktes sollte daher in beiden Normenkomplexen eine einheitliche Auslegung erfahren [380].

Gegen die Anwendung der §§ 48 VwVfG bzw. 44 und 45 SGB X auf den rechtswidrig gewordenen Verwaltungsakt kann nicht eingewandt werden, daß der Gesetzgeber mit dem Begriff des rechtswidrigen Verwaltungsaktes im Sinne dieser Regelungen lediglich den bereits im Zeitpunkt seines Erlasses rechtswidrigen Verwaltungsakt erfassen wollte [381], da eine derartige Regelungsabsicht weder im Wortlaut noch in der Systematik der Regelungen zum Ausdruck gekommen ist [382].

Gegen die Anwendung der §§ 48 VwVfG bzw. 44 und 45 SGB X auf den rechtswidrig gewordenen Verwaltungsakt kann weiterhin nicht geltend gemacht werden, daß ein im Zeitpunkt seines Erlasses rechtmäßiger Verwaltungsakt zu einem späteren Zeitpunkt nicht rechtswidrig werden könne, da sein Erlaß keine rechtswidrige Handlung darstelle [383]. Dieser Einwand verkennt, daß die Anwendung der §§ 48 VwVfG bzw. 44 und 45 SGB X kein rechtswidriges Handeln der Verwaltung, sondern lediglich das Vorliegen eines rechtswidrigen Verwaltungsaktes voraussetzt. Ein im Zeitpunkt seines Erlasses rechtmäßiger Verwaltungsakt mit Dauerwirkung kann jedoch durch eine spätere Änderung der ihm zu Grunde liegenden Sach- oder Rechtslage jederzeit in Widerspruch zur Rechtsordnung geraten und damit rechtswidrig werden [384].

---

[380] Ebenso Mager, Maßgeblicher Zeitpunkt, S. 131 f., Sachs in Stelkens/Bonk/Sachs, VwVfG, § 48 Rdnr. 36, Schenke, DVBl. 1989, 433 (435 f.) und Schenke/Baumeister, JuS 1991, 547 (549).

[381] So aber Kopp, BayVBl. 1989, 652 (653) unter Hinweis auf BT-Drucks. 7/910, S. 72.

[382] Ebenso Frohn, Jura 1993, 393 (397, Fn. 50).

[383] So aber Knipping, SGb. 1994, 514 (515).

[384] Ebenso Mager, Maßgeblicher Zeitpunkt, S. 75 ff.

Gegen die Anwendung der §§ 48 VwVfG bzw. 44 und 45 SGB X auf den rechtswidrig gewordenen Verwaltungsakt kann schließlich auch nicht mit Erfolg das Argument ins Feld geführt werden, daß die Ermächtigung zum Widerruf bzw. zur Aufhebung von Verwaltungsakten im Falle einer Änderung der ihnen zu Grunde liegenden Sach- oder Rechtslage gemäß §§ 49 Abs. 2 Satz 1 Nrn. 3 und 4 VwVfG bzw. 48 Abs. 1 SGB X ihren Sinn verlieren würde, wenn der Anwendungsbereich der §§ 48 VwVfG bzw. 44 und 45 SGB X auf den rechtswidrig gewordenen Verwaltungsakt ausgedehnt werde [385]. Denn im Unterschied zu den Regelungen der §§ 48 VwVfG bzw. 44 und 45 SGB X ermöglichen die §§ 49 Abs. 2 Satz 1 Nrn. 3 und 4 VwVfG bzw. 48 Abs. 1 SGB X eine Aufhebung von Verwaltungsakten auch in solchen Fällen, in denen die Änderung der ihnen zu Grunde liegenden Sach- oder Rechtslage nicht zu ihrer Rechtswidrigkeit führt [386]. Den Regelungen der §§ 49 Abs. 2 Satz 1 Nrn. 3 und 4 VwVfG bzw. 48 Abs. 1 SGB X verbleibt daher auch bei einer Anwendung der §§ 48 VwVfG bzw. 44 und 45 SGB X auf den rechtswidrig gewordenen Verwaltungsakt ein eigenständiger Anwendungsbereich.

Mit der neueren Rechtsprechung des Bundesverwaltungsgerichts [387] und einer im Vordringen begriffenen Auffassung im Schrifttum [388] ist daher davon auszugehen, daß unter einem rechtswidrigen Verwaltungsakt im Sinne der §§ 48 VwVfG bzw. 44 und 45 SGB X auch der erst nach seinem Erlaß rechtswidrig gewordene Verwaltungsakt zu verstehen ist.

b. Die Regelungen der §§ 48 Abs. 2 bis 4 VwVfG und 45 SGB X (Die Rücknahme rechtswidriger begünstigender Ausführungsbescheide)

Die §§ 48 Abs. 2 bis 4 VwVfG und 45 SGB X regeln die Rücknahme rechtswidriger begünstigender Verwaltungsakte. In inhaltlicher Hinsicht unterscheidet sich die Regelung des § 45 SGB X von der Regelung des § 48 Abs. 2 bis 4 VwVfG

---

385 So aber Erichsen, Verwaltungsrecht, § 17 Rdnr. 5.

386 So z. B. bei einer Änderung der einem Ermessensverwaltungsakt zu Grunde liegenden Sach- oder Rechtslage, vgl. Lange, Jura 1980, 456 (459).

387 Siehe BVerwGE 59, 148 (160) und 84, 111 (113).

388 Siehe etwa Lange, WiVerw. 1979, 15 (16 f.), ders., Jura 1980, 456 (459), Schenke, DVBl. 1989, 433 ff., Schenke/Baumeister, JuS 1991, 547 ff., Sachs in Stelkens/Bonk/Sachs, VwVfG, § 48 Rdnr. 36, Ule/Laubinger, Verwaltungsverfahrensrecht, § 61 Rdnrn. 20 ff., Horn, Aufhebung, S. 25 und Frohn, Jura 1993, 393 (399). Im Ergebnis ebenso Kleinlein, VerwArch. 1990, 149 (165 ff.), der - wenig überzeugend - davon ausgeht, daß der rechtswidrig gewordene Verwaltungsakt mit Dauerwirkung grundsätzlich auf einer fehlerhaften Prognose über den Fortbestand der ihm zu Grunde liegenden Sach- oder Rechtslage beruhe und daher als von Anfang an rechtswidriger Verwaltungsakt anzusehen sei.

insbesondere dadurch, daß sie nicht zwischen Leistungs- und Nichtleistungsbescheiden, sondern zwischen Verwaltungsakten mit und ohne Dauerwirkung unterscheidet [389].

Bei der Anwendung der §§ 48 Abs. 2 bis 4 VwVfG bzw. 45 SGB X auf den Ausführungsbescheid ist nach dessen Regelungsgehalt zu unterscheiden:

aa. Ergänzende Ausführungsbescheide

Soweit der Ausführungsbescheid eine die Grundregelung ergänzende Regelung trifft und hierbei zu Gunsten des Adressaten von den maßgeblichen gesetzlichen Bestimmungen abweicht [390], ist er als rechtswidriger begünstigender Verwaltungsakt im Sinne der §§ 48 Abs. 2 bis 4 VwVfG bzw. 45 SGB X anzusehen und kann daher bei Vorliegen der sonstigen Rücknahmevoraussetzungen nach diesen Bestimmungen zurückgenommen werden [391].

bb. Wiederholende Ausführungsbescheide

Soweit der Ausführungsbescheid demgegenüber die von der Grundregelung getroffene Regelung lediglich wiederholt, ist bei der Anwendung der §§ 48 Abs. 2 bis 4 VwVfG bzw. 45 SGB X danach zu unterscheiden, ob diese wirksam oder unwirksam ist.

aaa. Wirksamkeit der Grundregelung

(1) Das Tatbestandsmerkmal der „Rechtswidrigkeit" des Verwaltungsaktes

(a) Grundsatz

Die Rücknahme eines Verwaltungsaktes nach §§ 48 Abs. 2 bis 4 VwVfG bzw. 45 SGB X setzt voraus, daß dieser rechtswidrig ist. Soweit der Ausführungsbescheid auf einer wirksamen Grundregelung beruht, stellt diese eine vom Bestehen einer gesetzlichen Rechtsgrundlage unabhängige Ermächtigungs- und Ver-

---

[389] Zu den Unterschieden zwischen der Regelung des § 48 Abs. 2 bis 4 VwVfG und der Regelung des § 45 SGB X siehe Wendt, JA 1980, 85 (91) sowie Bley, DOK 1978, 861 (863).

[390] Beispiel: Der beklagte Rentenversicherungsträger wird verurteilt, dem Kläger Rente wegen Erwerbsunfähigkeit gemäß § 44 SGB VI zu gewähren. Die Höhe der Rente wird durch das Urteil nicht bestimmt. In seinem zur Ausführung des Urteils erlassenen Rentenbescheid stellt der Rentenversicherungsträger die Rente zu hoch fest.

[391] Siehe BSGE 60, 251 (254).

pflichtungsgrundlage für seinen Erlaß dar. Die Behörde war auf Grund dieser Rechtswirkung der Grundregelung auch dann zum Erlaß des Ausführungsbescheides berechtigt oder verpflichtet, wenn eine gesetzliche Rechtsgrundlage für seinen Erlaß nicht gegeben ist [392]. Es stellt sich daher die Frage, ob ein derartiger Ausführungsbescheid bei Fehlen einer gesetzlichen Ermächtigungsgrundlage als „rechtswidriger" Verwaltungsakt im Sinne der §§ 48 Abs. 2 bis 4 VwVfG bzw. 45 SGB X qualifiziert werden kann.

Das BSG [393] und ein Teil des Schrifttums [394] verneinen diese Frage. Zur Begründung dieser Auffassung wird darauf verwiesen, daß die Behörde in einem derartigen Fall mit dem Erlaß des Ausführungsbescheides nicht rechtswidrig gehandelt habe. Bei dieser Argumentation wird jedoch verkannt, daß die Regelungen der §§ 48 VwVfG bzw. 45 SGB X kein rechtswidriges Handeln der Verwaltung, sondern lediglich das Vorliegen eines rechtswidrigen Verwaltungsaktes voraussetzen. Ein Verwaltungsakt kann jedoch auch dann in Widerspruch zur Rechtsordnung stehen und damit als rechtswidrig zu qualifizieren sein, wenn die Behörde mit seinem Erlaß rechtmäßig gehandelt hat. Ein wiederholender Ausführungsbescheid ist daher bei Fehlen einer gesetzlichen Rechtsgrundlage grundsätzlich auch dann als rechtswidriger Verwaltungsakt im Sinne der §§ 48 Abs. 2 bis 4 VwVfG bzw. 45 SGB X anzusehen, wenn er auf einer wirksamen Grundregelung beruht und die Behörde infolgedessen unabhängig vom Bestehen einer gesetzlichen Rechtsgrundlage zu seinem Erlaß berechtigt oder verpflichtet war [395].

---

392 Beispiele:

In einem verwaltungsgerichtlichen Verpflichtungsurteil wird die beklagte Ausländerbehörde zur Erteilung einer unbefristeten Aufenthaltserlaubnis nach § 24 AuslG verurteilt, obwohl der Kläger nicht über den nach § 24 Abs. 1 Nr. 5 AuslG erforderlichen ausreichenden Wohnraum verfügt. Nachdem das Urteil Rechtskraft erlangt hat, erteilt die Behörde dem Kläger eine unbefristete Aufenthaltserlaubnis.

In einem im Rahmen eines sozialgerichtlichen Verfahrens geschlossenen Vergleich verpflichtet sich der beklagte Rentenversicherungsträger zur Gewährung einer Rente wegen Erwerbsunfähigkeit gemäß § 44 SGB VI, obwohl der Kläger die nach § 44 Abs. 1 Satz 1 Nr. 3 SGB VI erforderliche allgemeine Wartezeit nicht erfüllt hat. Zur Ausführung des Vergleichs gewährt der Rentenversicherungsträger dem Kläger eine Rente wegen Erwerbsunfähigkeit.

393 Siehe BSGE 60, 251 (254).

394 So etwa Erlenkämper/Fichte, Sozialrecht, S. 753, Fluck, Erfüllung, S. 65 f., Obermayer, VwVfG, § 59 Rdnr. 26, Schneider-Danwitz in Gesamtkommentar, Vorb. § 44 SGB X Anm. 30 b cc und wohl auch Scheuing, VVDStRL 40 (1982), 153 (184).

395 Ebenso Tschaschnig, Nichtigkeit, S. 39.

(b) Besonderheiten bei rechtskräftigen Urteilen?

Zweifelhaft ist allerdings, ob dieser Grundsatz auch dann gilt, wenn dem Ausführungsbescheid ein rechtskräftiges verwaltungs- oder sozialgerichtliches Urteil zu Grunde liegt. Die Frage nach der Wirkungsweise der materiellen Rechtskraft wird im Schrifttum kontrovers beantwortet. Die zahlreichen unterschiedlichen Auffassungen können hierbei vereinfachend auf zwei Grundpositionen zurückgeführt werden: Die materielle und die prozessuale Rechtskrafttheorie.

Die materielle Rechtskrafttheorie geht davon aus, daß ein rechtskräftiges Urteil materiellrechtliche Wirkungen entfalte und im Falle seiner Unrichtigkeit die materielle Rechtslage verändere. Die Rechtskraft eines Urteils soll danach ein zu Unrecht festgestelltes Recht zum Entstehen bringen und ein zu Unrecht verneintes Recht vernichten [396]. Würde man dieser Auffassung folgen, so könnte ein auf einem rechtskräftigen Urteil beruhender wiederholender Ausführungsbescheid auch bei Fehlen einer gesetzlichen Rechtsgrundlage nicht als rechtswidrig qualifiziert werden, da das Urteil die materielle Rechtslage verändert und damit eine gesetzliche Rechtsgrundlage geschaffen hätte.

Nach der prozessualen Rechtskrafttheorie läßt die Rechtskraft eines Urteils demgegenüber die materielle Rechtslage unberührt und begründet lediglich eine Bindung des Richters späterer Prozesse an die Feststellungen, die das erste Urteil getroffen hat [397]. Würde man dieser Auffassung folgen, so wäre ein wiederholender Ausführungsbescheid bei Fehlen einer gesetzlichen Rechtsgrundlage auch dann als rechtswidrig zu qualifizieren, wenn ihm ein rechtskräftiges Urteil zu Grunde liegt.

Gegen die materielle Rechtskrafttheorie bestehen erhebliche Bedenken. Zunächst ist die Vorstellung, daß ein gerichtliches Urteil eine Änderung der materiellen Rechtslage bewirken könne, mit der Bindung der Rechtsprechung an Gesetz und Recht gemäß Art. 20 Abs. 2 GG nicht in Einklang zu bringen. Darüber hinaus versagt die materielle Rechtskrafttheorie bei der Feststellung absoluter Rechte, da die Rechtskraft nur zwischen den Parteien des Rechtsstreits und nicht - wie

---

[396] Siehe etwa Kohler, Prozeß, S. 112 und Pagenstecher, Rechtskraft, S. 305 ff. Ähnlich Pohle, JBl. 1957, 113 (118) und Blomeyer, JR 1968, 407 (409), die davon ausgehen, daß das rechtskräftige Urteil eine unwiderlegbare Vermutung dafür begründet, daß die von ihm ausgesprochene Rechtsfolge dem materiellen Recht entspricht.

[397] Siehe etwa Arens/Lüke, Zivilprozeßrecht, Rdnrn. 358 f., Jauernig, Zivilprozeßrecht, § 62 II 3 und Rosenberg/Schwab/Gottwald, Zivilprozeßrecht, § 151 II 3.

absoluten Rechten immanent - gegenüber jedermann wirkt [398]. Schließlich vermag die materielle Rechtskrafttheorie die Rechtskraft von Prozeßurteilen nicht überzeugend zu begründen, da diese keine materiellrechtlichen Rechtswirkungen entfalten [399]. Aus diesen Gründen verdient die prozessuale Rechtskrafttheorie den Vorzug. Hieraus folgt, daß ein wiederholender Ausführungsbescheid bei Fehlen einer gesetzlichen Ermächtigungsgrundlage auch dann als rechtswidriger Verwaltungsakt im Sinne der §§ 48 Abs. 2 bis 4 VwVfG bzw. 45 SGB X anzusehen ist, wenn ihm ein rechtskräftiges verwaltungs- oder sozialgerichtliches Urteil zu Grunde liegt.

(2) Ausschluß der Anwendung der §§ 48 Abs. 2 bis 4 VwVfG und 45 SGB X nach Sinn und Zweck der Grundregelung

Die zuvor getroffene Feststellung, daß ein wiederholender Ausführungsbescheid bei Fehlen einer gesetzlichen Rechtsgrundlage auch dann als rechtswidriger Verwaltungsakt im Sinne der §§ 48 Abs. 2 bis 4 VwVfG bzw. 45 SGB X zu qualifizieren ist, wenn er auf einer wirksamen Grundregelung beruht, hat allerdings noch nicht zwangsläufig zur Folge, daß dieser bei Vorliegen der sonstigen Rücknahmevoraussetzungen nach diesen Vorschriften zurückgenommen werden kann. Die Anwendung dieser Vorschriften auf derartige Ausführungsbescheide könnte nämlich nach dem Sinn und Zweck der jeweiligen Grundregelung ausgeschlossen sein.

Die als Grundlage eines Ausführungsbescheides in Betracht kommenden Einzelfallregelungen gewähren dem Adressaten einen vom Bestehen einer gesetzlichen Rechtsgrundlage unabhängigen Anspruch auf Erlaß eines bestimmten Verwaltungsaktes. Sie schaffen damit Rechtsfrieden und Rechtssicherheit [400]. Dies gilt insbesondere dann, wenn das Bestehen eines gesetzlichen Anspruches auf Erlaß des betreffenden Verwaltungsaktes zweifelhaft ist oder von der Behörde bestritten wird. Diese Funktion der Grundregelung würde jedoch vereitelt, wenn die Behörde berechtigt wäre, den in Erfüllung ihrer Verpflichtung erlassenen Ausführungsbescheid unmittelbar nach seinem Erlaß gemäß §§ 48 Abs. 2 bis 4 VwVfG bzw. 45 SGB X wieder zurückzunehmen. Zwar wäre eine Rücknahme des Ausführungsbescheides nach diesen Vorschriften nur dann zulässig, wenn er tatsächlich rechtswidrig ist und die sonstigen Rücknahmevoraussetzungen gegeben

---

[398] Siehe Jauernig, Zivilprozeßrecht, § 62 II 3 a.

[399] Siehe Jauernig, Zivilprozeßrecht, § 62 II 3 b.

[400] Siehe etwa Detterbeck, NVwZ 1994, 35 (36) für das Urteil und Obermayer, VwVfG, § 54 Rdnr. 2 für den öffentlich-rechtlichen Vertrag.

wären. Die mit der Grundregelung intendierte Gewährleistung von Rechtsfrieden und Rechtssicherheit wäre jedoch bereits dann beeinträchtigt, wenn die Behörde den Ausführungsbescheid mit einer dahingehenden Behauptung zurücknehmen und damit eine neuerliche streitige Auseinandersetzung über das durch diesen geregelte Rechtsverhältnis eröffnen könnte. Würde man der Behörde eine derartige Befugnis einräumen, so wäre hierdurch letztlich das Bestehen ihrer sich aus der Grundregelung ergebenden Verpflichtung zum Erlaß des Ausführungsbescheides in Frage gestellt. Nach dem auch im öffentlichen Recht geltenden Grundsatz, daß niemand etwas verlangen darf, das er, sobald er es erhalten hat, wieder zurückgeben müßte [401], könnte die Behörde in diesem Falle nämlich mit der Begründung, daß der zu erlassende Verwaltungsakt rechtswidrig sei und infolgedessen unmittelbar nach seinem Erlaß gemäß §§ 48 Abs. 2 bis 4 VwVfG bzw. 45 SGB X wieder zurückgenommen werden könne, den Erlaß des Ausführungsbescheides von vornherein verweigern.

Eine derartige Entwertung der Grundregelung kann nur dadurch vermieden werden, daß man ihr als Annex zur Verpflichtung der Behörde zum Erlaß des jeweiligen Ausführungsbescheides zugleich die weitergehende Verpflichtung der Behörde entnimmt, diesen nicht nach §§ 48 Abs. 2 bis 4 VwVfG bzw. 45 SGB X wieder zurückzunehmen. Nur durch die Annahme einer derartigen ergänzenden Verpflichtung der Behörde vermag die Grundregelung die ihr zugedachte Funktion zu erfüllen. Die Anwendung der §§ 48 Abs. 2 bis 4 VwVfG bzw. 45 SGB X auf den Ausführungsbescheid ist daher ausgeschlossen, soweit dieser auf einer wirksamen Grundregelung beruht [402].

Im Schrifttum wird hiergegen vereinzelt eingewandt, daß derjenige, der einen begünstigenden Verwaltungsakt auf Grund eines Urteils oder einer sonstigen gesetzeskonkretisierenden Einzelfallregelung erlangt habe, hinsichtlich des Bestandsschutzes dieses Verwaltungsaktes nicht besser gestellt werden dürfe, als derjenige, der einen begünstigenden Verwaltungsakt unmittelbar auf Grund einer gesetzlichen Regelung erlangt habe. Der Ausführungsbescheid müsse daher - unabhängig von der Rechtsgrundwirkung der ihm zu Grunde liegenden Einzelfallregelung - in gleicher Weise der Anwendung der §§ 48 Abs. 2 bis 4 VwVfG

---

[401] Vgl. hierzu Schenke, DÖV 1986, 305 (314) und NVwZ 1988, 11 (13) sowie BT-Drucks. 7/910, S. 103.

[402] Ebenso Detterbeck, Streitgegenstand, S. 208, Dörr, DAngVers. 1988, 452 (455), Kopp, VwVfG, § 48 Rdnr. 13, ders., VwGO, § 113 Rdnr. 93, Kopp/Kopp, NVwZ 1994, 1 (5 f.), Krause, Rechtsformen, S. 166 sowie Wiesner in Schroeder-Printzen (Hrsg.), SGB X, vor §§ 44 - 49 Rdnr. 7.

bzw. 45 SGB X unterworfen werden, wie ein sonstiger Verwaltungsakt [403]. Dieser Einwand hält einer näheren Betrachtung jedoch nicht stand. Zwar wird der Adressat eines Ausführungsbescheides durch den Ausschluß der Anwendung der §§ 48 Abs. 2 bis 4 VwVfG bzw. 45 SGB X tatsächlich besser gestellt als der Adressat eines unmittelbar auf Grund einer gesetzlichen Regelung erlassenen begünstigenden Verwaltungsaktes. Der Ausführungsbescheid genießt hierdurch einen erheblich verstärkten Bestandsschutz. Diese Besserstellung des Adressaten eines Ausführungsbescheides ist jedoch eine zwingende Folge der fehlerunabhängigen Bestands- bzw. Rechtskraft der ihm jeweils zu Grunde liegenden Einzelfallregelung [404]. Diese Wirkung begünstigt in gleicher Weise den Empfänger einer Geld- oder Sachleistung. Wird etwa der Schuldner einer vermeintlichen Geldforderung in einem Zivilprozeß rechtskräftig zur Zahlung des eingeklagten Betrages verurteilt, so begründet dieses Urteil zunächst eine vom Bestehen eines materiellrechtlichen Anspruches unabhängige Verpflichtung des Beklagten zur Erbringung der betreffenden Leistung. Darüber hinaus stellt dieses Urteil jedoch zugleich einen vom Bestehen eines materiellrechtlichen Anspruches unabhängigen Rechtsgrund im Sinne des § 812 Abs. 1 Satz 1 BGB für eine in Erfüllung dieser Verpflichtung vorgenommene Vermögensverschiebung dar. Kann der zur Leistung verurteilte Schuldner nach Erfüllung seiner sich aus dem Urteil ergebenden Verpflichtung nachweisen, daß ein materiellrechtlicher Anspruch des Klägers tatsächlich nicht bestanden hat, so hat er auf Grund dieser Rechtsgrundwirkung des Urteils - im Unterschied zu einem Schuldner, der eine zu Unrecht geltend gemachte Forderung ohne Urteil erfüllt hat - keinen Anspruch auf Rückzahlung der erbrachten Leistung nach § 812 Abs. 1 Satz 1 BGB [405]. Die gleiche Rechtslage wäre dann gegeben, wenn das Verfahren nicht durch ein Urteil, sondern durch einen gerichtlichen Vergleich beendet worden wäre. Der Adressat eines Ausführungsbescheides erfährt demnach durch den Ausschluß der Anwendung der §§ 48 Abs. 2 bis 4 VwVfG bzw. 45 SGB X auf derartige Verwaltungsakte keine Besserstellung gegenüber den Adressaten sonstiger Begünstigungen, denen ein Urteil, ein Vertrag oder eine sonstige gesetzeskonkretisierende Einzelfallregelung zu Grunde liegt [406].

---

403 So etwa Brackmann, Sozialversicherung, Bd. I/2, S. 232 f. IV und Maurer, JZ 1993, 574 f.

404 Siehe BSGE 60, 251 (255). Ebenso BVerwGE 91, 256 (259) zur vergleichbaren Problematik der Wiederholung eines rechtskräftig aufgehobenen Verwaltungsaktes.

405 Siehe hierzu Lorenz in Staudinger, BGB, § 812 Rdnr. 91 sowie Rosenberg/Schwab/Gottwald, Zivilprozeßrecht, § 162 I 1.

406 Ebenso Schneider-Danwitz in Gesamtkommentar, Vorbem. § 44 SGB X, Anm. 30 b.

Die Richtigkeit der hier vertretenen Auffassung wird bestätigt durch einen Blick auf die vergleichbar gelagerte Problematik der Wiederholung eines belastenden Verwaltungsaktes, der durch ein rechtskräftiges gerichtliches Urteil aufgehoben wurde. Wird ein belastender Verwaltungsakt im Rahmen einer verwaltungs- oder sozialgerichtlichen Anfechtungsklage durch das Gericht aufgehoben, so stellt sich die Frage, ob die Behörde bei unveränderter Sach- und Rechtslage dazu befugt ist, einen inhaltlich übereinstimmenden Verwaltungsakt erneut zu erlassen. Würde man der Behörde eine derartige Befugnis zugestehen, so könnte diese eine bereits rechtskräftig entschiedene Streitfrage erneut zum Gegenstand eines Verfahrens zwischen den Parteien des vorausgegangenen Rechtsstreits machen. Das ergangene Urteil könnte daher die ihm zugedachte Funktion - die Gewährleistung von Rechtsfrieden und Rechtssicherheit - nicht erfüllen. Das BVerwG [407] und der überwiegende Teil des Schrifttums [408] entnehmen daher einem Aufhebungsurteil über den Wortlaut seines Tenors hinaus das an die beklagte Behörde gerichtete Verbot, einen inhaltlich übereinstimmenden Verwaltungsakt erneut zu erlassen. In gleicher Weise kann einem Verpflichtungsurteil oder einer sonstigen zum Erlaß eines Verwaltungsaktes verpflichtenden Einzelfallregelung das ergänzende Verbot entnommen werden, den in Erfüllung der Verpflichtung erlassenen Verwaltungsakt wieder zurückzunehmen [409].

bbb. Unwirksamkeit der Grundregelung

Erweist sich die dem Ausführungsbescheid zu Grunde liegende Einzelfallregelung als nichtig [410] oder wird sie aufgehoben [411], so fehlt es dem Ausführungsbescheid an einer vom Bestehen einer gesetzlichen Regelung unabhängigen Grundlage für seinen Erlaß und seine Aufrechterhaltung. Er unterliegt daher ohne Einschränkung der Anwendung der §§ 48 Abs. 2 bis 4 VwVfG bzw. 45 SGB

---

[407] Siehe BVerwGE 91, 256 (257).

[408] Siehe etwa Clausing in Schoch/Schmidt-Aßmann/Pietzner (Hrsg.), VwGO, § 121 Rdnrn. 81 f., Detterbeck, NVwZ 1994, 35 ff. und Kopp/Kopp, NVwZ 1994, 1 ff. Anderer Ansicht jedoch Maurer, JZ 1993, 574 f.

[409] Ebenso Detterbeck, Streitgegenstand, S. 208.

[410] Beispiel: Der einem Ausführungsbescheid zu Grunde liegende öffentlich-rechtliche Vertrag ist gemäß §§ 59 VwVfG bzw. 58 SGB X nichtig.

[411] Beispiel: Das einem Ausführungsbescheid zu Grunde liegende verwaltungs- oder sozialgerichtliche Urteil wird in einem Wiederaufnahmeverfahren gemäß §§ 153 VwGO bzw. 179 SGG aufgehoben.

X und kann bei Fehlen einer gesetzlichen Rechtsgrundlage nach Maßgabe dieser Bestimmungen zurückgenommen werden [412].

Wird ein auf einer Zusicherung im Sinne der §§ 38 VwVfG bzw. 34 SGB X beruhender Ausführungsbescheid zurückgenommen, so ist die Rücknahme des Ausführungsbescheides zugleich als Rücknahme der ihm zu Grunde liegenden Zusicherung anzusehen [413].

Fraglich ist demgegenüber, ob die Rücknahme eines auf einem öffentlich-rechtlichen Vertrag im Sinne der §§ 54 VwVfG bzw. 53 SGB X beruhenden Ausführungsbescheides zugleich als Kündigung des Vertrages gemäß §§ 60 VwVfG bzw. 59 SGB X anzusehen ist. Im Schrifttum wird diese Frage mit der Begründung verneint, daß die Voraussetzungen der Rücknahme eines Verwaltungsaktes gemäß §§ 48 Abs. 2 VwVfG bzw. 45 SGB X und der Kündigung eines öffentlich-rechtlichen Vertrages gemäß §§ 60 VwVfG bzw. 59 SGB X nicht identisch seien [414]. Diese Prämisse ist zwar zutreffend, da ein öffentlich-rechtlicher Vertrag gemäß §§ 60 Abs. 1 VwVfG bzw. 59 Abs. 1 SGB X nur dann gekündigt werden kann, wenn nach Abschluß des Vertrages eine wesentliche Änderung der Verhältnisse eingetreten ist oder die Kündigung erforderlich ist, um schwere Nachteile für das Gemeinwohl zu verhüten oder zu beseitigen. Darüber hinaus bedarf die Kündigung eines öffentlich-rechtlichen Vertrages gemäß §§ 60 Abs. 2 VwVfG bzw. 59 Abs. 2 SGB X im Unterschied zur Rücknahme eines Verwaltungsaktes der Schriftform [415]. Aus dieser fehlenden Übereinstimmung der Rücknahme- und Kündigungsvoraussetzungen ergibt sich jedoch lediglich, daß nicht jede Rücknahme eines auf Grund eines öffentlich-rechtlichen Vertrages erlassenen Ausführungsbescheides zugleich als wirksame Kündigung des ihm zu Grunde liegenden Vertrages angesehen werden kann. Gegen die Annahme, daß die Behörde in Fällen, in denen die gesetzlichen Voraussetzungen für eine Kündigung des Vertrages gegeben sind, mit einer der Formvorschrift der §§ 60 Abs. 2 VwVfG bzw. 59 Abs. 2 SGB X entsprechenden Rücknahme des

---

412 Siehe etwa Bonk in Stelkens/Bonk/Sachs, VwVfG, § 58 Rdnr. 13, § 59 Rdnr. 9 und § 62 Rdnr. 6 sowie Maurer, Verwaltungsrecht, § 14 Rdnr. 46.

413 Ebenso Achterberg, DÖV 1971, 397 (406) und Fluck, Erfüllung, S. 71.

414 So Fluck, Erfüllung, S. 71 ff.

415 Die Rücknahme eines Verwaltungsaktes ist ihrerseits ebenfalls als Verwaltungsakt im Sinne der §§ 35 Satz 1 VwVfG bzw. 31 Satz 1 SGB X anzusehen. Ihre Form steht daher gemäß §§ 37 Abs. 2 Satz 1 VwVfG bzw. 33 Abs. 2 Satz 1 SGB X grundsätzlich im Ermessen der Behörde. Eine Ausnahme von diesem Grundsatz ist nur dann anzunehmen, wenn der zurückzunehmende Verwaltungsakt seinerseits in schriftlicher Form zu erlassen war. Siehe hierzu Sachs in Stelkens/Bonk/Sachs, VwVfG, § 48 Rdnr. 168 sowie OVG Bremen, NVwZ 1986, 59 (60).

Ausführungsbescheides zugleich die Kündigung des ihm zu Grunde liegenden Vertrages aussprechen will, ergeben sich hieraus demgegenüber keine Bedenken. Die Rücknahmeentscheidung der Behörde dürfte in der Regel für einen verständigen Adressaten auch in diesem Sinne zu verstehen sein.

Unabhängig vom Vorliegen der Voraussetzungen der §§ 48 Abs. 2 bis 4 VwVfG bzw. 45 SGB X kann ein rechtswidriger begünstigender Ausführungsbescheid dann zurückgenommen werden, wenn er auf einem unrichtigen Urteil beruht, dessen Rechtskraft in sittenwidriger Weise herbeigeführt wurde. Ermächtigungsgrundlage für die Rücknahme des Ausführungsbescheides ist in diesem Falle die Regelung des § 826 BGB in entsprechender Anwendung [416].

c. Die Regelungen der §§ 48 Abs. 1 VwVfG und 44 SGB X (Die Rücknahme rechtswidriger nicht begünstigender Ausführungsbescheide)

Die §§ 48 Abs. 1 Satz 1 VwVfG und 44 SGB X regeln die Rücknahme rechtswidriger nicht begünstigender Verwaltungsakte. Neben Verwaltungsakten, die den Adressaten weder begünstigen noch belasten und damit eine neutrale Wirkung entfalten [417], gehören hierzu insbesondere Verwaltungsakte mit belastender Wirkung [418]. In inhaltlicher Hinsicht unterscheiden sich die beiden Regelungen insbesondere durch den Grad ihrer Verbindlichkeit. Während die Regelung des § 48 Abs. 1 Satz 1 VwVfG die Entscheidung über die Rücknahme in das Ermessen der Behörde stellt, hat die Regelung des § 44 SGB X grundsätzlich zwingenden Charakter [419].

---

[416] Siehe hierzu BSGE 60, 251 (255).

[417] Siehe hierzu Erichsen, Verwaltungsrecht, § 16 Rdnr. 5. Die hier aufgeführten Beispiele widerlegen die These Kopps (VwVfG, § 48 Rdnr. 42), daß Verwaltungsakte mit neutraler Wirkung nicht denkbar seien.

[418] Zur Definition des belastenden Verwaltungsaktes siehe Ule/Laubinger, Verwaltungsverfahrensrecht, § 61 Rdnr. 26.

[419] Siehe hierzu Barnewitz, SGb. 1979, 51 (55), Bley, DOK 1978, 861 (862), Claaßen, DVBl. 1983, 681 und Merten, NJW 1983, 1993 (1997 f.). Ein Rücknahmeermessen der Behörde besteht im Rahmen des § 44 SGB X nur in solchen Fällen, in denen der Verwaltungsakt auf unrichtigen Angaben des Betroffenen beruht (§ 44 Abs. 1 Satz 2 SGB X) oder nicht die Gewährung einer Sozialleistung oder die Erhebung eines Beitrags zum Gegenstand hat (§ 44 Abs. 2 Satz 1 SGB X). Auch in diesen Fällen ist die Rücknahme für die Zukunft gemäß § 44 Abs. 2 Satz 2 SGB X jedoch zwingend vorgeschrieben. Zur Frage der Ermessensreduzierung auf Null im Rahmen des § 48 Abs. 1 Satz 1 VwVfG siehe Schenke, DÖV 1983, 320 (329) und Baumeister, VerwArch. 1993, 374 (378 ff.).

Bei der Anwendung der §§ 48 Abs. 1 Satz 1 VwVfG bzw. 44 SGB X auf den Ausführungsbescheid ist - ebenso wie im Falle der §§ 48 Abs. 2 bis 4 VwVfG bzw. 45 SGB X [420] - nach dessen Regelungsgehalt zu unterscheiden:

aa. Ergänzende Ausführungsbescheide

Soweit der Ausführungsbescheid eine die Grundregelung ergänzende Regelung trifft und hierbei zu Ungunsten des Adressaten von den maßgeblichen gesetzlichen Bestimmungen abweicht [421], ist er als rechtswidriger nicht begünstigender Verwaltungsakt im Sinne der §§ 48 Abs. 1 Satz 1 VwVfG bzw. 44 SGB X anzusehen und kann bzw. muß daher bei Vorliegen der sonstigen Rücknahmevoraussetzungen nach diesen Bestimmungen zurückgenommen werden [422].

bb. Wiederholende Ausführungsbescheide

Soweit der Ausführungsbescheid demgegenüber die von der Grundregelung getroffene Regelung lediglich wiederholt, ist hinsichtlich der Anwendung der §§ 48 Abs. 1 Satz 1 VwVfG bzw. 44 SGB X weiterhin danach zu unterscheiden, ob die Grundregelung eine weitergehende Begünstigung des Adressaten ausschließt [423] oder diesbezüglich keine Regelung trifft [424].

---

420 Siehe oben, Abschnitt IV 14 b.

421 Beispiel: Der beklagte Rentenversicherungsträger wird verurteilt, dem Kläger Rente wegen Erwerbsunfähigkeit gemäß § 44 SGB VI zu gewähren. Die Höhe der Rente wird durch das Urteil nicht bestimmt. In seinem zur Ausführung des Urteils erlassenen Rentenbescheid stellt der Rentenversicherungsträger die Rente zu niedrig fest.

422 Vgl. BSGE 60, 251 (254).

423 Beispiele:
a. Der Ausländer A beantragt die Erteilung einer unbefristeten Aufenthaltserlaubnis nach § 24 AuslG. Die zuständige Ausländerbehörde lehnt diesen Antrag ab. A erhebt daraufhin eine verwaltungsgerichtliche Verpflichtungsklage mit dem Antrag, den Klagegegner zur Erteilung einer unbefristeten Aufenthaltserlaubnis zu verurteilen. Das VG verurteilt den Klagegegner jedoch lediglich zur Erteilung einer befristeten Aufenthaltserlaubnis und weist die Klage im übrigen ab. Die Ausländerbehörde erläßt einen entsprechenden Ausführungsbescheid.

b. Die gesetzlich rentenversicherte Witwe W beantragt die Gewährung einer großen Witwenrente nach § 46 Abs. 2 SGB VI. Der zuständige Rentenversicherungsträger lehnt diesen Antrag ab. W erhebt daraufhin eine sozialgerichtliche Anfechtungs- und Leistungsklage mit dem Antrag, den beklagten Rentenversicherungsträger zur Gewährung einer großen Witwenrente zu verurteilen. Zur Beendigung des Rechtsstreits wird ein gerichtlicher Vergleich gemäß § 101 Abs. 1 SGG geschlossen, in dem sich der Rentenversicherungsträger zur Gewährung einer kleinen Witwenrente gemäß § 46 Abs. 1 SGB VI verpflichtet. Der Rentenversicherungsträger erläßt einen entsprechenden Ausführungsbescheid.

424 Beispiele:
a. Der Ausländer A beantragt die Erteilung einer befristeten Aufenthaltserlaubnis. Die zu-

aaa. Fehlender Ausschluß einer weitergehenden Begünstigung

In Fällen, in denen die dem Ausführungsbescheid zu Grunde liegenden Einzelfallregelung eine weitergehende Begünstigung des Adressaten nicht ausschließt, wirft die Anwendung der §§ 48 Abs. 1 Satz 1 VwVfG bzw. 44 SGB X auf den wiederholenden Ausführungsbescheid keine besonderen Probleme auf. Bleibt die durch den Ausführungsbescheid festgestellte Begünstigung des Adressaten in einem solchen Falle hinter der diesem nach Maßgabe der gesetzlichen Regelung zustehenden Begünstigung zurück, so kann bzw. muß der Ausführungsbescheid bei Vorliegen der sonstigen Rücknahmevoraussetzungen der §§ 48 Abs. 1 Satz 1 VwVfG bzw. 44 SGB X nach diesen Bestimmungen zurückgenommen werden.

bbb. Ausschluß einer weitergehenden Begünstigung

In Fällen, in denen die dem Ausführungsbescheid zu Grunde liegende Einzelfallregelung eine weitergehende Begünstigung des Adressaten ausschließt, stellt sich demgegenüber die Frage, ob sich hieraus eine Sperrwirkung gegen die Anwendung der §§ 48 Abs. 1 Satz 1 VwVfG bzw. 44 SGB X ergibt. Praktische Bedeutung hat diese Frage insbesondere in solchen Fällen, in denen dem Ausführungsbescheid ein rechtskräftiges verwaltungs- oder sozialgerichtliches Urteil [425] oder ein Vergleichsvertrag [426] zu Grunde liegt.

---

ständige Ausländerbehörde lehnt diesen Antrag ab. A erhebt daraufhin eine verwaltungsgerichtliche Verpflichtungsklage mit dem Antrag, den Klagegegner zur Erteilung einer befristeten Aufenthaltserlaubnis zu verurteilen. Die VG entspricht diesem Antrag. Die Ausländerbehörde erläßt einen entsprechenden Ausführungsescheid.

b. Die rentenversicherte Witwe W beantragt die Gewährung einer kleinen Witwenrente nach § 46 Abs. 1 SGB VI. Der zuständige Rentenversicherungsträger lehnt diesen Antrag ab. W erhebt daraufhin eine sozialgerichtliche Anfechtungs- und Leistungsklage mit dem Antrag, den beklagten Rentenversicherungsträger zur Gewährung einer kleinen Witwenrente zu verurteilen. Zur Beendigung des Rechtsstreits gibt der Rentenversicherungsträger ein Anerkenntnis im Sinne des § 101 Abs. 2 SGG ab, in dem er sich zur Gewährung einer kleinen Witwenrente verpflichtet. W nimmt dieses Anerkenntnis an. Der Rentenversicherungsträger erläßt einen entsprechenden Ausführungsbescheid.

[425] Siehe das Beispiel Fn. 423 a. Nach Erlaß des Ausführungsbescheides beantragt A bei unveränderter Sach- und Rechtslage erneut die Erteilung einer unbefristeten Aufenthaltserlaubnis.

[426] Siehe das Beispiel Fn. 423 b. Nach Erlaß des Ausführungsbescheides beantragt W bei unveränderter Sach- und Rechtslage erneut die Gewährung einer großen Witwenrente.

(1) Auf einem rechtskräftigen Urteil beruhende Ausführungsbescheide

(a) Die Rücknahmebefugnis der Behörde

Im Schrifttum wird die Auffassung vertreten, daß ein belastender Verwaltungsakt nicht nach §§ 48 Abs. 1 Satz 1 VwVfG bzw. 44 SGB X zurückgenommen und durch einen für den Betroffenen günstigeren Verwaltungsakt ersetzt werden dürfe, wenn eine auf den Erlaß dieses Verwaltungsaktes gerichtete Verpflichtungsklage zuvor rechtskräftig abgewiesen worden sei [427]. Zur Begründung dieser Auffassung wird insbesondere ins Feld geführt, es sei mit den Grundsätzen des Vorranges und des Vorbehaltes des Gesetzes nicht vereinbar, wenn die Verwaltung einen begünstigenden Verwaltungsakt erlasse, obwohl sie nach der rechtskräftigen Entscheidung eines Gerichtes hierzu nicht verpflichtet sei [428]. Würde man dieser Auffassung folgen, so dürfte auch ein auf einem rechtskräftigen Verpflichtungsurteil beruhender wiederholender Ausführungsbescheid nicht nach §§ 48 Abs. 1 Satz 1 VwVfG bzw. 44 SGB X zurückgenommen und durch einen für den Betroffenen günstigeren Verwaltungsakt ersetzt werden, wenn das Urteil zugleich einen von dem Betroffenen geltend gemachten weitergehenden Anspruch zurückgewiesen hätte. Die Richtigkeit dieser Auffassung erscheint jedoch zweifelhaft.

Wird eine zivilgerichtliche Leistungsklage rechtskräftig abgewiesen, so ist die beklagte Partei des Rechtsstreits durch das klageabweisende Urteil nicht daran gehindert, den mit der Klage geltend gemachten Anspruch gleichwohl zu erfüllen [429]. Das Urteil berechtigt die obsiegende Partei somit zu seiner Inanspruchnahme, es verpflichtet sie jedoch nicht dazu [430]. Gegen eine Übertragung dieses Grundsatzes auf Urteile der Verwaltungs- und Sozialgerichtsbarkeit bestehen keine Bedenken. Zwar darf die Verwaltung - im Unterschied zu einem privatrechtlichen Rechtsträger - nach den Grundsätzen des Vorranges und des Vorbehaltes des Gesetzes eine Begünstigung grundsätzlich nur dann gewähren, wenn hierfür eine gesetzliche Ermächtigungsgrundlage vorhanden ist [431]. Wie zuvor

---

[427] So insbesondere Schachtschneider, VerwArch. 1972, 112 ff. und 277 ff. Ebenso Detterbeck, Streitgegenstand, S. 201 ff. und 234 f. sowie Tannen, DRV 1963, 295 (300) und 1986, 648 (649).

[428] Siehe Schachtschneider, VerwArch. 1972, 277 (283 ff.).

[429] Siehe Grunsky, Grundlagen, S. 448, Kopp, VwGO, § 121 Rdnr. 13, Sauer, DÖV 1971, 150 (155 f.) sowie Bley in Gesamtkommentar, § 141 SGG Anm. 4 c dd.

[430] Ebenso Haueisen, NJW 1963, 1329 (1334).

[431] Siehe hierzu Erichsen, Verwaltungsrecht, § 15 Rdnrn. 13 ff. sowie Maurer, Verwaltungsrecht, § 6.

dargelegt [432], läßt die Rechtskraftwirkung eines Urteils die materiellrechtliche Rechtslage jedoch unberührt. Besteht ein gesetzlicher Anspruch auf Gewährung einer bestimmten Begünstigung, so wird dieser somit durch ein klageabweisendes Urteil nicht in Frage gestellt. Eine gesetzliche Ermächtigungsgrundlage für die Gewährung einer bestimmten Begünstigung kann mithin auch dann noch gegeben sein, wenn eine auf die Gewährung dieser Begünstigung gerichtete Leistungs- oder Verpflichtungsklage rechtskräftig abgewiesen wurde. Die Grundsätze des Vorranges und des Vorbehaltes des Gesetzes werden demnach durch die Gewährung dieser Begünstigung nicht verletzt.

Mit der Rechtsprechung [433] und der im Schrifttum herrschenden Auffassung [434] ist daher davon auszugehen, daß ein belastender Verwaltungsakt auch dann nach §§ 48 Abs. 1 Satz 1 VwVfG bzw. 44 SGB X zurückgenommen und durch einen für den Betroffenen günstigeren Verwaltungsakt ersetzt werden kann, wenn eine auf den Erlaß dieses Verwaltungsaktes gerichtete Verpflichtungsklage zuvor rechtskräftig abgewiesen worden war. Ein auf einem rechtskräftigen Urteil beruhender wiederholender Ausführungsbescheid kann demgemäß auch dann nach diesen Vorschriften zurückgenommen und durch einen für den Betroffenen günstigeren Verwaltungsakt ersetzt werden, wenn das Urteil ein weitergehendes Begehren des Betroffenen zurückgewiesen hatte.

(b) Der Rücknahmespruch des Betroffenen und dessen gerichtliche Durchsetzung

Der sich aus §§ 48 Abs. 1 Satz 1 VwVfG bzw. 44 SGB X ergebenden Berechtigung der Verwaltung zur Rücknahme eines belastenden Verwaltungsaktes korrespondiert ein subjektives öffentliches Recht des Betroffenen auf ein behördliches Handeln, das im Falle des § 48 Abs. 1 Satz 1 VwVfG in einer ermessens-

---

[432] Siehe oben, Abschnitt IV 14 b bb aaa (1, bb).

[433] Siehe etwa BVerwGE 35, 234 (236), BVerwGE 73, 348 (349), BSGE 13, 181 (186), BSG DVBl. 1981, 1007 (1008) sowie BSG Breithaupt, 1992, 477 (478 f.).

[434] Siehe etwa Bley in Gesamtkommentar, § 141 SGG, Anm. 4 c, Clausing in Schoch/Schmidt-Aßmann/Pietzner (Hrsg.), VwGO, § 121 Rdnr. 31, Haueisen, NJW 1963, 1329 (1334), Kopp, VwGO § 121 Rdnr. 30, Kopp/Kopp, NVwZ 1994, 1 (3 ff.), Krause, Rechtsformen, S. 166, Martens, Verwaltungsprozeß, S. 126 ff., Maurer, JZ 1993, 574 (575), Meyer-Ladewig, SGG, § 141 Rdnr. 21, Sauer, DÖV 1971, 150 (155 f.), Schneider-Danwitz in Gesamtkommentar, Vorb. § 44 SGB X, Anm. 30 a und d, Schankhart, SozVers. 1962, 357, ders., SozVers. 1964, 266, Ule, DVBl. 1981, 1008 (1009 f.), Wiesner in Schroeder-Printzen (Hrsg.), SGB X, Vorb. §§ 44 - 49 Rdnr. 7 sowie Wolff/Bachof, Verwaltungsrecht I, 9. Aufl., § 52 II d 2.

fehlerfreien Entscheidung über die Rücknahme des Verwaltungsaktes [435] und im Falle des § 44 SGB X unmittelbar in der Rücknahme des Verwaltungsaktes [436] besteht. Dieses subjektive öffentliche Recht des Betroffenen kann von diesem grundsätzlich durch eine Verpflichtungs- oder Bescheidungsklage durchgesetzt werden [437]. Zweifelhaft ist allerdings, ob eine derartige Klage auch dann zulässig ist, wenn der Betroffene mit der Rücknahme des Verwaltungsaktes eine Begünstigung erlangen würde, auf die er nach einem rechtskräftigen klageabweisenden Urteil keinen Anspruch hat [438]. Von Seiten des Bundessozialgerichts [439] und von einem Teil des Schrifttums [440] wird diese Frage mit der Begründung bejaht, daß das Bestehen eines Rücknahmeanspruches von der Rechtskraftwirkung des vorausgegangenen Urteils nicht erfaßt werde. Würde man sich dieser Auffassung anschließen, so wäre eine auf die Rücknahme eines (teilweise) belastenden Ausführungsbescheides gerichtete Verpflichtungs- oder Bescheidungsklage auch dann als zulässig anzusehen, wenn diesem ein rechtskräftiges Urteil zu Grunde liegt, durch das ein weitergehendes Begehren des Betroffenen zurückgewiesen wurde. Die Richtigkeit dieser Auffassung begegnet jedoch ebenfalls erheblichen Bedenken.

Die inhaltliche Reichweite der Rechtskraft eines Urteils wird durch den Streitgegenstand bestimmt [441]. Streitgegenstand einer Verpflichtungsklage ist das Bestehen eines Anspruches des Klägers gegen den beklagten Rechtsträger auf Erlaß eines bestimmten Verwaltungsaktes [442]. Ein Urteil, durch das eine derartige Klage abgewiesen wird, stellt damit fest, daß ein Anspruch des Klägers auf Erlaß des betreffenden Verwaltungsaktes nicht besteht [443]. Zwar reicht die entgegengesetzte Feststellung, daß ein Anspruch auf Erlaß eines bestimmten begünstigenden Verwaltungsaktes besteht, nicht aus, um zugleich einen Anspruch auf Rücknahme eines diesem entgegenstehenden belastenden Verwaltungsaktes

---

435 Siehe hierzu Baumeister, VerwArch. 1993, 374 (378), Detterbeck, Streitgegenstand, S. 200 sowie Schenke, DÖV 1983, 320 (329).

436 Siehe hierzu Erlenkämper/Fichte, Sozialrecht, S. 750.

437 Siehe hierzu Erichsen, Verwaltungsrecht, § 20 Rdnrn. 21 ff.

438 Etwa in dem Beispielsfall Fn. 425/423 a die Erteilung einer unbefristeten Aufenthaltserlaubnis.

439 Siehe BSG DVBl. 1981, 1007 (1008). Anders jedoch noch in BSGE 13, 181 (188 f.).

440 So insbesondere Ule, DVBl. 1981, 1008 (1009). Ebenso wohl auch Kopp, VwGO, § 121 Rdnr. 30 und Meyer-Ladewig, SGG, § 141 Rdnr. 21.

441 Siehe Clausing in Schoch/Schmidt-Aßmann/Pietzner (Hrsg.), VwGO, § 121 Rdnr. 54.

442 Siehe Detterbeck, Streitgegenstand, S. 206.

443 Siehe Clausing in Schoch/Schmidt-Aßmann/Pietzner (Hrsg.), VwGO, § 121 Rdnr. 83.

gemäß §§ 48 Abs. 1 Satz 1 VwVfG bzw. 44 SGB X zu begründen. Ein derartiger Anspruch würde vielmehr nur dann bestehen, wenn über die materiellrechtlichen Voraussetzungen für einen Erlaß des begünstigenden Verwaltungsaktes hinaus auch die verfahrensrechtlichen Voraussetzungen für die Rücknahme des entgegenstehenden belastenden Verwaltungsaktes gemäß §§ 48 Abs. 1 Satz 1 VwVfG bzw. 44 SGB X gegeben wären [444]. Ein verfahrensrechtlicher Rücknahmeanspruch nach diesen Vorschriften setzt jedoch seinerseits voraus, daß der verfahrensgegenständliche Verwaltungsakt rechtswidrig ist. Dies kann aber nur dann angenommen werden, wenn auf den Erlaß des erstrebten begünstigenden Verwaltungsaktes ein Anspruch besteht, da seine Versagung ansonsten nicht rechtswidrig wäre. Würde der Betroffene einen vermeintlichen Anspruch auf Rücknahme des versagenden Verwaltungsaktes durch eine Verpflichtungs- oder Bescheidungsklage geltend machen, so müßte sich das angerufene Gericht bei seiner Enscheidung über die Begründetheit dieser Klage demnach mit der Vorfrage befassen, ob ein materiellrechtlicher Anspruch des Klägers auf Erlaß des versagten Verwaltungsaktes besteht [445]. Die Streitgegenstände beider Verfahren wären damit zumindest teilweise identisch [446]. Die Rechtskraftwirkung des im Ausgangsverfahren ergangenen klageabweisenden Urteils erfaßt mithin auch das (Nicht-)Bestehen eines Rücknahmeanspruches.

Mit dem BVerwG [447] und der im Schrifttum herrschenden Auffassung [448] ist daher davon auszugehen, daß eine auf die Rücknahme eines belastenden Verwaltungsaktes gerichtete Verpflichtungs- oder Bescheidungsklage als unzulässig anzusehen ist, wenn der Betroffene mit der Rücknahme des betreffenden Verwaltungsaktes eine Begünstigung erlangen würde, auf die er nach einem rechtskräftigen klageabweisenden Urteil keinen Anspruch hat. Eine auf die Rücknahme eines (teilweise) belastenden Ausführungsbescheides gemäß §§ 48 Abs. 1 Satz 1 VwVfG bzw. 44 SGB X gerichtete Verpflichtungs- oder Bescheidungsklage ist daher ebenfalls als unzulässig anzusehen, wenn dem Ausführungsbescheid ein rechtskräftiges Urteil zu Grunde liegt, durch das ein weitergehendes Begehren des Klägers zurückgewiesen wurde.

---

[444] Siehe Detterbeck, Streitgegenstand, S. 197 sowie Peschau, Beweislast, S. 65.

[445] Siehe Schachtschneider, VerwArch. 1972, 112 (142 ff.).

[446] Ebenso Detterbeck, Streitgegenstand, S. 196 ff. und 232 ff.

[447] Siehe BVerwGE 35, 234 (235 ff.) und 73, 348 (349).

[448] Siehe etwa Clausing in Schoch/Schmidt-Aßmann/Pietzner (Hrsg.), VwGO, § 121 Rdnr. 83, Erichsen, Verwaltungsrecht, § 121 Rdnr. 22, Detterbeck, Streitgegenstand, S. 232 f., Schachtschneider, VerwArch. 1972, 112 (142 ff.), Schwankhart, SozVers. 1962, 266 (267 ff.) sowie Wolff/Bachof, Verwaltungsrecht I, 9. Aufl., § 52 II d 2.

(2) Auf einem Vergleichsvertrag beruhende Ausführungsbescheide

Nach der Rechtsprechung des Bundessozialgerichts [449] und der im sozialrechtlichen Schrifttum herrschenden Auffassung [450] sind die Regelungen der §§ 48 Abs. 1 Satz 1 VwVfG bzw. 44 SGB X grundsätzlich auch auf solche belastenden Verwaltungsakte anwendbar, die durch einen Vergleichsvertrag bestätigt wurden oder auf einem Vergleichsvertrag beruhen. Eine Ausnahme von diesem Grundsatz soll nur für solche Fälle gelten, in denen in dem Vergleichsvertrag ein Verzicht des beteiligten Bürgers auf einen weitergehenden Anspruch im Sinne des § 46 SGB I zum Ausdruck kommt [451]. Auch diese Auffassung begegnet jedoch erheblichen Bedenken.

Mit der Zulassung von außergerichtlichen und gerichtlichen Vergleichsverträgen eröffnet der Gesetzgeber den Beteiligten eines Verwaltungs- oder Gerichtsverfahrens eine Möglichkeit zur vereinfachten und beschleunigten Beendigung des Verfahrens und der damit verbundenen Herbeiführung von Rechtsfrieden und Rechtssicherheit [452]. Dieser Regelungszweck der §§ 106 VwGO, 101 Abs. 1 SGG, 55 VwVfG und 54 Abs. 1 SGB X würde jedoch vereitelt, wenn die Verwaltung nach Abschluß des Vergleichsvertrages zur Überprüfung und Rücknahme eines durch diesen bestätigten oder auf seiner Grundlage erlassenen Verwaltungsaktes gemäß §§ 48 Abs. 1 Satz 1 VwVfG bzw. 44 SGB X verpflichtet bliebe. Darüber hinaus setzt der Abschluß eines öffentlich-rechtlichen Vergleichsvertrages gemäß §§ 55 VwVfG bzw. 54 Abs. 1 SGB X ein gegenseitiges Nachgeben der Parteien voraus. Diese Voraussetzung für den Abschluß eines öffentlich-rechtlichen Vergleichsvertrages würde jedoch umgangen, wenn der am Vertrag beteiligte Bürger nach Abschluß des Vertrages über die Rücknahme eines durch den Vertrag bestätigten oder auf Grund des Vertrages erlassenen Verwaltungsaktes gemäß §§ 48 Abs. 1 Satz 1 VwVfG bzw. 44 SGB X die ursprünglich begehrte Leistung in voller Höhe verlangen könnte und somit an die Stelle des vereinbarten gegenseitigen Nachgebens beider Vertragsparteien ein einseitiges Nachgeben der beteiligten Behörde treten würde.

Die Zulässigkeit der Rücknahme eines durch einen Vergleichsvertrag bestätigten oder auf Grund eines Vergleichsvertrages erlassenen belastenden Verwaltungs-

---

449 Siehe BSG SozR 3900 § 40 VerwVG Nr. 2 und BSG SozR 2200 § 1251 RVO Nr. 115.

450 Siehe Schnapp in Krause (Hrsg.), Gemeinschaftskommentar, § 44 Rdnr. 20 sowie Wiesner in Schroeder-Printzen (Hrsg.), SGB X, Vorb. §§ 44 - 49 Rdnr. 7.

451 Siehe BSG SozR 2200 § 1251 RVO Nr. 115.

452 Siehe BT-Drucks. 7/910, S. 80.

aktes kann auch nicht damit begründet werden, daß die Regelungen der §§ 48 Abs. 1 Satz 1 VwVfG bzw. 44 SGB X auch auf einen durch ein rechtskräftiges Urteil bestätigten belastenden Verwaltungsakt Anwendung fänden und ein Kläger, der sich zum Abschluß eines Vergleiches bereits finde, nicht schlechter gestellt werden dürfe, als ein Kläger, der auf einem Urteil beharre [453]. Denn für den vergleichsbereiten Kläger entfällt mit dem Abschluß des Vergleichsvertrages zugleich auch die mit einer Weiterführung des Verfahrens verbundene Zeitverzögerung sowie das Risiko eines Unterliegens im Rechtsstreit. Der Verlust des Anspruches auf Überprüfung und Rücknahme des durch den Vergleichsvertrag bestätigten oder auf Grund des Vergleichsvertrages erlassenen belastenden Verwaltungsaktes wird somit durch einen Gewinn an Rechtsfrieden und Rechtssicherheit kompensiert. Die Interessenlage des vergleichsbereiten Klägers ist daher hinsichtlich der nachträglichen Anwendung der §§ 48 Abs. 1 Satz 1 VwVfG bzw. 44 SGB X auf den verfahrensgegenständlichen Verwaltungsakt mit der Interessenlage eines nicht vergleichsbereiten Klägers nicht vergleichbar [454].

Entgegen der Rechtsprechung des Bundessozialgerichts und der im sozialrechtlichen Schrifttum herrschenden Auffassung ist daher grundsätzlich davon auszugehen, daß ein belastender Ausführungsbescheid, der auf einem Vergleichsvertrag beruht, nicht nach §§ 48 Abs. 1 Satz 1 VwVfG bzw. 44 SGB X zurückgenommen werden kann [455]. Eine Ausnahme von diesem Grundsatz kann nur dann angenommen werden, wenn sich aus dem Inhalt des Vertrages ausdrücklich oder konkludent ergibt, daß die Anwendung dieser Vorschriften auf den zu erlassenden Ausführungsbescheid keine Einschränkung erfahren soll.

15. Die Regelungen der §§ 49 VwVfG und 46 bis 48 Abs. 1 SGB X

Die §§ 49 VwVfG und 46, 47 SGB X regeln die als Widerruf bezeichnete Aufhebung rechtmäßiger Verwaltungsakte durch die Verwaltung. Sie unterscheiden hierbei gleichfalls zwischen begünstigenden Verwaltungsakten, deren Widerruf in den §§ 49 Abs. 2 VwVfG und 47 SGB X geregelt wird (nachfolgend a.) und nicht begünstigenden Verwaltungsakten, deren Widerruf in den §§ 49 Abs. 1 VwVfG und 46 SGB X geregelt wird (nachfolgend b.). Da rechtswidrige Verwaltungsakte keinen stärkeren Bestandsschutz genießen können, als rechtmäßige,

---

[453] So aber BSG SozR 3900 § 40 VerwVG Nr. 2.

[454] Siehe SG Mannheim, Breithaupt 1989, 476 (478).

[455] Ebenso Dörr, DAngVers. 1988, 452 (455), Pickel, SGB X, § 44 Rdnr. 118 sowie SG Mannheim, Breithaupt 1989, 476.

sind diese Regelungen auf rechtswidrige Verwaltungsakte entsprechend anwendbar [456].

Die durch das Gesetz zur Änderung verwaltungsverfahrensrechtlicher Vorschriften vom 02.05.1996 [457] in das VwVfG und das SGB X eingefügten §§ 49 Abs. 3 VwVfG und 47 Abs. 2 SGB X treffen eine Sonderregelung zum Widerruf von Verwaltungsakten, die eine verwendungszweckgebundene Leistung zum Gegenstand haben. Im Unterschied zu den Regelungen der §§ 49 Abs. 2 VwVfG und 47 Abs. 1 SGB X kann hiernach der betreffende Verwaltungsakt nicht nur für die Zukunft, sondern auch für die Vergangenheit widerrufen werden.

Die Regelung des § 48 SGB X hat die Aufhebung des Verwaltungsaktes mit Dauerwirkung im Falle einer Änderung der Verhältnisse zum Gegenstand. Sie ist damit als Sonderregelung zu den Regelungen der §§ 46 und 47 SGB X anzusehen [458]. Ein Verwaltungsakt hat Dauerwirkung, wenn er sich nicht in einem einmaligen Ge- oder Verbot erschöpft, sondern ein auf Dauer angelegtes Rechtsverhältnis feststellt, begründet oder verändert [459]. Hierzu gehören insbesondere Verwaltungsakte, die regelmäßig wiederkehrende Leistungen zum Gegenstand haben. Da zahlreiche Sozialleistungen in regelmäßig wiederkehrender Weise erbracht werden [460], hat die Regelung des § 48 SGB X eine erhebliche praktische Bedeutung.

§ 48 SGB X regelt in seinem Abs. 1 die Aufhebung des Verwaltungsaktes mit Dauerwirkung im Falle einer Änderung der ihm zu Grunde liegenden Sach- oder Rechtslage, in seinem Abs. 2 die Aufhebung des Verwaltungsaktes mit Dauerwirkung im Falle einer Änderung der höchstrichterlichen Rechtsprechung und in seinem Abs. 3 die Anwendung der Abs. 1 und 2 auf rechtswidrige Verwaltungsakte mit Dauerwirkung, die nach § 45 SGB X nicht zurückgenommen wer-

---

456 Siehe Kopp, VwVfG, § 49 Rdnr. 7, Sachs in Stelkens/Bonk/Sachs, VwVfG, § 49 Rdnr. 4, Ule/Laubinger, Verwaltungsverfahrensrecht, § 61 Rdnr. 23, Maurer, Verwaltungsrecht, § 11 Rdnr. 19, Wiesner in Schroeder-Printzen (Hrsg.), SGB X, § 46 Rdnr. 2 und § 47 Rdnr. 3, Schnapp in Gemeinschaftskommentar, § 47 Rdnr. 9 und Schenke, DÖV 1983, 320 (325). Anderer Ansicht Erichsen, Verwaltungsrecht, § 18 Rdnr. 5.

457 BGBl. I, S. 656.

458 Zur systematischen Einordnung der Regelung des § 48 SGB X im Verhältnis zu den Regelungen der §§ 46 und 47 SGB X siehe Schnapp in Gemeinschaftskommentar, § 46 Rdnr. 7 sowie BT-Drucks. 8/2034, S. 35.

459 Siehe zum Begriff des Verwaltungsaktes mit Dauerwirkung im Sozialrecht Wiesner in Schroeder-Printzen (Hrsg.), SGB X, § 48 Rdnr. 3, Pickel, SGb. 1992, 294 sowie BT-Drucks. 8/2034, S. 34.

460 Wie z. B. Renten, Krankengeld oder Arbeitslosengeld.

den können. Während die Regelung des § 48 Abs. 1 SGB X als Parallelregelung zur Regelung des § 49 Abs. 2 Satz 1 Nrn. 3 und 4 VwVfG anzusehen ist, finden die Abs. 2 und 3 des § 48 SGB X im Bereich des VwVfG keine Parallelregelung. Ihre Anwendung auf den Ausführungsbescheid soll daher im nachfolgenden Kapitel gesondert dargestellt werden.

Die Regelung des § 48 Abs. 1 SGB X unterscheidet sich von den Regelungen der §§ 49 VwVfG und 46, 47 SGB X in terminologischer, inhaltlicher und systematischer Hinsicht [461].

Terminologisch unterscheidet sich die Regelung des § 48 Abs. 1 SGB X von den Regelungen der §§ 49 VwVfG und 46, 47 SGB X dadurch, daß sie nicht den Begriff des „Widerrufs" des Verwaltungsaktes verwendet, sondern von dessen „Aufhebung" spricht.

Inhaltlich unterscheidet sich die Regelung des § 48 Abs. 1 SGB X von den Regelungen der §§ 49 VwVfG und 46, 47 SGB X zunächst dadurch, daß sie nicht das Vorliegen eines rechtmäßigen Verwaltungsaktes voraussetzt [462]. Ein weiterer inhaltlicher Unterschied ist darin zu sehen, daß die Regelung des § 48 Abs. 1 SGB X die Aufhebung des Verwaltungsaktes nicht in das Ermessen der Behörde stellt, sondern zwingend anordnet. Schließlich soll der Verwaltungsakt gemäß § 48 Abs. 1 Satz 2 SGB X unter bestimmten Voraussetzungen nicht nur für die Zukunft, sondern mit Wirkung vom Zeitpunkt der Änderung der Verhältnisse an aufgehoben werden [463].

Systematisch unterscheidet sich die Regelung des § 48 Abs. 1 SGB X von den Regelungen der §§ 49 VwVfG und 46, 47 SGB X insbesondere dadurch, daß sie nicht zwischen der Aufhebung begünstigender und der Aufhebung nicht begünstigender Verwaltungsakte, sondern zwischen der Aufhebung des Verwaltungs-

---

[461] Siehe zu den Unterschieden zwischen den Regelungen der §§ 49 VwVfG und 46, 47 SGB X einerseits und des § 48 Abs. 1 SGB X andererseits Wendt, JA 1980, 85 (91) sowie Frohn, Jura 1993, 393 ff.

[462] Die praktische Bedeutung dieses Unterschiedes wird dadurch relativiert, daß die Regelungen der §§ 49 VwVfG und 46, 47 SGB X - wie zuvor gezeigt - auch auf rechtswidrige Verwaltungsakte Anwendung finden.

[463] Die „Soll" - Vorschrift des § 48 Abs. 1 Satz 2 SGB X wird durch das BSG dahingehend interpretiert, daß der Verwaltungsakt grundsätzlich für die Vergangenheit aufzuheben ist und nur in „atypischen" Fällen von einer Aufhebung für die Vergangenheit abgesehen werden kann,
siehe BSG SozR 1300 § 48 SGB X Nr. 25. Ein umfassender Überblick über mögliche „atypische" Fälle findet sich bei Rauschenbach, DAngVers. 1988, 441 (444).

aktes zu Gunsten und zu Ungunsten des Betroffenen unterscheidet. Die praktische Bedeutung dieses Unterschiedes wird allerdings dadurch relativiert, daß nach herrschender Meinung [464] die Ersetzung eines belastenden Verwaltungsaktes durch einen den Adressaten noch stärker belastenden Verwaltungsakt [465] nach den Regelungen über die Aufhebung eines begünstigenden Verwaltungsaktes und die Ersetzung eines begünstigenden Verwaltungsaktes durch einen den Adressaten noch stärker begünstigenden Verwaltungsakt [466] nach den Regelungen über die Aufhebung eines belastenden Verwaltungsaktes zu erfolgen hat. Da somit bei spiegelbildlicher Betrachtung die Aufhebung des Verwaltungsaktes zu Gunsten des Betroffenen der Aufhebung eines belastenden Verwaltungsaktes und die Aufhebung zu Ungunsten des Betroffenen der Aufhebung eines begünstigenden Verwaltungsaktes entspricht [467], soll die Aufhebung des Verwaltungsaktes zu Gunsten des Betroffenen im Zusammenhang mit dem Widerruf nicht begünstigender Verwaltungsakte und die Aufhebung des Verwaltungsaktes zu Ungunsten des Betroffenen im Zusammenhang mit dem Widerruf begünstigender Verwaltungsakte dargestellt werden.

a. Die Regelungen der §§ 49 Abs. 2 VwVfG sowie 47 Abs. 1 und 48 Abs. 1 Satz 1, Satz 2 Nrn. 2 bis 4 SGB X (Der Widerruf begünstigender Ausführungsbescheide)

Die §§ 49 Abs. 2 VwVfG und 47 Abs. 1 SGB X regeln den Widerruf begünstigender Verwaltungsakte, die Regelung des § 48 Abs. 1 Satz 1, Satz 2 Nrn. 2 bis 4 SGB X die Aufhebung von Verwaltungsakten mit Dauerwirkung zu Ungunsten des Betroffenen. Nach diesen Vorschriften ist der Widerruf eines begünstigen Verwaltungsaktes bzw. dessen Aufhebung zu Ungunsten des Betroffenen nur bei Vorliegen eines Widerrufs- bzw. Aufhebungsgrundes zulässig. Als Widerrufs- bzw. Aufhebungsgründe kommen hiernach das Bestehen eines Widerrufsvorbehaltes (nachfolgend aa.), die Nichterfüllung einer Auflage (nachfolgend bb.), die Änderung der dem Verwaltungsakt zu Grunde liegenden Sach- oder

---

[464] Siehe etwa Erichsen, Verwaltungsrecht, § 61 Rdnr. 6, Kopp, VwVfG, § 48 Rdnr. 48, Maurer, Verwaltungsrecht, § 11 Rdnr. 15, Sachs in Stelkens/Bonk/Sachs, VwVfG, § 48 Rdnrn. 30 f. sowie Ule/Laubinger, Verwaltungsverfahrensrecht, § 61 Rdnr. 28. Kritisch hierzu Stelkens, JuS 1984, 930 ff.

[465] Beispiel: Ein Gebührenbescheid über 10.000,-- DM wird durch einen Gebührenbescheid über 20.000,-- DM ersetzt.

[466] Beispiel: Ein Subventionsbescheid über 10.000,-- DM wird durch einen Subventionsbescheid über 20.000,-- DM ersetzt.

[467] Vgl. Maurer, Verwaltungsrecht, § 11 Rdnr. 15 sowie Krause in Gemeinschaftskommentar, § 31 Rdnr. 49.

Rechtslage (nachfolgend cc.) sowie die Gefährdung des Gemeinwohls (nachfolgend dd.) in Betracht.

aa. Bestehen eines Widerrufsvorbehaltes

Nach den in ihrem Wortlaut übereinstimmenden Regelungen der §§ 49 Abs. 2 Satz 1 Nr. 1 VwVfG und 47 Abs. 1 Nr. 1 SGB X ist der Widerruf eines begünstigenden Verwaltungsaktes zunächst dann zulässig, wenn der Widerruf durch Rechtsvorschrift zugelassen oder im Verwaltungsakt vorbehalten ist.

In Rechtsprechung und Schrifttum ist umstritten, ob ein Widerruf auf Grund eines Widerrufsvorbehaltes nach diesen Bestimmungen auch dann zulässig ist, wenn dieser dem Verwaltungsakt zu Unrecht beigefügt wurde. Die Rechtsprechung [468] und ein Teil des Schrifttums [469] bejahen diese Frage. Die Rechtswidrigkeit des Widerrufsvorbehaltes soll demnach lediglich bei der Ausübung eines Widerrufsermessens berücksichtigt werden [470]. Zur Begründung dieser Auffassung wird insbesondere darauf verwiesen, daß der Widerrufsvorbehalt zusammen mit der Hauptregelung des Verwaltungsaktes unanfechtbar und damit bestandskräftig geworden sei [471]. Hierbei wird jedoch nicht hinreichend beachtet, daß der Widerruf eines begünstigenden Verwaltungsaktes seinerseits als belastender Verwaltungsakt zu qualifizieren ist [472] und daher nach dem Grundsatz des Vorbehaltes des Gesetzes einer gesetzlichen Ermächtigungsgrundlage bedarf. Ein rechtswidriger Widerrufsvorbehalt erfüllt diese Voraussetzungen jedoch nicht [473]. In Übereinstimmung mit der Regierungsbegründung zu § 49 VwVfG [474] und der im Schrifttum herrschenden Auffassung [475] ist daher davon

---

468 Siehe BVerwG, NVwZ 1987, 498 (499), BSGE 67, 104 (113) und BSG, SGb. 1991, 560 (562). Anderer Ansicht jedoch noch in BVerwG DVBl. 1965, 728 (729).

469 So etwa Kopp, VwVfG, § 49 Rdnr. 30, ders., SGb. 1991, 563 (564), Sachs in Stelkens/Bonk/Sachs, VwVfG, § 49 Rdnr. 24, Schwerdtfeger, Fallbearbeitung, Rdnr. 168 sowie Ule/Laubinger, Verwaltungsverfahrensrecht, § 63 Rdnr. 6.

470 So insbesondere Sachs in Stelkens/Bonk/Sachs, VwVfG, § 49 Rdnr. 25, der die Auffassung vertritt, daß die Ausübung eines unzulässigen Widerrufsvorbehaltes grundsätzlich als ermessensfehlerhaft anzusehen ist.

471 So insbesondere Schwerdtfeger, Fallbearbeitung, Rdnr. 168.

472 Siehe hierzu Erichsen, Verwaltungsrecht, § 18 Rdnr. 17.

473 Ebenso Schachel, Nebenbestimmungen, S. 44 und Schenke, DÖV 1982, 320 (326).

474 Siehe BT-Drucks. 7/910, S. 72.

475 Siehe etwa Erichsen, Verwaltungsrecht, § 18 Rdnr. 7, Maurer, Verwaltungsrecht, § 11 Rdnr. 41, Schachel, Nebenbestimmungen, S. 43 f., Schenke, DÖV 1982, 320 (326) sowie Weides, JuS 1985, 364 (367).

auszugehen, daß der Widerruf eines begünstigenden Verwaltungsaktes nach §§ 49 Abs. 2 Satz 1 Nr. 1 VwVfG bzw. 47 Abs. 1 Nr. 1 SGB X nur auf einen rechtmäßigen Widerrufsvorbehalt gestützt werden kann.

Bei der Anwendung der §§ 49 Abs. 2 Satz 1 Nr. 1 VwVfG und 47 Abs. 1 Nr. 1 SGB X auf den Ausführungsbescheid ergeben sich keine besonderen Probleme. Es ist jedoch zu beachten, daß ein Widerrufsvorbehalt zu einem gebundenen Ausführungsbescheid nur dann als zulässig anzusehen ist, wenn dieser durch die ihm zu Grunde liegende Einzelfallregelung ausdrücklich oder konkludent zugelassen wurde [476].

bb. Nichterfüllung einer Auflage

Nach den in ihrem Wortlaut gleichfalls übereinstimmenden Regelungen der §§ 49 Abs. 2 Satz 1 Nr. 2 VwVfG und 47 Abs. 1 Nr. 2 SGB X ist der Widerruf eines begünstigenden Verwaltungsaktes weiterhin dann zulässig, wenn mit dem Verwaltungsakt eine Auflage verbunden ist und der Begünstigte diese nicht oder nicht innerhalb einer ihm gesetzten Frist erfüllt hat.

Aus den gleichen Gründen wie im Falle des Widerrufsvorbehaltes ist ein Widerruf wegen Nichterfüllung einer Auflage nach diesen Vorschriften nur dann als zulässig anzusehen, wenn die Auflage rechtmäßig ist [477]. Bei einem gebundenen Ausführungsbescheid ist dies wiederum nur dann der Fall, wenn diese durch die ihm zu Grunde liegende Einzelfallregelung ausdrücklich oder konkludent zugelassen wurde [478].

cc. Änderung der Sach- oder Rechtslage

Nach der Regelung des § 49 Abs. 2 Satz 1 Nr. 3 VwVfG kann ein begünstigender Verwaltungsakt darüber hinaus auch dann widerrufen werden, wenn die Behörde auf Grund nachträglich eingetretener Tatsachen berechtigt wäre, den Verwaltungsakt nicht zu erlassen und wenn ohne den Widerruf das öffentliche Interesse gefährdet würde. Das Gleiche gilt gemäß § 49 Abs. 2 Satz 1 Nr. 4 VwVfG dann, wenn die Behörde auf Grund einer geänderten Rechtsvorschrift berechtigt wäre, den Verwaltungsakt nicht zu erlassen, der Begünstigte von der

---

[476] Siehe oben, Abschnitt IV 2 a.

[477] Ebenso Erichsen, Verwaltungsrecht, § 18 Rdnr. 7 und Schenke, DÖV 1982, 320 (326).

[478] Siehe oben, Abschnitt IV 2 a.

Begünstigung noch keinen Gebrauch gemacht hat oder auf Grund des Verwaltungsaktes noch keine Leistungen empfangen hat und wenn ohne den Widerruf das öffentliche Interesse gefährdet wäre.

Nach der entsprechenden Parallelregelung des § 48 Abs. 1 Satz 1 SGB X ist ein Verwaltungsakt mit Dauerwirkung mit Wirkung für die Zukunft aufzuheben, soweit in den tatsächlichen oder rechtlichen Verhältnissen, die bei seinem Erlaß vorgelegen haben, eine wesentliche Änderung eingetreten ist. Er soll darüber hinaus gemäß § 48 Abs. 1 Satz 2 SGB X mit Wirkung vom Zeitpunkt der Änderung der Verhältnisse an aufgehoben werden, soweit einer der Tatbestände der Nrn. 2 bis 4 gegeben ist.

Bei der Anwendung dieser Bestimmungen auf den Ausführungsbescheid stellt sich die Frage, ob dieser auch bei fortbestehender Grundregelung widerrufen bzw. aufgehoben werden kann oder sein Widerruf bzw. seine Aufhebung die vorherige Abänderung der ihm zu Grunde liegenden Einzelfallregelung voraussetzt. Praktische Bedeutung hat diese Frage insbesondere in solchen Fällen, in denen dem Ausführungsbescheid ein rechtskräftiges verwaltungs- oder sozialgerichtliches Urteil [479] (nachfolgend aaa.) oder ein öffentlich-rechtlicher Vertrag [480] (nachfolgend bbb.) zu Grunde liegt.

---

479 Beispiel: In einem sozialgerichtlichen Verfahren wird der beklagte Rentenversicherungsträger verurteilt, dem Kläger eine Rente wegen Erwerbsunfähigkeit gemäß § 44 SGB VI zu gewähren. Der Rentenversicherungsträger erläßt einen entsprechenden Ausführungsbescheid. Nach Erlaß des Ausführungsbescheides nimmt der Kläger eine selbständige Erwerbstätigkeit auf, womit gemäß § 44 Abs. 2 Satz 2 Nr. 1 SGB VI sein Rentenanspruch entfällt. Kann in diesem Fall der Ausführungsbescheid unmittelbar nach § 48 Abs. 1 SGB X aufgehoben werden oder ist zunächst eine Abänderung des Urteils gemäß § 202 SGG i. V. mit § 323 ZPO erforderlich?

480 Beispiel: In einem außergerichtlichen Vergleichvertrag verpflichtet sich die zuständige Gewerbeaufsichtsbehörde gegenüber einem Bürger, ihm eine Genehmigung zum Betrieb einer Privatkrankenanstalt gemäß § 30 GewO zu erteilen. Nach Erlaß eines entsprechenden Ausführungsbescheides treten Umstände ein, welche die Unzuverlässigkeit des Bürgers in Beziehung auf die Leitung oder Verwaltung der Anstalt dartun (siehe § 30 Abs. 1 Nr. 1 GewO). Kann die Genehmigung in diesem Falle unmittelbar nach § 49 Abs. 2 Satz 1 Nr. 3 VwVfG widerrufen werden oder ist zunächst eine Kündigung des Vertrages gemäß § 60 Abs. 1 VwVfG erforderlich?

aaa. Auf einem rechtskräftigen Urteil beruhende Ausführungsbescheide

(1) Meinungsstand

Das Bundessozialgericht [481] und der überwiegende Teil des Schrifttums [482] vertreten die Auffassung, daß ein auf einem rechtskräftigen verwaltungs- oder sozialgerichtlichen Urteil beruhender begünstigender Ausführungsbescheid mit Dauerwirkung im Falle einer Änderung der ihm zu Grunde liegenden Sach- oder Rechtslage auch ohne vorherige Abänderung des Urteils durch eine Abänderungsklage gemäß §§ 173 VwGO bzw. 202 SGG in Verbindung mit § 323 ZPO nach § 49 Abs. 2 Satz 1 Nrn. 3 oder 4 VwVfG widerrufen bzw. nach § 48 Abs. 1 Satz 1, Satz 2 Nrn. 2 bis 4 SGB X aufgehoben werden könne [483]. Sie begründen ihre Auffassung insbesondere damit, daß sich die Rechtskraftwirkung eines Urteils gemäß § 121 VwGO bzw. 141 SGG nur auf die Sach- und Rechtslage im Zeitpunkt der letzten mündlichen Verhandlung beziehe und einer Abänderung des Ausführungsbescheides wegen einer nach diesem Zeitpunkt eingetretenen Änderung der Sach- und Rechtslage daher nicht entgegenstehe [484].

Eine Mindermeinung des Schrifttums geht demgegenüber davon aus, daß der Widerruf bzw. die Aufhebung eines auf einem rechtskräftigen verwaltungs- oder sozialgerichtlichen Urteil beruhenden begünstigenden Ausführungsbescheides mit Dauerwirkung gemäß §§ 49 Abs. 2 Satz 1 Nrn. 3 oder 4 VwVfG bzw. 48 Abs. 1 Satz 1, Satz 2 Nrn. 2 bis 4 SGB X erst nach vorheriger Abänderung des Urteils zulässig sei [485]. Zur Begründung dieser Auffassung wird ein Vergleich zu zivilgerichtlichen Urteilen gezogen. Ändere sich die einem auf eine wiederkehrende Leistung gerichteten rechtskräftigen zivilgerichtlichen Urteil zu Grunde liegende Sach- oder Rechtslage dahingehend, daß der Anspruch auf die betreffende Leistung entfällt, so könne der zur Erbringung der Leistung verurteilte Beklagte die Erfüllung seiner Verpflichtung nicht einfach verweigern. Erforderlich sei in einem derartigen Fall vielmehr eine vorherige Abänderung des Urteils durch eine

---

[481] Siehe BSG SozR 4100 § 151 AFG Nr. 10, S. 18 f.

[482] So etwa Clausing in Schoch/Schmidt-Aßmann/Pietzner (Hrsg.), VwGO, § 121 Rdnr. 110, Kopp, VwGO, § 121 Rdnr. 16, Maurer, JZ 1993, 574 (575), Meyer-Ladewig, SGG, § 141 Rdnrn. 9 und 22, Schneider-Danwitz in Gesamtkommentar, Vorb. § 44 SGB X, Anm. 30 c und § 48 SGB X, Anm. 19, Sieg, SGb. 1980, 49 (51), Wiesner in Schroeder-Printzen (Hrsg.), SGB X, Vorb. §§ 44 - 49, Rdnr. 7 und wohl auch Joeres, Rechtsstellung, S. 90.

[483] Eine gesetzliche Regelung in diesem Sinne trifft § 206 Abs. 1 Satz 1 Halbsatz 2 BEG.

[484] So insbesondere Kopp, VwGO, § 121 Rdnr. 28 und Meyer-Ladewig, SGG, § 141 Rdnr. 9.

[485] So etwa Hauck, SGb. 1959, 154 (156), Haueisen, NJW 1963, 1329 (1335 f.), ders., DRV 1963, 1 (9) sowie Krasney, SGb. 1980, 73 (74 f.).

Abänderungsklage gemäß § 323 ZPO. Mit der durch die Rechtsschutzgarantie des Art. 19 Abs. 4 Satz 1 GG geforderten Gleichwertigkeit des Rechtsschutzes durch die verschiedenen Gerichtszweige [486] sei es jedoch nicht vereinbar, verwaltungs- und sozialgerichtliche Urteile mit einer schwächeren Rechtskraftwirkung auszustatten, als vergleichbare Urteile der Zivilgerichtsbarkeit [487].

(2) Stellungnahme

Der Ausführungsbescheid ist dadurch charakterisiert, daß er nicht unmittelbar auf Grund einer gesetzlichen Regelung, sondern auf Grund einer gesetzeskonkretisierenden Einzelfallregelung ergeht [488]. Maßgeblicher Grund für den Erlaß eines derartigen Verwaltungsaktes ist demnach nicht das Bestehen einer dahingehenden materiellrechtlichen Verpflichtung der Behörde, sondern die hiervon unabhängige Verpflichtungswirkung der jeweiligen Einzelfallregelung. Die Festellung einer nachträglichen Änderung der Sach- oder Rechtslage im Sinne der §§ 49 Abs. 2 Satz 1 Nrn. 3 oder 4 VwVfG bzw. 48 Abs. 1 Satz 1 SGB X, auf Grund derer die Behörde nunmehr berechtigt wäre, den Verwaltungsakt nicht zu erlassen, ist daher bei einem Ausführungsbescheid ebenfalls nicht am Maßstab des materiellen Rechts, sondern am Maßstab der ihm zu Grunde liegenden Einzelfallregelung zu treffen. Ein auf einem rechtskräftigen Urteil beruhender Ausführungsbescheid kann mithin nur dann wegen einer Änderung der ihm zu Grunde liegenden Sach- oder Rechtslage widerrufen oder aufgehoben werden, wenn entweder das Urteil seinerseits abgeändert wird oder die Änderung der Sach- oder Rechtslage dessen Rechtskraftwirkung automatisch entfallen läßt.

Die Rechtskraft eines Urteils bezieht sich immer nur auf die Sach- oder Rechtslage, die in dem Zeitpunkt besteht, der für die Entscheidung über die Begründetheit der Klage maßgeblich ist [489]. Dies ist bei einer Verpflichtungs- oder sonstigen Leistungsklage grundsätzlich der Zeitpunkt der letzten mündlichen Verhandlung in der letzten Tatsacheninstanz [490]. Ändert sich die maßgebliche Sach- oder Rechtslage nach diesem Zeitpunkt, so steht die Rechtskraftwirkung des

---

486 Siehe hierzu Schmidt-Aßmann in Schoch/Schmidt-Aßmann/Pietzner (Hrsg.), VwGO, Einleitung, Rdnr. 27 sowie Ule, Verwaltungsprozeßrecht, § 4 I.

487 So insbesondere Haueisen, DRV 1963, 1 (8), ders., NJW 1963, 1329 (1335) und Krasney, SozVers. 1979, 73 (74 f.).

488 Siehe oben, Abschnitt I 1 b.

489 Siehe etwa Jauernig, Zivilprozeßrecht, § 63 V und Clausing in Schoch/Schmidt-Aßmann/Pietzner (Hrsg.), VwGO, § 121 Rdnrn. 68 und 72.

490 Siehe etwa Kopp, VwGO, § 113 Rdnr. 95 sowie Meyer-Ladewig, SGG, § 54 Rdnr. 34.

Urteils dem Widerruf bzw. der Aufhebung eines zu seiner Ausführung erlassenen Verwaltungsaktes daher nicht entgegen. Zwar wirkt in Fällen, in denen das Urteil eine wiederkehrende Leistung zum Gegenstand hat oder in sonstiger Weise Dauerwirkung entfaltet, seine Rechtskraft über die zuvor skizzierte zeitliche Grenze hinaus [491]. Der Erlaß eines Verwaltungsaktes stellt jedoch auch dann lediglich eine einmalige Leistung dar, wenn dieser selbst eine wiederkehrende Leistung zum Gegenstand hat oder in sonstiger Weise Dauerwirkung entfaltet. Die Rechtskraftwirkung eines zum Erlaß eines Verwaltungsaktes verpflichtenden Urteils ist somit auf die Sach- oder Rechtslage im Zeitpunkt der letzten mündlichen Verhandlung in der letzten Tatsacheninstanz begrenzt und wird daher durch einen Widerruf oder eine Aufhebung des zu seiner Ausführung erlassenen Verwaltungsaktes wegen einer nach diesem Zeitpunkt eingetretenen Änderung der maßgeblichen Sach- oder Rechtslage nicht in Frage gestellt.

Mit der Rechtsprechung des Bundessozialgerichts und der im Schrifttum herrschenden Auffassung ist demnach davon auszugehen, daß ein auf einem rechtskräftigen Urteil beruhender begünstigender Ausführungsbescheid mit Dauerwirkung auch ohne vorherige Abänderung des Urteils gemäß § 49 Abs. 2 Satz 1 Nrn. 3 oder 4 VwVfG widerrufen bzw. gemäß § 48 Abs. 1 Satz 1, Satz 2 Nrn. 2 bis 4 SGB X aufgehoben werden kann.

bbb. Auf einem öffentlich-rechtlichen Vertrag beruhende Ausführungsbescheide

(1) Meinungsstand

Der überwiegende Teil des Schrifttums vertritt die Auffassung, daß ein auf einem öffentlich-rechtlichen Vertrag beruhender Ausführungsbescheid mit Dauerwirkung im Falle einer Änderung der ihm zu Grunde liegenden Sach- oder Rechtslage auch ohne vorherige Anpassung oder Kündigung des Vertrages gemäß §§ 60 VwVfG bzw. 59 SGB X nach § 49 Abs. 2 Satz 1 Nrn. 3 oder 4 VwVfG widerrufen bzw. nach § 48 Abs. 1 Satz 1, Satz 2 Nrn. 2 bis 4 SGB X aufgehoben werden könne [492]. Eine Mindermeinung geht demgegenüber davon aus, daß der Widerruf bzw. die Aufhebung des Ausführungsbescheides in derartigen Fällen erst nach vorheriger Anpassung oder Kündigung des Vertrages

---

[491] Ebenso Jauernig, Zivilprozeßrecht, § 63 VI, Rosenberg/Schwab/Gottwald, Zivilprozeßrecht, § 159 I sowie BSG SozR 4100 § 151 AFG Nr. 10, S. 17 f.

[492] So etwa Bullinger, DÖV 1977, 812 (819), Meyer-Ladewig, SGG, § 101 Rdnr. 11, Peters/Sautter/Wolff, SGG, § 101 Anm. 1 c und Wiesner in Schroeder-Printzen (Hrsg.), SGB X, Vorb. §§ 44 - 49 Rdnr. 7. Eine gesetzliche Regelung in diesem Sinne trifft § 206 Abs. 1 Satz 1 Halbsatz 2, Abs. 2 BEG.

zulässig sei [493]. Die praktische Bedeutung dieser Streitfrage wird zwar dadurch relativiert, daß zwischen den Voraussetzungen für die Anpassung oder die Kündigung eines öffentlich-rechtlichen Vertrages gemäß §§ 60 VwVfG bzw. 59 SGB X und den Voraussetzungen für den Widerruf bzw. die Aufhebung eines Verwaltungsaktes gemäß §§ 49 Abs. 2 Satz 1 Nrn. 3 oder 4 VwVfG bzw. 48 Abs. 1 Satz 1, Satz 2 Nrn. 2 bis 4 SGB X eine weitgehende Übereinstimmung besteht und der Widerruf bzw. die Aufhebung des vertragserfüllenden Verwaltungsaktes zugleich als Kündigung des ihm zu Grunde liegenden Vertrages anzusehen ist [494]. Sie soll jedoch gleichwohl nicht unentschieden bleiben.

(2) Stellungnahme

Wie zuvor dargelegt, ist die Feststellung einer Änderung der Sach- oder Rechtslage im Sinne der §§ 49 Abs. 2 Satz 1 Nrn. 3 oder 4 VwVfG bzw. 48 Abs. 1 Satz 1 SGB X bei einem Ausführungsbescheid nicht am Maßstab des materiellen Rechts, sondern am Maßstab der Grundregelung zu treffen. Ein auf einem öffentlich-rechtlichen Vertrag beruhender Ausführungsbescheid kann daher nur dann wegen einer Änderung der Sach- oder Rechtslage widerrufen bzw. aufgehoben werden, wenn die Bindungswirkung des ihm zu Grunde liegenden Vertrages entfällt [495].

Die Auffassung, daß ein auf einem öffentlich-rechtlichen Vertrag beruhender Ausführungsbescheid mit Dauerwirkung auch ohne vorherige Anpassung oder Kündigung des ihm zu Grunde liegenden Vertrages gemäß § 49 Abs. 2 Satz 1 Nrn. 3 oder 4 VwVfG widerrufen bzw. gemäß § 48 Abs. 1 satz 1, Satz 2 Nrn. 2 bis 4 SGB X aufgehoben werden könne, wird insbesondere damit begründet, daß ein derartiger Vertrag mit Erlaß des Ausführungsbescheides seinen Zweck erreicht habe und daher als erledigt wegfalle [496]. Diese Prämisse hält einer näheren Betrachtung jedoch nicht stand. Für schuldrechtliche Verträge im Bereich des Zivilrechts steht außer Frage, daß diese sich nicht mit der Erfüllung erledigen, sondern als Rechtsgrund für die erbrachte Leistung im Sinne des § 812 Abs. 1 Satz 1 BGB fortbestehen. Im Hinblick auf die Regelungen der §§ 62 Satz

---

[493] So etwa Dörr, DAngVers. 1988, 452 (455), Fluck, Erfüllung, S. 66 ff. sowie Meyer in Meyer/Borgs, VwVfG, § 49 Rdnr. 15.

[494] Siehe oben, Abschnitt IV 14 b bb bbb.

[495] Ebenso Fluck, Erfüllung, S. 69.

[496] So Bullinger, DÖV 1977, 812 (819, linke Spalte); ebenso Achterberg, Verwaltungsrecht, § 121 Rdnr. 124 und DÖV 1971, 397 (407) für Ausführungsbescheide, die auf einer Zusicherung beruhen.

2 VwVfG bzw. 61 Satz 2 SGB X ist davon auszugehen, daß dieser Grundsatz auch für öffentlich-rechtliche Verträge gilt. Ein zum Erlaß eines Verwaltungsaktes verpflichtender öffentlich-rechtlicher Vertrag bleibt demnach grundsätzlich auch nach Erlaß des Verwaltungsaktes bestehen [497]. Zu beachten ist hierbei jedoch, daß die Vertragsparteien die Möglichkeit haben, die Bindungswirkung des Vertrages auf den Erlaß des Verwaltungsaktes zu beschränken und den späteren Widerruf bzw. die spätere Aufhebung des Verwaltungsaktes auch ohne vorherige Anpassung oder Kündigung des Vertrages zuzulassen. Die Frage, ob ein auf einem öffentlich-rechtlichen Vertrag beruhender Ausführungsbescheid mit Dauerwirkung im Falle einer Änderung der Sach- oder Rechtslage auch ohne vorherige Anpassung oder Kündigung des ihm zu Grunde liegenden Vertrages gemäß § 49 Abs. 2 Satz 1 Nrn. 3 oder 4 widerrufen bzw. gemäß § 48 Abs. 1 Satz 1, Satz 2 Nrn. 2 bis 4 SGB X aufgehoben werden kann, kann daher nicht generell, sondern nur einzelfallbezogen nach dem Inhalt des jeweiligen Vertrages beantwortet werden. Verpflichtet dieser die Behörde lediglich zum Erlaß des Verwaltungsaktes, so kann dieser auch ohne vorherige Anpassung oder Kündigung des Vertrages widerrufen bzw. aufgehoben werden. Verpflichtet der Vertrag die Behörde demgegenüber nicht nur zum Erlaß, sondern auch zur Aufrechterhaltung des Verwaltungsaktes, so setzt dessen Widerruf bzw. Aufhebung die vorherige Anpassung oder Kündigung des Vertrages voraus. Ausgangspunkt einer Bestimmung der Reichweite der Verpflichtung ist hierbei zunächst der Wortlaut des Vertrages. Erlaubt dieser keine eindeutige Beantwortung der Frage, ob die Behörde nur zum Erlaß oder auch zur Aufrechterhaltung des Ausführungsbescheides verpflichtet werden soll, so ist nach den gemäß § 62 Satz 2 VwVfG bzw. 61 Satz 2 SGB X auch auf den öffentlich-rechtlichen Vertrag anwendbaren §§ 133 und 157 BGB der Wille der Vertragsparteien zu erforschen [498]. Eine auf den Erlaß des Ausführungsbescheides beschränkte Verpflichtung der Behörde ist hierbei im Zweifel immer dann anzunehmen, wenn gerade diese Verpflichtung zwischen den Vertragsparteien umstritten war und der Zweck des Vertrages in einer Regelung dieser Streitfrage zu sehen ist [499]. In einem derartigen Fall kann nicht davon ausgegangen werden, daß der Bestand des Ausführungsbescheides im Falle einer Änderung der ihm zu Grunde liegenden Sach- oder Rechtslage stärker geschützt werden soll, als der Bestand eines sonstigen Verwaltungsaktes. Eine darüber hinausgehende Verpflichtung der Be-

---

497 Ebenso Fluck, Erfüllung, S. 72 f. sowie Scheuing, VVDStRL Bd. 40 (1982), 153 (184).

498 Siehe Bonk in Stelkens/Bonk/Sachs, VwVfG, 62 Rdnr. 15 sowie Schnapp in Gemeinschaftskommentar, § 61 Rdnr. 16.

499 Dies ist insbesondere bei gerichtlichen und außergerichtlichen Vergleichsverträgen anzunehmen.

hörde zur Aufrechterhaltung des Ausführungsbescheides ist demgegenüber in solchen Fällen anzunehmen, in denen die Verpflichtung der Behörde zu seinem Erlaß durch eine Gegenleistung des Bürgers erkauft wurde, die sich für diesen erst durch eine Ausnutzung der Begünstigung „auszahlt“ [500].

Wird die dem Ausführungsbescheid zu Grunde liegende Einzelfallregelung abgeändert oder aufgehoben, so ist hierin eine Änderung der Sachlage im Sinne der §§ 49 Abs. 2 Satz 1 Nr. 3 VwVfG bzw. 48 Abs. 1 SGB X zu sehen. Er kann bzw. muß daher grundsätzlich nach Maßgabe dieser Bestimmungen widerrufen bzw. aufgehoben werden [501]. Eine Ausnahme von diesem Grundsatz gilt nur dann, wenn er alternativ auf eine gesetzliche Ermächtigungsgrundlage gestützt werden kann, da in diesem Falle ein Verwaltungsakt gleichen Inhalts erneut erlassen werden müßte und ein Widerruf daher gemäß § 49 Abs. 1 VwVfG ausgeschlossen ist [502].

dd. Gefährdung des Gemeinwohls

Nach der Regelung des § 49 Abs. 2 Satz 1 Nr. 5 VwVfG kann ein begünstigender Verwaltungsakt schließlich auch widerrufen werden, um schwere Nachteile für das Gemeinwohl zu verhüten oder zu beseitigen. Im Bereich des SGB X findet sich zu dieser Vorschrift keine Parallelregelung [503].

---

500 Dies ist insbesondere bei Austauschverträgen im Sinne der §§ 56 VwVfG bzw. 55 SGB X anzunehmen.

Beispiel: In einem Vertrag mit der zuständigen Bauaufsichtsbehörde verpflichtet sich ein Bauantragssteller, als Gegenleistung für die Erteilung einer Bauerlaubnis einen Beitrag zu den Kosten der Errichtung eines gemeindlichen Parkhauses zu leisten. Die Bauaufsichtsbehörde erläßt einen entsprechenden Ausführungsbescheid. In diesem Falle ist davon auszugehen, daß der Vertrag auf Grund der Gegenleistung des Bürgers nicht nur zum Erlaß, sondern auch zur Aufrechterhaltung der Baugenehmigung verpflichtet. Sie kann daher im Falle einer Änderung der Sach- oder Rechtslage erst nach einer vorherigen Kündigung des Vertrages gemäß § 60 Abs. 1 VwVfG nach § 49 Abs. 2 Satz 1 Nrn. 3 oder 4 VwVfG widerrufen werden.

501 Wird etwa in dem vorherigen Beispielfall Fn. 500 der Vertrag durch die Bauaufsichtsbehörde gekündigt, so ist hierin eine Änderung der dem Ausführungsbescheid zu Grunde liegenden Sachlage im Sinne des § 49 Abs. 2 Satz 1 Nr. 3 VwVfG zu sehen. Er kann daher nach Maßgabe dieser Bestimmung widerrufen werden.

502 Das gleiche gilt für eine Aufhebung nach § 48 Abs. 1 Satz 1 SGB X, da eine Änderung der Sach- oder Rechtslage nur dann als „wesentlich“ im Sinne dieser Vorschrift anzusehen ist, wenn sie zur Folge hat, daß der Verwaltungsakt nunmehr nicht mehr ergehen dürfte. Siehe hierzu Wiesner in Schroeder-Printzen (Hrsg.), SGB X, § 48 Rdnr. 9.

503 Zu den Gründen für das Fehlen einer der Regelung des § 49 Abs. 2 Satz 1 Nr. 5 VwVfG entsprechenden Parallelregelung im Bereich des SGB X siehe Schnapp in Gemeinschaftskommentar, § 47 Rdnr. 3 sowie BT-Drucks. 8/2034, S. 35.

Gegen die Anwendung des § 49 Abs. 2 Satz 1 Nr. 5 VwVfG auf den Ausführungsbescheid bestehen grundsätzlich keine Bedenken. In Fällen, in denen die ihm zu Grunde liegende Einzelfallregelung die Behörde nicht nur zum Erlaß, sondern auch zur Aufrechterhaltung des Ausführungsbescheides verpflichtet, ist jedoch - ebenso wie bei der Anwendung des § 49 Abs. 2 Satz 1 Nrn. 3 oder 4 VwVfG - davon auszugehen, daß sein Widerruf nach dieser Vorschrift erst nach vorheriger Abänderung oder Aufhebung der Grundregelung zulässig ist.

b. Die Regelungen der §§ 49 Abs. 1 VwVfG sowie 46 und 48 Abs. 1 Satz 1, Satz 2 Nr. 1 SGB X (Der Widerruf belastender Ausführungsbescheide)

Die in ihrem Wortlaut übereinstimmenden §§ 49 Abs. 1 VwVfG und 46 SGB X regeln den Widerruf belastender Verwaltungsakte, die Regelung des § 48 Abs. 1 Satz 1, Satz 2 Nr. 1 SGB X die Aufhebung von Verwaltungsakten mit Dauerwirkung zu Gunsten des Betroffenen. Die Anwendung dieser Regelungen auf den Ausführungsbescheid wirft keine besonderen Probleme auf. Dies gilt auch dann, wenn ein weitergehender Anspruch des Adressaten durch ein rechtskräftiges Urteil abgewiesen worden war. Der Widerruf eines belastenden Ausführungsbescheides gemäß §§ 49 Abs. 1 VwVfG bzw. 46 SGB X oder dessen Aufhebung zu Gunsten des Betroffenen gemäß § 48 Abs. 1 Satz 1, Satz 2 Nr. 1 SGB X setzt - im Unterschied zu dessen Rücknahme gemäß §§ 48 Abs. 1 Satz 1 VwVfG bzw. 44 SGB X - nicht voraus, daß dieser als rechtswidrig zu qualifizieren ist. Durch seinen Widerruf oder seine Aufhebung wird daher die Rechtskraft des ihm zu Grunde liegenden Urteils nicht in Frage gestellt.

16. Die Regelungen des § 48 Abs. 2 und 3 SGB X

a. Die Regelung des § 48 Abs. 2 SGB X

§ 48 Abs. 2 SGB X regelt die Aufhebung des Verwaltungsaktes mit Dauerwirkung im Falle einer Änderung der höchstrichterlichen Rechtsprechung. Ein Verwaltungsakt mit Dauerwirkung ist danach mit Wirkung für die Zukunft aufzuheben, wenn der zuständige oberste Gerichtshof des Bundes in ständiger Rechtsprechung nachträglich das Recht anders auslegt, als die Behörde bei Erlaß des Verwaltungsaktes und sich dieses zu Gunsten des Berechtigten auswirkt. Zuständige oberste Gerichtshöfe des Bundes im Bereich des Sozialrechts sind das BSG und das BVerwG [504]. Eine ständige Rechtsprechung im Sinne des § 48

---

[504] Siehe Pickel, SGb. 1992, 294 (296) sowie BSGE 28, 241.

Abs. 2 SGB X liegt vor, wenn der geschäftsplanmäßig zuständige Senat des zuständigen Gerichts die streitige Rechtsfrage in mehreren Entscheidungen einheitlich beantwortet hat, mehrere geschäftsplanmäßig zuständige Senate des zuständigen Gerichts die streitige Rechtsfrage übereinstimmend beantwortet haben oder der Große Senat des zuständigen Gerichts oder der gemeinsame Senat der obersten Gerichtshöfe des Bundes eine Grundsatzentscheidung getroffen haben [505].

Die praktische Bedeutung des § 48 Abs. 2 SGB X wird dadurch eingeschränkt, daß nach der Rechtsprechung des BSG in jenen Fällen, in denen eine Änderung der höchstrichterlichen Rechtsprechung auf der Erkenntnis beruht, daß eine frühere Rechtsprechung unrichtig war, ein auf ihrer Grundlage erlassener Verwaltungsakt als rechtswidrig anzusehen und mithin nach Maßgabe des § 44 SGB X zurückzunehmen ist [506]. Zur Begründung dieser Auffassung wird insbesondere auf die Regelung des § 48 Abs. 2 Halbsatz 2 SGB X verwiesen. Als Anwendungsbereich des § 48 Abs. 2 SGB X verbleiben daher nur jene Fälle, in denen die nachträgliche Änderung der höchstrichterlichen Rechtsprechung auf einer Änderung ihrer rechtlichen Grundlage oder der bei ihrer Schaffung geltenden sozialen, soziologischen und wirtschaftlichen Gegebenheiten und Anschauungen beruht [507].

Die Anwendung dieser Regelung auf den Ausführungsbescheid wirft keine besonderen Probleme auf.

b. Die Regelung des § 48 Abs. 3 SGB X

§ 48 Abs. 3 SGB X regelt die Anwendung des § 48 Abs. 1 und 2 SGB X auf rechtswidrige begünstigende Verwaltungsakte mit Dauerwirkung. Kann ein derartiger Verwaltungsakt nach § 45 SGB X nicht zurückgenommen werden [508] und tritt eine Änderung der Sach- oder Rechtslage bzw. eine Änderung der höchstrichterlichen Rechtsprechung im Sinne des § 48 Abs. 1 oder 2 SGB X zu Gunsten des Betroffenen ein, so darf die neu festzustellende Leistung nach die-

---

505 Siehe Schnapp in Gemeinschaftskommentar, § 48 Rdnr. 52 sowie BSG ErsK 1978, 492.

506 Siehe BSGE 55, 87 (89), 57, 209 (210) und 58, 27 (32 f.).

507 Siehe v. Einem, SGb. 1986, 148 (150), Gräßer, SozVers. 1985, 78, Hofe, SGb. 1986, 11 (15) sowie Tannen, DRV 1985, 172 (174).

508 Z. B. deshalb, weil der Rücknahme ein schutzwürdiges Vertrauen des Betroffenen (s. § 45 Abs. 2 Satz 1 SGB X) oder Ermessensgründe (s. § 45 Abs. 1 SGB X) entgegenstehen oder die Rücknahmefristen des § 45 Abs. 3 und Abs. 4 Satz 2 SGB X abgelaufen sind.

ser Regelung nicht über den Betrag hinausgehen, der sich der Höhe nach ohne Berücksichtigung der Bestandskraft des Verwaltungsaktes ergibt. In rechtswidriger Weise zu hoch festgestellte Sozialleistungen, die auf Grund einer Änderung der Sach- oder Rechtslage oder der höchstrichterlichen Rechtsprechung zu erhöhen sind, werden demnach so lange „eingefroren“, bis sie ihre gesetzliche Höhe erreicht haben [509]. Da zahlreiche Sozialleistungen regelmäßig erhöht werden [510], hat diese Regelung eine erhebliche praktische Bedeutung.

Eine „Abschmelzung“ [511] nach § 48 Abs. 3 SGB X stellt - ebenso wie eine Rücknahme nach § 45 SGB X - einen Eingriff in die durch den betroffenen Verwaltungsakt begründete oder festgestellte Rechtsposition des Adressaten dar [512]. Soweit ein Ausführungsbescheid infolge der Bindungswirkung der ihm zu Grunde liegenden Einzelfallregelung nicht zurückgenommen werden kann, ist seine Abschmelzung daher ebenfalls als unzulässig anzusehen. Bei der Anwendung des § 48 Abs. 3 SGB X auf den Ausführungsbescheid ist demnach - ebenso wie bei der Anwendung des § 45 SGB X - nach dessen Regelungsgehalt zu unterscheiden.

---

509 Beispiel: Einem Versicherten in der gesetzlichen Rentenversicherung wird eine Rente wegen Erwerbsunfähigkeit gemäß § 44 SGB VI bewilligt. Bei der Berechnung der Rentenhöhe werden entgegen der Regelung des § 75 Abs. 2 Satz 1 Nr. 2 SGB VI freiwillige Beiträge berücksichtigt, die nach Eintritt der Minderung der Erwerbsfähigkeit gezahlt wurden. Die Höhe der Rente wird hiernach auf 1.015,- DM festgestellt. Ohne Berücksichtigung der nach Eintritt der Minderung der Erwerbsfähigkeit gezahlten Beiträge würde die Rente nur 1.000,- DM betragen. Nach Feststellung des Fehlers prüft der Rentenversicherungsträger, ob der Rentenbescheid nach § 45 SGB X zurückgenommen werden kann. Er kommt hierbei zu dem Ergebnis, daß der Rücknahme ein schutzwürdiges Vertrauen des Versicherten entgegensteht. Werden die gesetzlichen Renten nunmehr in den folgenden beiden Jahren um jeweils 1 % erhöht, so wirkt sich die Regelung des § 48 Abs. 3 SGB X dahingehend aus, daß die Rente des Versicherten im ersten Jahr überhaupt nicht und im zweiten Jahr lediglich um ca. 0,5 % auf die gesetzliche Höhe von 1.020,10 DM erhöht wird. Erst ab dem darauffolgenden Jahr nimmt die Rente des Versicherten wieder in vollem Umfang an der allgemeinen Rentenerhöhung teil.

510 Z. B. Renten aus der gesetzlichen Rentenversicherung gemäß §§ 65 und 68 SGB VI, Renten aus der gesetzlichen Unfallversicherung gemäß § 95 SGB VII, Krankengeld gemäß § 47 Abs. 5 SGB V und Arbeitslosengeld gemäß § 112 a AFG.

511 Dieser Begriff hat sich in Rechtsprechung und Schrifttum weitgehend durchgesetzt, siehe etwa BSG Breithaupt 1988, 228, 1989, 582 (586) und 1989, 587 (589) sowie Gagel, SGb. 1990, 252 (254), Pickel, SGb. 1992, 294 (298) und Wiesner in Schroeder-Printzen (Hrsg.), SGB X, § 48 Rdnr. 26.

512 Ebenso Dörr, SGb. 1990, 349 (350), Horsch in Ruland/VDR (Hrsg.), Handbuch, Kapitel 31 Rdnr. 47 sowie BSG Breithaupt 1989, 582 (586) und 587 (588).

aa. Ergänzende Ausführungsbescheide

Soweit der Ausführungsbescheid eine die Grundregelung ergänzende Regelung trifft, steht die Bindungswirkung der ihm zu Grunde liegenden Einzelfallregelung einer Anwendung des § 45 SGB X nicht entgegen [513]. Im Falle seiner Rechtswidrigkeit ist daher zunächst zu prüfen, ob er nach dieser Vorschrift zurückgenommen werden kann. Ist dies nicht der Fall, so ist er nach § 48 Abs. 3 SGB X abzuschmelzen.

bb. Wiederholende Ausführungsbescheide

Soweit der Ausführungsbescheid demgegenüber die von der Grundregelung getroffene Regelung lediglich wiederholt, ist hinsichtlich der Anwendung der §§ 45 SGB X und damit auch des § 48 Abs. 3 SGB X danach zu unterscheiden, ob diese wirksam oder unwirksam ist.

aaa. Wirksamkeit der Grundregelung

Soweit der Ausführungsbescheid auf einer wirksamen Grundregelung beruht, steht deren Bindungswirkung seiner Rücknahme nach § 45 SGB X entgegen [514]. Er kann daher auch nicht nach § 48 Abs. 3 SGB X abgeschmolzen werden [515].

bbb. Unwirksamkeit der Grundregelung

Erweist sich die dem wiederholenden Ausführungsbescheid zu Grunde liegenden Einzelfallregelung als nichtig [516] oder wird sie aufgehoben [517], so fehlt es dem

---

513 Siehe oben, Abschnitt IV 14 b aa.

514 Siehe oben, Abschnitt IV 14 b bb aaa.

515 Ebenso Gagel, SGb. 1990, 252 (254), Pickel, SGb. 1992, 294 (298), Wiesner in Schroeder-Printzen (Hrsg.), SGB X, § 48 Rdnr. 26 sowie BSG Breithaupt 1988, 228 (231 f.).

Beispiel: In einem sozialgerichtlichen Urteil wird der beklagte Rentenversicherungsträger dazu verurteilt, dem Kläger eine Regelaltersrente gemäß § 35 SGB VI unter Anrechnung eines näher bestimmten Zeitraums als Ersatzzeit gemäß § 250 SGB VI zu gewähren. Er erläßt einen entsprechenden Ausführungsbescheid. Werden nunmehr die Renten gemäß § 65 SGB VI erhöht, so kann der Rentenversicherungsträger den Ausführungsbescheid nicht mit der Begründung abschmelzen, daß die fragliche Ersatzzeit zu Unrecht anerkannt worden sei.

516 Beispiel: Der einem Ausführungsbescheid zu Grunde liegende öffentlich-rechtliche Vertrag ist gemäß §§ 59 VwVfG bzw. 58 SGB X nichtig.

517 Beispiel: Das einem Ausführungsbescheid zu Grunde liegende verwaltungs- oder sozialgerichtliche Urteil wird in einem Wiederaufnahmeverfahren gemäß §§ 153 VwGO bzw. 179 SGG aufgehoben.

Ausführungsbescheid an einer vom Bestehen einer gesetzlichen Regelung unabhängigen Grundlage für seinen Erlaß und seine Aufrechterhaltung. Er unterliegt daher ohne Einschränkung der Anwendung des § 45 SGB X [518] und damit auch des § 48 Abs. 3 SGB X. Im Falle seiner Rechtswidrigkeit ist daher wiederum zu prüfen, ob er nach § 45 SGB X zurückgenommen werden kann. Ist dies nicht der Fall, so ist er nach § 48 Abs. 3 SGB X abzuschmelzen.

17. Die Regelungen der §§ 50 VwVfG und 49 SGB X

Die §§ 50 VwVfG und 49 SGB X regeln die Aufhebung von Verwaltungsakten mit drittbelastender Doppelwirkung, die von dem belasteten Dritten angefochten wurden. Ein derartiger Verwaltungsakt kann während des Vorverfahrens oder während des verwaltungs- oder sozialgerichtlichen Verfahrens ohne Beachtung der §§ 48 Abs. 1 Satz 2, Abs. 2 bis 4 und 6 sowie 49 Abs. 2 bis 4 und 6 VwVfG bzw. 45 Abs. 1 bis 4, 47 und 48 SGB X aufgehoben werden, soweit hierdurch dem Widerspruch oder der Klage abgeholfen wird.

Bei der Anwendung dieser Regelung auf den Ausführungsbescheid ist zu beachten, daß sie nach ihrem Regelungszweck nur dann anwendbar sind, wenn der Rechtsbehelf des Dritten zumindest zulässig ist [519]. Der Rechtsbehelf eines Dritten gegen einen Ausführungsbescheid ist jedoch gemäß §§ 121 VwGO bzw. 141 SGG dann als unzulässig anzusehen, wenn dieser auf einem den Dritten bindenden rechtskräftigen Urteil beruht [520]. Der Ausführungsbescheid kann daher in einem derartigen Fall nicht nach §§ 50 VwVfG bzw. 49 SGB X aufgehoben werden.

---

518 Siehe oben, Abschnitt IV 14 b bb bbb.

519 Siehe z. B. Maurer, Verwaltungsrecht, § 14 Rdnr. 71, Schenke, DÖV 1983, 320 (324), Wiesner in Schroeder-Printzen (Hrsg.), SGB X, § 49 Rdnr. 6 und Pickel, SozVers. 1986, 169 (172). Vielfach wird darüber hinaus auch die Begründetheit des Rechtsbehelfs gefordert, so z. B. von Erichsen, Verwaltungsrecht, § 19 Rdnr. 13, Schnapp in Gemeinschaftskommentar, § 49 Rdnr. 16 und v. Einem, ZfSH/SGB 1985, 263 f. Mit Einschränkungen auch Sachs in Stelkens/Bonk/Sachs, VwVfG, § 50 Rdnr. 61 und Kopp, VwVfG, § 50 Rdnr. 14, die fordern, daß der Rechtsbehelf nicht als offensichtlich unzulässig oder unbegründet anzusehen ist.

520 Beispiel: Auf Grund einer Nachbarklage wird die zuständige Bauaufsichtsbehörde verurteilt, den Abbruch einer ohne Baugenehmigung und unter Mißachtung nachbarschützender Bestimmungen errichteten baulichen Anlage anzuordnen. Der Eigentümer des betroffenen Grundstücks war gemäß § 65 Abs. 2 VwGO zu dem Verfahren beigeladen. Zur Ausführung des Urteils erläßt die Bauaufsichtsbehörde eine entsprechende Abbruchverfügung.

18. Die Regelung des § 51 VwVfG

§ 51 VwVfG regelt das Wiederaufgreifen eines durch einen unanfechtbaren Verwaltungsakt abgeschlossenen Verwaltungsverfahrens. Die Regelung hat im Bereich des SGB X keine Parallelregelung, da hier bei Vorliegen der in § 51 Abs. 1 Nrn. 1 bis 3 VwVfG normierten Tatbestände gemäß §§ 44 und 48 Abs. 1 SGB X ohnehin eine zwingende Verpflichtung der Behörde zur Rücknahme bzw. Aufhebung des Verwaltungsaktes besteht [521].

Das Verhältnis des § 51 VwVfG zu den Regelungen der §§ 48 und 49 VwVfG ist umstritten. Gemäß § 51 Abs. 5 VwVfG werden die Regelungen der §§ 48 Abs. 1 Satz 1 und 49 Abs. 1 VwVfG durch die Regelung des § 51 VwVfG nicht berührt. Im Schrifttum wird hieraus die Schlußfolgerung gezogen, daß die Regelung des § 51 VwVfG die Behörde lediglich zu einer Überprüfung, nicht jedoch zu einer Aufhebung des Verwaltungsaktes verpflichte. Die Frage, ob die Behörde zu einer Aufhebung des überprüften Verwaltungsaktes berechtigt oder gar verpflichtet sei, sei demgegenüber ausschließlich nach Maßgabe der §§ 48 und 49 VwVfG zu beantworten [522]. Diese Auffassung vermag jedoch nicht zu überzeugen. Zunächst spricht bereits die Parallele des § 51 VwVfG zu den Regelungen über die Wiederaufnahme eines gerichtlichen Verfahrens [523] dafür, seine Wirkung nicht auf die Gewährung eines Überprüfungsanspruchs zu beschränken [524]. Darüber hinaus wäre die Regelung des § 51 VwVfG bei einer auf die Gewährung eines Überprüfungsanspruchs begrenzten Wirkung nahezu bedeutungslos, da sich nach allgemeiner Auffassung bereits aus den §§ 48 Abs. 1 Satz 1 und 49 Abs. 1 VwVfG ein subjektives Recht des Adressaten eines belastenden Verwaltungsaktes auf eine ermessensfehlerfreie Entscheidung über einen Antrag auf ein Wiederaufgreifen des Verfahrens ergibt [525]. Schließlich wäre es für den Betroffenen auch kaum verständlich, wenn die Behörde nach erneuter Sachprüfung trotz Feststellung der Rechtswidrigkeit des Verwaltungsaktes dessen Aufhebung ablehnen würde [526]. Mit der im Schrifttum herrschenden Auf-

---

[521] Siehe Schnapp in Gemeinschaftskommentar, § 48 Rdnr. 13 sowie Ule/Laubinger, Verwaltungsverfahrensrecht, § 65 Rdnrn. 36 f.

[522] So etwa Maurer, Verwaltungsrecht, § 11 Rdnr. 61 und Meyer in Meyer/Borgs, VwVfG, § 51 Rdnr. 3.

[523] Siehe zur Anlehnung der Regelung des § 51 VwVfG an die Regelungen über die Wiederaufnahme eines gerichtlichen Verfahrens BT-Drucks. 7/910, S. 74.

[524] Siehe Schenke, DÖV 1983, 320 (331).

[525] Siehe Kopp, VwVfG, § 51 Rdnr. 41 sowie Baumeister, VerwArch. 1993, 374 (376 ff.).

[526] Siehe Schenke, DÖV 1983, 320 (331).

fassung ist daher davon auszugehen, daß sich aus der Regelung des § 51 VwVfG auch ein materiellrechtlicher Aufhebungsanspruch ergibt [527]. Die Regelung des § 51 Abs. 5 VwVfG soll demnach lediglich klarstellen, daß die Regelung des § 51 VwVfG eine unabhängig von ihr bestehende Befugnis der Behörde zur Aufhebung eines belastenden Verwaltungsaktes gemäß §§ 48 Abs. 1 Satz 1 und 49 Abs. 1 VwVfG nicht einschränken will [528].

Bei der Anwendung des § 51 VwVfG auf den Ausführungsbescheid ist zwischen den Tatbeständen des § 51 Abs. 1 Nr. 1 VwVfG einerseits und den Tatbeständen des § 51 Abs. 1 Nrn. 2 und 3 VwVfG andererseits zu unterscheiden.

a. Der Tatbestand des § 51 Abs. 1 Nr. 1 VwVfG

Der Tatbestand des § 51 Abs. 1 Nr. 1 VwVfG betrifft das Wiederaufgreifen des Verwaltungsverfahrens wegen eines Umstandes, der erst nach Erlaß des Verwaltungsaktes eingetreten ist [529]. Die Anwendung dieser Bestimmung auf den Ausführungsbescheid wirft keine besonderen Probleme auf.

Ein Anspruch auf Wiederaufgreifen des Verwaltungsverfahrens nach dieser Vorschrift besteht selbst dann, wenn dem Ausführungsbescheid ein rechtskräftiges verwaltungsgerichtliches Urteil zu Grunde liegt, durch das ein weitergehender Anspruch des Adressaten ausgeschlossen wird [530]. Da sich die Rechtskraft eines Urteils grundsätzlich nur auf die Sach- und Rechtslage bezieht, die in dem Zeitpunkt besteht, der für die Entscheidung über die Begründetheit der Klage maßgeblich ist [531], wird die Rechtskraft eines klageabweisenden Urteils durch

---

527 Siehe Baumeister, VerwArch. 1993, 374 (388), v. Einem, Strukturen, S. 109 ff., Erichsen, Verwaltungsrecht, § 20 Rdnr. 15, Frohn, Jura 1993, 395 (396), Horn, Aufhebung, S. 142 f., Kopp, VwVfG, § 51 Rdnr. 9, Sachs in Stelkens/Bonk/Sachs, VwVfG, § 51 Rdnr. 25, Selmer, JuS 1987, 363 (367) sowie Ule/Laubinger, Verwaltungsverfahrensrecht, § 65 Rdnr. 30.

528 Ebenso Kopp, VwVfG, § 51 Rdnr. 41 und Ule/Laubinger, Verwaltungsverfahrensrecht, § 65 Rdnr. 30.

529 Siehe Horn, Aufhebung, S. 142 f.

530 Beispiel: Ein Ausländer beantragt eine unbefristete Aufenthaltserlaubnis nach § 24 AuslG. Der Antrag wird abgelehnt. Im hierauf folgenden Klageverfahren wird der Klagegegner dazu verurteilt, dem Kläger eine befristete Aufenthaltserlaubnis zu erteilen. Im übrigen wird ei Klage abgewiesen, da der Kläger sich nicht in ausreichender Weise in deutschen Sprache mündlich verständigen kann (§ 24 Abs. 1 Nr. 4 AuslG). Nach Erlaß eines entsprechenden Ausführungsbescheides erwirbt der Kläger ausreichende Sprachkenntnisse und beantragt daraufhin das Wiederaufgreifen des Verwaltungsverfahrens gemäß § 51 Abs. 1 Nr. 1 VwVfG.

531 Siehe oben, Abschnitt IV 15 a cc aaa (2).

ein Wiederaufgreifen des Verwaltungsverfahrens nach § 51 Abs. 1 Nr. 1 VwVfG nicht in Frage gestellt [532]. Zwar reicht die Rechtskraftwirkung eines Urteils, das eine wiederkehrende Leistung zum Gegenstand hat oder in sonstiger Weise Dauerwirkung entfaltet, grundsätzlich über die zuvor skizzierte zeitliche Grenze hinaus [533]. Dies gilt jedoch nicht für eine klageabweisende Entscheidung. Die Ausdehnung der zeitlichen Grenze der Rechtskraftwirkung eines Urteils, durch das der Beklagte zu einer wiederkehrenden Leistung verurteilt wurde, ergibt sich daraus, daß einem derartigen Urteil eine Prognose über die zukünftige Entwicklung der für die Entscheidung erheblichen Sach- oder Rechtslage zu Grunde liegt. Eine Anpassung des Umfangs der zugesprochenen Leistung an eine geänderte Sach- oder Rechtslage berührt daher die Rechtskraft des Urteils. Wurde eine auf eine wiederkehrende Leistung gerichtete Klage demgegenüber abgewiesen, so steht damit nur fest, daß der geltend gemachte Anspruch in dem für die Entscheidung über die Begründetheit der Klage maßgeblichen Zeitpunkt nicht bestanden hat. Eine Prognoseentscheidung über die zukünftige Entwicklung der entscheidungserheblichen Sach- oder Rechtslage ist mit einem derartigen Urteil hingegen nicht verbunden. Seine Rechtskraftwirkung reicht daher nicht über den für die Entscheidung über die Begründetheit der Klage maßgeblichen Zeitpunkt hinaus und wird somit durch eine spätere Feststellung des geltend gemachten Anspruches auf Grund einer veränderten Sach- oder Rechtslage nicht berührt [534].

b. Die Tatbestände des § 51 Abs. 1 Nrn. 2 und 3 VwVfG

Die Tatbestände des § 51 Abs. 1 Nrn. 2 und 3 VwVfG betreffen demgegenüber das Wiederaufgreifen des Verwaltungsverfahrens wegen eines Umstandes, der bereits bei Erlaß des Verwaltungsaktes vorgelegen hat [535]. Sie beziehen sich demnach auf einen Verwaltungsakt, der im Zeitpunkt seines Erlasses rechtswidrig oder unzweckmäßig war [536]. Auch diese Bestimmungen sind auf den Ausführungsbescheid grundsätzlich anwendbar.

Zweifelhaft ist allerdings, ob ein Anspruch auf Wiederaufgreifen des Verwaltungsverfahrens nach diesen Vorschriften auch dann besteht, wenn dem Aus-

---

532 Ebenso Clausing in Schoch/Schmidt-Aßmann/Pietzner (Hrsg.), VwGO, § 121 Rdnr. 78.

533 Siehe oben, Abschnitt IV 15 a cc aaa (2).

534 Siehe hierzu Jauernig, Zivilprozeßrecht, § 63 VI.

535 Siehe Horn, Aufhebung, S. 143.

536 Siehe Maurer, Verwaltungsrecht, § 11 Rdnr. 59.

führungsbescheid ein rechtskräftiges verwaltungsgerichtliches Urteil zu Grunde liegt, durch das eine weitergehende Begünstigung des Adressaten ausgeschlossen wird [537].

Im Schrifttum wird die Auffassung vertreten, daß ein Anspruch auf Wiederaufgreifen des Verwaltungsverfahrens in derartigen Fällen infolge der Rechtskraftwirkung des Urteils gemäß § 121 VwGO nicht gegeben sei [538]. Hierbei wird jedoch verkannt, daß das Wiederaufgreifen des Verwaltungsverfahrens nach § 51 VwVfG - im Unterschied zu einem Wiederaufgreifen des Verwaltungsverfahrens nach § 48 VwVfG [539] - nicht voraussetzt, daß der verfahrensgegenständliche Verwaltungsakt als rechtswidrig zu qualifizieren ist. Die im Ausgangsverfahren entschiedene Frage, ob ein Anspruch auf Erlaß eines bestimmten begünstigenden Verwaltungsaktes besteht, und die nunmehr zu entscheidende Frage, ob ein Anspruch auf Wiederaufgreifen des Verwaltungsverfahrens besteht, sind daher nicht als identische Streitgegenstände anzusehen [540]. Durch ein Wiederaufgreifen des Verwaltungsverfahrens nach § 51 Abs. 1 Nrn. 2 oder 3 VwVfG wird die Rechtskraftwirkung des im Ausgangsverfahren ergangenen Urteils daher ebenfalls nicht in Frage gestellt.

Die Auffassung, daß ein Anspruch auf Wiederaufgreifen des Verwaltungsverfahrens gemäß § 51 Abs. 2 und 3 VwVfG ausgeschlossen sei, wenn dem verfahrensgegenständlichen Verwaltungsakt ein (teilweise) klageabweisendes verwaltungsgerichtliches Urteil zu Grunde liegt, kann auch nicht damit begründet werden, daß die Regelung des § 153 VwGO einen besonderen Rechtsbehelf für die

---

[537] Beispiel: Ein Ausländer beantragt eine unbefristete Aufenthaltserlaubnis gemäß § 24 AuslG. Der Antrag wird abgelehnt. Im hierauf folgenden Klageverfahren wird der Klagegegner dazu verurteilt, dem Kläger eine befristete Aufenthaltserlaubnis zu erteilen. Im übrigen wird die Klage abgewiesen, da das Gericht auf Grund der durchgeführten Beweisaufnahme zu der Überzeugung gelangt war, daß der Kläger nicht über ausreichenden Wohnraum verfügt (§ 24 Abs. 1 Nr. 5 AuslG). Nach Erlaß eines entsprechenden Ausführungsbescheides kann der Kläger einen Mietvertrag vorlegen, aus dem sich ergibt, daß er entgegen der Annahme des Gerichts bereits im Zeitpunkt der letzten mündlichen Verhandlung über ausreichenden Wohnraum verfügt hat. Gestützt hierauf beantragt er das Wiederaufgreifen des Verwaltungsverfahrens gemäß § 51 Abs. 1 Nrn. 2 und 3 VwVfG.

[538] So etwa Martens, NVwZ 1985, 158 (159), Schickendanz, JuS 1985, 924 und Schachtschneider, VerwArch. 1972, 112 ff. und 277 ff. Mit Einschränkungen auch Detterbeck, Streitgegenstand, S. 201 ff. und 234 f., der davon ausgeht, daß ein Wiederaufgreifen des Verwaltungsverfahrens nur wegen solcher Umstände zulässig ist, die nicht zur Entscheidungsgrundlage des Urteils gehören.

[539] Siehe oben, Abschnitt IV 14 c bb bbb (1, bb).

[540] Ebenso Clausing in Schoch/Schmidt-Aßmann/Pietzner (Hrsg.), VwGO, § 121 Rdnrn. 77 f., Giegerich, JuS 1985, 923, Kopp/Kopp, NVwZ 1994, 1 (5), Redeker/v. Oertzen, VwGO, § 121 Rdnr. 17 a sowie BVerwG, NJW 1985, 280.

Wiederaufnahme eines rechtskräftig abgeschlossenen gerichtlichen Verfahrens bereit stelle, dessen engere Voraussetzungen nicht durch den weiter gefaßten § 51 VwVfG umgangen werden dürften [541]. Der Regelung des § 153 VwGO ist keinerlei Hinweis darauf zu entnehmen, daß der Anwendungsbereich des § 51 VwVfG durch sie eine Einschränkung erfahren soll. Eine derartige Einschränkung des Anwendungsbereichs des § 51 VwVfG würde sich auch außerhalb der konkurrierenden Gesetzgebungskompetenz des Bundes für das gerichtliche Verfahren gemäß Art. 74 Abs. 1 Nr. 1 GG bewegen [542]. Die verwaltungsbehördliche Kompetenz zum Wiederaufgreifen eines Verwaltungsverfahrens wird daher durch die gerichtliche Kompetenz zur Wiederaufnahme eines gerichtlichen Verfahrens nicht verdrängt. Beide Kompetenzen bestehen vielmehr unabhängig nebeneinander [543].

Mit der Rechtsprechung des BVerwG [544] und der im Schrifttum herrschenden Auffassung [545] ist demnach davon auszugehen, daß die Regelung des § 51 Abs. 1 Nrn. 2 und 3 VwVfG auch auf solche Ausführungsbescheide Anwendung findet, denen ein (teilweise) klageabweisendes verwaltungsgerichtliches Urteil zu Grunde liegt.

### 19. Die Regelung des § 50 SGB X

§ 50 SGB X regelt den Anspruch des Leistungsträgers auf Erstattung einer zu Unrecht erbrachten Sozialleistung. Die Regelung unterscheidet hierbei zwischen solchen Leistungen, die auf Grund eines nachträglich aufgehobenen Verwaltungsaktes erbracht wurden (Abs. 1) und solchen Leistungen, die ohne Verwaltungsakt erbracht wurden (Abs. 2). Der Begriff der „Aufhebung“ des Verwaltungsaktes im Sinne des § 50 Abs. 1 Satz 1 SGB X erfaßt hierbei neben dessen Rücknahme nach § 45 SGB X und dessen Aufhebung nach § 48 SGB X auch

---

541 So offenbar Martens, NVwZ 1985, 158 (159) und Schickendanz, JuS 1985, 924.

542 Ebenso Sachs, JuS 1985, 447 (449).

543 Ebenso Kemper, NVwZ 1985, 872 (875) sowie BVerwG NJW 1985, 280.

544 Siehe BVerwGE 35, 234 (236 ff.), BVerwG NJW 1985, 280 sowie BVerwGE 82, 272 (274).

545 Siehe Badura in Erichsen (Hrsg.), Verwaltungsrecht, § 38 Rdnr. 53, Clausing in Schoch/Schmidt-Aßmann/Pietzner (Hrsg.), VwGO, § 121 Rdnr. 77 f., Giegerich, JuS 1985, 923 f., Kemper, NVwZ 1985, 872 (875), Kopp, VwVfG, § 51 Rdnr. 6, Kopp/Kopp, NVwZ 1994, 1 (5 f.), Maurer, JZ 1993, 574 (575), Redeker/v. Oertzen, VwGO, § 121 Rdnr. 17 a, Sachs, JuS 1982, 264 (266), ders., JuS 1985, 447 ff., Selmer, JuS 1987, 363 (367), Stelkens in Stelkens/Bonk/Sachs, VwVfG, § 51 Rdnrn. 57 ff. sowie Ule/Laubinger, Verwaltungsverfahrensrecht, § 65 Rdnr. 11.

dessen Aufhebung nach spezialgesetzlichen Regelungen [546]. Die Regelung des § 50 Abs. 2 Satz 1 SGB X erfaßt neben jenen Fällen, in denen überhaupt kein Verwaltungsakt erlassen wurde, auch solche Fallgestaltungen, in denen der Leistung ein nichtiger Verwaltungsakt zu Grunde liegt oder in denen sich ein der Leistung zu Grunde liegender Verwaltungsakt „auf andere Weise" im Sinne des § 39 Abs. 2 SGB X erledigt hat [547]. Während die Regelung des § 50 Abs. 1 SGB X in der Regelung des § 49 a Abs. 1 Satz 1 VwVfG eine Parallelregelung findet, tritt an die Stelle des § 50 Abs. 2 SGB X im Bereich des allgemeinen Verwaltungsverfahrensrechts der allgemeine öffentlich-rechtliche Erstattungsanspruch [548].

Die Regelung des § 50 SGB X ist auf den Ausführungsbescheid uneingeschränkt anwendbar. Von besonderer praktischer Bedeutung ist hierbei die Rückforderung von Sozialleistungen, die auf Grund eines Ausführungsbescheides erbracht wurden, der gemäß § 154 Abs. 2 SGG zur Ausführung eines nicht rechtskräftigen und in der Rechtsmittelinstanz aufgehobenen Urteils erlassen wurde [549]. In Rechtsprechung und Schrifttum ist umstritten, ob als Anspruchsgrundlage zur Rückforderung derartiger „Urteilsrenten" die Regelung des § 50 Abs. 1 SGB X oder die Regelung des § 50 Abs. 2 SGB X heranzuziehen ist. Von praktischer Bedeutung ist diese Streitfrage insbesondere im Hinblick darauf, daß bei einer Rückforderung nach § 50 Abs. 2 SGB X gemäß § 50 Abs. 2 Satz 2 SGB X die §§ 45 und 48 SGB X entsprechend gelten [550]. Dies bedeutet, daß die Behörde vor einer Rückforderung prüfen muß, ob ein der Leistung zu Grunde liegender fiktiver Verwaltungsakt nach § 45 SGB X zurückgenommen oder nach § 48 SGB X aufgehoben werden dürfte [551]. Ist dies nicht der Fall [552], so ist die Rückforderung der zu Unrecht erbrachten Sozialleistung nicht zulässig [553].

---

[546] Siehe Pickel, WzS 1985, 353 (354) sowie Schneider-Danwitz in Gesamtkommentar, § 50 SGB X Anm. 11.

[547] Siehe Dörr, DAngVers. 1989, 464 (465) sowie Schnapp in Gemeinschaftskommentar, § 50 SGB X Rdnrn. 25 ff.

[548] Siehe zu den Unterschieden zwischen der Regelung des § 49 a Abs. 1 Satz 1 VwVfG und der Regelung des § 50 SGB X Schnapp in Gemeinschaftskommentar, § 50 Rdnr. 3 sowie Bley, DOK 1978, 861 (864).

[549] Beispiel: Der beklagte Rentenversicherungsträger wird durch das SG dem Grunde nach verurteilt, dem Kläger eine Rente wegen Erwerbsunfähigkeit zu gewähren. Nach Erlaß einen entsprechenden Ausführungsbescheides wird das Urteil des SG auf die Berufung des Rentenversicherungsträgers durch das LSG aufgehoben und die Klage abgewiesen.

[550] Ebenso Maier/Clausing/Hermann, SGb. 1978, 325 (336). Unverständlich Schneider-Danwitz in Gesamtkommentar, § 50 SGB X Anm. 12, der eine praktische Bedeutung dieser Streitfrage bestreitet.

[551] Siehe Zweng/Scheerer/Buschmann/Dörr, Handbuch, § 50 SGB X Erl. V.

a. Meinungsstand

Das BSG [554] und der überwiegende Teil des Schrifttums [555] vertreten die Auffassung, daß die Rückforderung einer Urteilsrente auf die Regelung des § 50 Abs. 2 SGB X zu stützen sei. Eine Mindermeinung des Schrifttum [556] sieht demgegenüber in der Regelung des § 50 Abs. 1 SGB X die richtige Anspruchsgrundlage.

b. Stellungnahme

aa. Rückforderung der Urteilsrente nach § 50 Abs. 1 SGB X

Die Rückforderung einer Sozialleistung nach § 50 Abs. 1 SGB X setzt die Aufhebung eines ihr zu Grunde liegenden Verwaltungsaktes voraus.

aaa. Aufhebung des Ausführungsbescheides durch die Verwaltung

Keine Probleme bereitet die Rückforderung einer Urteilsrente nach § 50 Abs. 1 SGB X in jenen Fällen, in denen der zur Ausführung des Urteils erlassene Verwaltungsakt durch die Verwaltung gemäß § 45 SGB X zurückgenommen oder gemäß § 48 SGB X aufgehoben werden kann. In derartigen Fällen muß die Urteilsrente nach der Aufhebung des Verwaltungsaktes gemäß § 50 Abs. 1 Satz 1 SGB X zwingend zurückgefordert werden.

---

552 Z. B. deshalb, weil der Rücknahme ein schutzwürdiges Vertrauen des Betroffenen (s. § 45 Abs. 2 Satz 1 SGB X) oder Ermessensgründe (s. § 45 Abs. 1 SGB X) entgegenstehen oder die Rücknahmefristen des § 45 Abs. 3 und 4 Satz 2 SGB X abgelaufen sind.

553 Instruktiv hierzu BSGE 55, 250.

554 Siehe BSG Breithaupt 1986, 136 (137) und NZA 1992, 302 (Kurzbericht). Offenlassend BSGE 57, 138 (143). In der Zeit vor Inkrafttreten des SGB X hat das BSG die Rückforderung von Urteilsrenten auf die Regelung des § 717 Abs. 2 ZPO in Verbindung mit § 202 SGG gestützt, siehe BSGE 27, 102 (104).

555 So etwa Dörr, DAngVers. 1985, 116 (125) und 1983, 378 (380), Ebsen, Jahrbuch, S. 399, Eichenhofer, Sozialrecht, Rdnr. 232, Erlenkämper/Fichte, Sozialrecht, S. 812, Jährling-Rahnefeld, DAngVers. 1996, 276 (278), Pickel, WzS 1985, 353 (356), Schnapp in Gemeinschaftskommentar, § 50 Rdnr. 28, Schneider-Danwitz in Gesamtkommentar, § 50 SGB X Anm. 12, Trolldenier, SozVers. 1982, 11 (14), Hofe, SGb. 1990, 527 (534 f.), Wiesner in Schroeder-Printzen (Hrsg.), SGB X, § 50 Rdnr. 13 sowie Zweng/Scheerer/Buschmann/Dörr, Handbuch, § 50 SGB X Anm. V. Ebenso BT-Drucks. 8/2034, S. 36.

556 Siehe Maier/Clausing/Hermann, SGb. 1978, 325 (336), Meyer-Ladewig, SGG, § 154 Rdnr. 4, Tannen, DRV 1985, 61 (64) und 766 (768) sowie Verbandskommentar, § 50 SGB X Rdnr. 7.

bbb. Aufhebung des Ausführungsbescheides durch das Berufungs- oder Revisionsgericht

Probleme bereitet die Rückforderung einer Urteilsrente gemäß § 50 Abs. 1 SGB X demgegenüber in solchen Fallgestaltungen, in denen eine Rücknahme bzw. Aufhebung des Ausführungsbescheides durch die Verwaltung gemäß §§ 45 oder 48 SGB X nicht zulässig ist [557]. Für derartige Sachverhalte wird im Schrifttum die Auffassung vertreten, daß unter einer „Aufhebung" des Verwaltungsaktes im Sinne des § 50 Abs. 1 Satz 1 SGB X auch dessen Aufhebung durch ein Gericht zu verstehen sei und das Berufungs- oder Revisionsgericht mit der Aufhebung des dem Ausführungsbescheid zu Grunde liegenden Urteils zugleich auch diesen selbst aufhebe [558]. Diese Auffassung kann jedoch nicht das Signum der Richtigkeit für sich in Anspruch nehmen.

Zunächst ist bereits zweifelhaft, ob der Begriff der „Aufhebung" des Verwaltungsaktes im Sinne des § 50 Abs. 1 Satz 1 SGB X tatsächlich auch dessen Aufhebung durch ein Gericht erfaßt. Der Wortlaut der Regelung steht einer derartigen Annahme zwar nicht entgegen. Die systematische Stellung dieser Regelung im Anschluß an die die Aufhebung des Verwaltungsaktes durch die Verwaltung regelnden §§ 44 bis 49 SGB X spricht jedoch dafür, unter einer „Aufhebung" des Verwaltungsaktes im Sinne des § 50 Abs. 1 Satz 1 SGB X nur dessen Aufhebung durch die Verwaltung zu verstehen [559]. Darüber hinaus ist für die Aufhebung des Ausführungsbescheides durch das Berufungs- oder Revisionsgericht eine Ermächtigungsgrundlage nicht ersichtlich.

Die Rückforderung einer Urteilsrente nach § 50 Abs. 1 SGB X ist demnach nur dann als zulässig anzusehen, wenn der Ausführungsbescheid durch die Verwaltung gemäß § 45 SGB X zurückgenommen oder gemäß § 48 SGB X aufgehoben wird.

bb. Rückforderung der Urteilsrente nach § 50 Abs. 2 SGB X

Die Rückforderung einer Sozialleistung nach § 50 Abs. 2 SGB X setzt voraus, daß diese ohne Verwaltungsakt zu Unrecht erbracht wurde. Einer Urteilsrente liegt zwar im Zeitpunkt der Erbringung der Leistung ein Verwaltungsakt zu

---

557 Zu möglichen Gründen für die Unzulässigkeit einer Aufhebung siehe Fn. 552.

558 So insbesondere Tannen, DRV 1985, 61 (64) und offenbar auch Meyer-Ladewig, SGG, § 154 Rdnr. 4.

559 Im Ergebnis ebenso Schneider-Danwitz in Gesamtkommentar, § 50 SGB X Anm. 11 a.

Grunde, da der Ausführungsbescheid als Verwaltungsakt im Sinne des § 31 Satz 1 SGB X und damit auch des § 50 Abs. 2 Satz 1 SGB X anzusehen ist [560]. Der Bestand eines Ausführungsbescheides, der gemäß § 154 Abs. 2 SGG zur Ausführung eines nicht rechtskräftigen Urteils erlassen wird, kann jedoch auf Grund des vorläufigen Charakters derartiger Urteile durch eine auflösende Bedingung im Sinne des § 32 Abs. 2 Nr. 2 SGB X vom Bestand des ihm zu Grunde liegenden Urteils abhängig gemacht werden [561]. Als zukünftiges ungewisses Ereignis im Sinne dieser Regelung ist hierbei die Aufhebung des Urteils durch das Berufungs- oder Revisionsgericht anzusehen. Die auflösende Bedingung kann hierbei sowohl in ausdrücklicher wie auch in konkludenter Form in den Ausführungsbescheid aufgenommen werden. Als konkludente Erklärung einer auflösenden Bedingung kann z. B. der Hinweis angesehen werden, daß gewährte Leistungen im Falle einer Aufhebung des Urteils im Berufungs- oder Revisionsverfahren zu erstatten sind [562]. Wird dem Ausführungsbescheid eine derartige Nebenbestimmung beigefügt, so hat die Aufhebung des Urteils durch das Berufungs- oder Revisionsgericht zur Folge, daß er sich „auf andere Weise" im Sinne des § 39 Abs. 2 SGB X erledigt [563]. Die auf seiner Grundlage erbrachte Urteilsrente ist in diesem Falle ohne Verwaltungsakt erbracht und kann daher nach § 50 Abs. 2 SGB X zurückgefordert werden.

Auf Vertrauensschutz gemäß § 50 Abs. 2 Satz 2 SGB X in Verbindung mit § 45 Abs. 1 Satz 2 SGB X kann sich der Leistungsempfänger hierbei nicht berufen, da er auf Grund der auflösenden Bedingung mit einem Wegfall des Ausführungsbescheides und einer hieraus folgenden Rückforderung der Urteilsrente rechnen mußte [564]. In entsprechender Anwendung des § 42 Abs. 3 SGB I in Verbindung mit § 76 Abs. 2 SGB IV ist von einer Rückforderung der Urteilsrente jedoch abzusehen, wenn diese für den Leistungsempfänger mit einer besonderen Härte verbunden wäre [565]. Dies ist z. B. dann anzunehmen, wenn ihm infolge der Leistung der Urteilsrente eine andere Sozialleistung entgangen ist, die er nachträglich nicht mehr in Anspruch nehmen kann [566].

---

560 Siehe oben, Abschnitt III.

561 Siehe oben, Abschnitt IV 9 d.

562 Formulierungsbeispiele bei Dörr, DAngVers. 1983, 378 (378 und 381) sowie Knauf, SozVers. 1986, 143.

563 Ebenso Dörr, DAngVers. 1983, 378 (379 f.) und Ebsen, Jahrbuch, S. 398 f.

564 Siehe BSGE 57, 138 (143 f.) sowie BSG Breithaupt 1986, 136 (137).

565 Siehe BSGE 57, 138 (144 f.) sowie BSG Breithaupt 1986, 136 (137 f.).

566 Siehe BSGE 57, 138 (145).

cc. Abgrenzung der Anwendungsbereiche des § 50 Abs. 1 und 2 SGB X bei der Rückforderung von Urteilsrenten

Für die Abgrenzung der Anwendungsbereiche des § 50 Abs. 1 und 2 SGB X bei der Rückforderung von Urteilsrenten ist nach alledem danach zu differenzieren, ob der Bestand des Ausführungsbescheides durch eine auflösende Bedingung im Sinne des § 32 Abs. 2 Nr. 2 SGB X vom Bestand des ihm zu Grunde liegenden Urteils abhängig gemacht wurde oder die Beifügung einer derartigen Nebenbestimmung unterblieben ist.

aaa. Ausführungsbescheide mit auflösender Bedingung

Wurde der Bestand des Ausführungsbescheides durch eine auflösende Bedingung im Sinne des § 32 Abs. 2 Nr. 2 SGB X vom Bestand des ihm zu Grunde liegenden Urteils abhängig gemacht, so kann die auf seiner Grundlage erbrachte Urteilsrente bei einer Aufhebung des Urteils nach § 50 Abs. 2 Satz 1 SGB X zurückgefordert werden.

bbb. Ausführungsbescheide ohne auflösende Bedingung

Wurde der Bestand des Ausführungsbescheides demgegenüber nicht durch eine auflösende Bedingung im Sinne des § 32 Abs. 2 Nr. 2 SGB X vom Bestand des ihm zu Grunde liegenden Urteils abhängig gemacht, so setzt die Rückforderung der Urteilsrente die vorherige Rücknahme bzw. Aufhebung des Ausführungsbescheides durch die Verwaltung gemäß §§ 45 oder 48 SGB X voraus. Wird der Ausführungsbescheid nach diesen Vorschriften aufgehoben, so ist die Urteilsrente gemäß § 50 Abs. 1 Satz 1 SGB X zwingend zurückzufordern. Kann der Ausführungsbescheid nach diesen Vorschriften nicht aufgehoben werden, so ist eine Rückforderung der Urteilsrente nicht zulässig.

---

Beispiel: Einem Versicherten in der gesetzlichen Rentenversicherung wird auf Grund eines nicht rechtskräftigen Urteils eine Urteilsrente gezahlt. Da er über keine sonstigen Einkünfte verfügt, hätte er ohne die Zahlung der Urteilsrente Anspruch auf Hilfe zum Lebensunterhalt gemäß § 11 ff. BSHG. Würde die Urteilsrente in diesem Falle nach Aufhebung des Urteils von ihm zurückgefordert, so könnte er die ihm entgangenen Leistungen nach dem BSHG nicht rückwirkend in Anspruch nehmen, da für einen in der Vergangenheit liegenden Zeitraum keine Bedüftigkeit im Sinne des § 11 Abs. 1 Satz 1 BSHG eintreten kann (siehe hierzu BVerwGE 60, 236, 237, 66, 335, 338 und 68, 285, 289 sowie Bley/Kreikebohm, Sozialrecht, Rdnrn. 1109 und 1112).

20. Die Regelungen der §§ 52 VwVfG und 51 SGB X

Die in ihrem Wortlaut übereinstimmenden §§ 52 VwVfG und 51 SGB X regeln die Rückforderung von Urkunden oder Sachen, die zum Nachweis der Rechte aus einem von Anfang an unwirksamen oder unwirksam gewordenen Verwaltungsakt bestimmt waren. Bei der Anwendung dieser Regelungen auf den Ausführungsbescheid stellen sich keine besonderen Probleme.

21. Die Regelungen der §§ 53 VwVfG und 52 SGB X

Die ebenfalls gleichlautenden §§ 53 VwVfG und 52 SGB X regeln die verjährungsrechtlichen Wirkungen eines Verwaltungsaktes, der zur Durchsetzung des Anspruchs eines öffentlich-rechtlichen Rechtsträgers erlassen wurde. Nach §§ 53 Abs. 1 Satz 1 VwVfG bzw. 52 Abs. 1 Satz 1 SGB X unterbricht ein derartiger Verwaltungsakt die Verjährung des Anspruchs. Ist der Verwaltungsakt unanfechtbar geworden, so verjährt der Anspruch gemäß §§ 53 Abs. 2 VwVfG bzw. 52 Abs. 2 SGB X i. V. mit § 218 Abs. 1 Satz 1 BGB erst nach dreißig Jahren.

Die Anwendung dieser Regelungen auf den Ausführungsbescheid wirft ebenfalls keine besonderen Probleme auf. Ausführungsbescheide, die den Adressaten zur Erbringung einer Leistung an einen öffentlich-rechtlichen Rechtsträger verpflichten, stellen in der Verwaltungspraxis jedoch eine seltene Erscheinung dar [567]. Die Regelungen sind daher für den Ausführungsbescheid nur von geringer Bedeutung.

---

[567] Beispiel: In einem Austauschvertrag gemäß § 56 VwVfG mit der zuständigen Bauaufsichtsbehörde verpflichtet sich ein Bauantragssteller, als Gegenleistung für die Erteilung einer Baugenehmigung einen näher bestimmten Beitrag zu den Kosten der Errichtung eines gemeindlichen Parkhauses zu leisten. Zur Ausführung dieses Vertrages erteilt die Bauaufsichtsbehörde eine Baugenehmigung unter der Auflage, die vereinbarte Zahlung zu erbringen.

V. Der Rechtsschutz gegen Ausführungsbescheide

Als Verwaltungsakte im Sinne der §§ 35 VwVfG bzw. 31 SGB X [568] sind Ausführungsbescheide zugleich auch als Verwaltungsakte im Sinne der §§ 42 Abs. 1 VwGO bzw. 54 Abs. 1 Satz 1 SGG anzusehen [569]. Die Aufhebung eines Ausführungsbescheides kann daher durch eine Anfechtungsklage, die Verurteilung der zuständigen Behörde zum Erlaß eines abgelehnten oder unterlassenen Ausführungsbescheides durch eine Verpflichtungsklage erstritten werden. Besondere Probleme können sich hierbei hinsichtlich der Zulässigkeitsvoraussetzungen des Fehlens einer rechtskräftigen Entscheidung über den Streitgegenstand, der Klagebefugnis und des allgemeinen Rechtsschutzinteresses ergeben.

1. Das Fehlen einer rechtskräftigen Entscheidung über den Streitgegenstand

Gemäß §§ 121 VwGO bzw. 141 SGG ist eine Klage als unzulässig anzusehen, wenn über das geltend gemachte Klagebegehren bereits eine rechtskräftige gerichtliche Entscheidung getroffen wurde [570]. Hieraus folgt, daß eine gegen einen Ausführungsbescheid gerichtete Anfechtungsklage als unzulässig anzusehen ist, wenn dieser auf einem rechtskräftigen Urteil beruht [571].

2. Die Klagebefugnis

Gemäß §§ 42 Abs. 2 VwGO bzw. 54 Abs. 1 Satz 2 SGG ist eine Anfechtungs- oder Verpflichtungsklage grundsätzlich nur dann zulässig, wenn der Kläger geltend macht, durch den Verwaltungsakt oder seine Ablehnung oder Unterlassung in seinen Rechten verletzt zu sein. Der Kläger muß demnach Tatsachen vortragen, die es zumindest als möglich erscheinen lassen, daß er durch den ange-

---

568 Siehe oben, Abschnitt III.

569 Siehe zur Definition des Begriffes des Verwaltungsaktes im Rahmen der §§ 42 Abs. 1 VwGO bzw. 54 Abs. 1 Satz 1 SGG Schenke, Verwaltungsprozeßrecht, Rdnr. 184 sowie Meyer-Ladewig, SGG, nach § 54 Rdnr. 2.

570 Siehe Kopp, VwGO, § 121 Rdnr. 10 und Meyer-Ladewig, SGG, § 141 Rdnr. 6.

571 Beispiel: Auf Grund einer Nachbarklage wird die zuständige Bauaufsichtsbehörde verurteilt, den Abbruch einer ohne Baugenehmigung und unter Mißachtung nachbarschützender Bestimmungen errichteten baulichen Anlage anzuordnen. Der Eigentümer des betroffenen Grundstücks war gemäß § 65 Abs. 2 VwGO zu dem Verfahren beigeladen. Zur Ausführung des Urteils erläßt die Bauaufsichtsbehörde eine entsprechende Abbruchsverfügung.

fochtenen Verwaltungsakt oder die Ablehnung oder Unterlassung des beantragten Verwaltungsakts in seiner Rechtssphäre beeinträchtigt wird [572].

Bei der Anwendung der §§ 42 Abs. 2 VwGO bzw. 54 Abs. 1 Satz 2 SGG auf den Ausführungsbescheid sind folgende Fallgestaltungen zu unterscheiden:

a. Der Ausführungsbescheid gewährt uneingeschränkt die beantragte Begünstigung

Gewährt der Ausführungsbescheid uneingeschränkt die beantragte Begünstigung [573], so entfaltet er gegenüber seinem Adressaten ausschließlich eine begünstigende Wirkung und beeinträchtigt dessen Rechtssphäre somit nicht. Eine Klagebefugnis ist daher nicht gegeben.

b. Der Ausführungsbescheid versagt die beantragte Begünstigung oder gewährt diese nur mit Einschränkungen

Fälle, in denen der Ausführungsbescheid die beantragte Begünstigung versagt oder nur mit Einschränkungen gewährt, lassen sich in zwei Fallgruppen unterteilen. Denkbar ist zunächst der Fall, daß bereits die dem Ausführungsbescheid zu Grunde liegende Einzelfallregelung das Begehren des Antragstellers nur teilweise anerkennt und dessen Antrag im übrigen zurückweist (a) [574]. Vorstellbar erscheint daneben jedoch auch jener Fall, daß erst der Ausführungsbescheid selbst das Begehren des Antragstellers teilweise oder vollständig zurückweist (b.) [575].

---

572 Siehe Bosch/Schmidt, Verwaltungsgerichtliches Verfahren, § 25 II 1, Meyer-Ladewig, SGG, § 54 Rdnr. 10, BVerwGE 18, 154 (157), BVerwGE 44, 1 (3), BSGE 14, 164 (166) und BSGE 7, 169 (170 f.).

573 Beispiel: Der Versicherte V beantragt eine Rente wegen Erwerbsunfähigkeit gemäß § 44 SGB VI. Nachdem der zuständige Rentenversicherungsträger diesen Antrag zunächst abgelehnt hatte, verpflichtet er sich in einem angenommenen Anerkenntnis gemäß § 101 Abs. 2 SGG zur Gewährung der beantragen Rente und erläß einen entsprechenden Ausführungsbescheid.

574 Beispiel: Der Ausländer A hat eine unbefristete Aufenthaltserlaubnis beantragt. Nachem die zuständige Ausländerbehörde diesen Antrag zunächst abgelehnt hatte, verpflichtet sie sich in einem gerichtlichen Vergleich zur Erteilung einer befristeten Aufenthaltserlaubnis und erläßt einen entsprechenden Ausführungsbescheid.

575 Beispiel: Wie der vorherige Fall, jedoch mit dem Unterschied, daß sich die beklagte Ausländerbehörde lediglich zu einer Neubescheidung des A verpflichtet und in ihrem Ausführungsbescheid den Antrag des A erneut ablehnt.

Im Fall (a.) wird die Rechtssphäre des Adressaten bereits durch die dem Ausführungsbescheid zu Grunde liegende Einzelfallregelung eingeschränkt. Diese regelt mit verbindlicher Wirkung, daß er die von ihm beantragte Begünstigung nur teilweise beanspruchen kann. Der Ausführungsbescheid selbst entfaltet demgegenüber keine eigenständige belastende Wirkung. Die Frage nach dem Bestehen einer Klagebefugnis ist daher zu verneinen.

Im Fall (b.) entfaltet der Ausführungsbescheid demgegenüber eine eigenständige belastende Wirkung. Die Rechtssphäre des Adressaten wird in diesem Fall nicht nur durch die dem Ausführungsbescheid zu Grunde liegende Einzelfallregelung, sondern auch durch diesen selbst beeinträchtigt. Es ist daher vom Vorliegen einer Klagebefugnis auszugehen.

c. Der Ausführungsbescheid entfaltet eine drittbelastende Doppelwirkung

Entfaltet der Ausführungsbescheid eine drittbelastende Doppelwirkung, so sind wiederum zwei Fallgruppen zu unterscheiden. In Betracht kommt hier zunächst der Fall, daß bereits die dem Ausführungsbescheid zu Grunde liegende Einzelfallregelung die Belastung des Dritten umfassend und abschließend regelt (a.) [576]. Zu denken ist daneben jedoch auch an jenen Fall, daß die Grundregelung der Behörde einen eigenständigen Entscheidungsspielraum beläßt (b.) [577].

Im Fall (a.) wird die Rechtssphäre des Dritten bereits durch die dem Ausführungsbescheid zu Grunde liegenden Einzelfallregelung beeinträchtigt. Der Ausführungsbescheid selbst wirkt demgegenüber nicht belastend. Eine Klagebefugnis besteht daher nicht.

Im Unterschied hierzu wird im Fall (b.) die Rechtssphäre des Dritten nicht nur durch die dem Ausführungsbescheid zu Grunde liegende Einzelfallregelung, sondern auch durch diesen selbst beeinträchtigt. Der Ausführungsbescheid entfaltet somit eine eigenständige belastende Wirkung. Die Frage nach dem Vorliegen einer Klagebefugnis ist daher zu bejahen.

---

576 Beispiel: In einem im Rahmen einer Nachbarklage geschlossenen gerichtlichen Vergleich verpflichtet sich die zuständige Bauaufsichtsbehörde, den Abbruch einer ohne Baugenehmigung und unter Mißachtung nachbarschützender Bestimmungen errichteten baulichen Anlage anzuordnen. Der betroffene Grundstückseigentümer war gemäß § 65 Abs. 2 VwGO zu dem Verfahren beigeladen und hat dem Vergleich zugestimmt. Zur Ausführung des Vergleichs erläßt die Bauaufsichtsbehörde eine entsprechende Abbruchverfügung.

577 Beispiel: Wie der vorherige Fall, jedoch mit dem Unterschied, daß sich die beklagte Bauaufsichtsbehörde in dem gerichtlichen Vergleich lediglich dazu verpflichtet hatte, über den Erlaß einer Abbruchverfügung in ermessensfehlerfreier Weise erneut zu entscheiden.

### 3. Das allgemeine Rechtsschutzinteresse

Das allgemeine Rechtsschutzinteresse für eine Klage fehlt, wenn dem Kläger einfachere oder effektivere Mittel zur Erreichung seines Rechtsschutzzieles zur Verfügung stehen [578]. Dies ist beispielsweise dann anzunehmen, wenn der Kläger über einen zu seinen Gunsten wirkenden vollstreckbaren Titel verfügt, der das mit der Klage angestrebte Urteil voll ersetzt [579]. Hieraus folgt, daß einer auf eine Verurteilung der zuständigen Behörde zum Erlaß eines abgelehnten oder unterlassenen Ausführungsbescheides gerichteten Verpflichtungsklage das Rechtsschutzinteresse des Klägers fehlt, wenn der Erlaß des Ausführungsbescheides durch einen Antrag auf Zwangsvollstreckung gemäß §§ 172 VwGO bzw. 201 SGG durchgesetzt werden kann. Dies ist etwa dann der Fall, wenn sich die Verpflichtung der Behörde zum Erlaß des Ausführungsbescheides aus einem rechtskräftigen Verpflichtungsurteil [580], aus einer einstweiligen Anordnung [581], aus einem gerichtlichen Vergleich [582] oder aus einem angenommenen Anerkenntnis im Sinne des § 101 Abs. 2 SGG [583] ergibt.

---

[578] Siehe Pietzner/Ronellenfitsch, Assessorexamen, § 18 Rdnr. 1.

[579] Siehe Rosenberg/Schwab/Gottwald, Zivilprozeßrecht, § 92 IV 1.

[580] Siehe oben, Abschnitt II 3 c.

[581] Siehe oben, Abschnitt II 4 c.

[582] Siehe oben, Abschnitt II 5 c.

[583] Siehe oben, Abschnitt II 6 c.

## VI. Zusammenfassung und Ergebnis

Die Untersuchung hat ergeben, daß der Ausführungsbescheid als Verwaltungsakt im Sinne der §§ 35 Satz 1 VwVfG bzw. 31 Satz 1 SGB X anzusehen ist. Er unterliegt daher grundsätzlich den für den Verwaltungsakt maßgeblichen Bestimmungen dieser Gesetze. Bei der Anwendung dieser Bestimmungen auf den Ausführungsbescheid sind allerdings zahlreiche Besonderheiten zu beachten, die sich insbesondere daraus ergeben, daß zwischen den Voraussetzungen, unter denen ein Verwaltungsakt als nichtig anzusehen ist oder aufgehoben werden kann und den Voraussetzungen, unter denen die als Grundlage eines Ausführungsbescheides in Betracht kommenden Einzelfallregelungen als nichtig anzusehen sind oder aufgehoben werden können, oftmals keine Übereinstimmung besteht.

Die Wirksamkeit und der Bestand eines Ausführungsbescheides sind grundsätzlich nicht an die Wirksamkeit und den Bestand der ihm zu Grunde liegenden Einzelfallregelung geknüpft. Erweist sich die ihm zu Grunde liegende Einzelfallregelung als nichtig, so ist der Ausführungsbescheid selbst nur dann als nichtig anzusehen, wenn er auch selbst von einem Nichtigkeitsgrund im Sinne der §§ 44 Abs. 1 und 2 VwVfG bzw. 40 Abs. 1 und 2 SGB X betroffen wird. Wird die ihm zu Grunde liegende Einzelfallregelung aufgehoben, so verliert ein Ausführungsbescheid nur dann seine Wirksamkeit, wenn sein Bestand durch eine auflösende Bedingung im Sinne der §§ 36 Abs. 2 Nr. 2 VwVfG bzw. 32 Abs. 2 Nr. 2 SGB X vom Bestand der ihm zu Grunde liegenden Einzelfallregelung abhängig gemacht worden war. Eine derartige Nebenbestimmung ist hierbei immer dann als zulässig anzusehen, wenn die Grundregelung lediglich vorläufigen Charakter hat.

Ein rechtswidriger begünstigender Ausführungsbescheid kann nicht nach §§ 48 Abs. 2 bis 4 VwVfG bzw. 45 SGB X zurückgenommen werden, soweit er auf einer wirksamen Grundregelung beruht. Soweit der Ausführungsbescheid eine die Grundregelung ergänzende Regelung trifft, finden die §§ 48 Abs. 2 bis 4 VwVfG bzw. 45 SGB X demgegenüber uneingeschränkte Anwendung. Das Gleiche gilt in solchen Fällen, in denen sich die Grundregelung als nichtig erweist oder aufgehoben wird.

Die Regelungen über die Rücknahme eines rechtswidrigen nicht begünstigenden Verwaltungsaktes sind auf den Ausführungsbescheid ebenfalls uneingeschränkt anwendbar. Dies gilt selbst dann, wenn ihm ein rechtskräftiges verwaltungs- oder sozialgerichtliches Urteil zu Grunde liegt, durch das eine weitergehende

Begünstigung des Adressaten ausgeschlossen wird. Eine Ausnahme von diesem Grundsatz gilt allerdings dann, wenn eine weitergehende Begünstigung durch einen öffentlich-rechtlichen Vertrag ausgeschlossen wird. In diesem Fall kann der Ausführungsbescheid nur dann nach §§ 48 Abs. 1 Satz 1 VwVfG bzw. 44 SGB X zurückgenommen werden, wenn sich aus dem Inhalt des Vertrages ausdrücklich oder konkludent ergibt, daß die Anwendbarkeit dieser Vorschriften nicht ausgeschlossen sein soll.

Bei der Anwendung der Vorschriften über den Widerruf begünstigender Verwaltungsakte bzw. deren Aufhebung zu Ungunsten des Betroffenen auf den Ausführungsbescheid ist nach den einzelnen Widerrufs- bzw. Aufhebungsgründen zu differenzieren. Der Widerruf eines Ausführungsbescheides auf Grund eines Widerrufsvorbehaltes gemäß §§ 49 Abs. 2 Satz 1 Nr. 1 VwVfG bzw. 47 Abs. 1 Nr. 1 SGB X oder wegen Nichterfüllung einer Auflage gemäß §§ 49 Abs. 2 Satz 1 Nr. 2 VwVfG bzw. 47 Abs. 1 Nr. 2 SGB X wirft keine besonderen Probleme auf. Ändert sich die dem Ausführungsbescheid zu Grunde liegende Sach- oder Rechtslage, so stellt sich die Frage, ob sein Widerruf bzw. seine Aufhebung nach §§ 49 Abs. 2 Satz 1 Nrn. 3 oder 4 VwVfG bzw. 48 Abs. 1 Satz 1 Satz 2 Nrn. 2 bis 4 SGB X eine vorherige Abänderung oder Aufhebung der ihm zu Grunde liegenden Einzelfallregelung voraussetzt. Diese Frage ist für den Fall eines verwaltungs- oder sozialgerichtlichen Urteils zu verneinen. Im Falle eines öffentlich-rechtlichen Vertrages ist demgegenüber danach zu differenzieren, ob dieser die Behörde lediglich zum Erlaß des Ausführungsbescheides oder auch zu dessen Aufrechterhaltung verpflichtet. Ergibt die Auslegung des Vertrages, daß dieser die Behörde lediglich zum Erlaß des Ausführungsbescheides verpflichtet, so kann dieser im Falle einer Änderung der ihm zu Grunde liegenden Sach- oder Rechtslage auch ohne vorherige Abänderung oder Aufhebung des Vertrages widerrufen bzw. aufgehoben werden. Ergibt die Auslegung des Vertrages demgegenüber, daß dieser die Behörde nicht nur zum Erlaß des Ausführungsbescheides, sondern auch zu dessen Aufrechterhaltung verpflichtet, so setzt dessen Widerruf bzw. Aufhebung eine vorherige Abänderung oder Aufhebung des Vertrages voraus. Die gleichen Grundsätze gelten für den Widerruf des Ausführungsbescheides wegen Gefährdung des Gemeinwohls gemäß § 49 Abs. 2 Satz 1 Nr. 5 VwVfG.

Die Regelungen über den Widerruf eines nicht begünstigenden Verwaltungsaktes bzw. dessen Aufhebung zu Gunsten des Betroffenen sind auf den Ausführungsbescheid uneingeschränkt anwendbar.

Die Regelungen des § 48 Abs. 2 und 3 SGB X sind auf den Ausführungsbescheid ebenfalls anwendbar. Eine Abschmelzung nach § 48 Abs. 3 SGB X ist allerdings nicht zulässig, soweit der Ausführungsbescheid auf einer wirksamen Grundregelung beruht.

Die Regelungen der §§ 50 VwVfG und 49 SGB X sind auf Ausführungsbescheide mit drittbelastender Doppelwirkung grundsätzlich anwendbar. Eine Ausnahme von diesem Grundsatz besteht jedoch in solchen Fällen, in denen dem Ausführungsbescheid ein den Dritten bindendes rechtskräftiges Urteil zu Grunde liegt, da in einem derartigen Fall ein Rechtsbehelf des Dritten gegen den Ausführungsbescheid gemäß §§ 121 VwGO bzw. 141 SGG als unzulässig anzusehen ist und die Aufhebung eines Verwaltungsaktes nach §§ 50 VwVfG bzw. 49 SGB X zumindest die Zulässigkeit des von dem Dritten ergriffenen Rechtsbehelfes voraussetzt.

Die Regelung des § 51 VwVfG ist auf den Ausführungsbescheid uneingeschränkt anwendbar. Ein Anspruch des Adressaten auf ein Wiederaufgreifen des Verwaltungsverfahrens nach dieser Vorschrift besteht selbst dann, wenn dem Ausführungsbescheid ein rechtskräftiges verwaltungsgerichtliches Urteil zu Grunde liegt, durch das eine weitergehende Begünstigung des Adressaten ausgeschlossen wird.

Die Regelung des § 50 SGB X ist auf den Ausführungsbescheid ebenfalls uneingeschränkt anwendbar. Bei der Rückforderung einer Sozialleistung, die auf Grund eines Ausführungsbescheides erbracht wurde, der zur Ausführung eines nicht rechtskräftigen und in der Rechtsmittelinstanz aufgehobenen Urteils erlassen worden war, ist danach zu unterscheiden, ob der Bestand des Ausführungsbescheides durch eine auflösende Bedingung vom Bestand des ihm zu Grunde liegenden Urteils abhängig gemacht worden war oder die Beifügung einer derartigen Nebenbestimmung unterblieben ist. Wurde dem Ausführungsbescheid eine auflösende Bedingung beigefügt, so kann die Sozialleistung nach Aufhebung des Urteils unmittelbar gemäß § 50 Abs. 2 Satz 1 SGB X zurückgefordert werden. Wurde dem Ausführungsbescheid eine derartige Nebenbestimmung demgegenüber nicht beigefügt, so kann die Sozialleistung lediglich gemäß § 50 Abs. 1 Satz 1 SGB X zurückgefordert werden. Eine Rückforderung der Sozialleistung nach dieser Vorschrift setzt die vorherige Aufhebung des Ausführungsbescheides voraus.

# 50 Jahre Verfassungs- und Verwaltungsgerichtsbarkeit in Rheinland-Pfalz

## Eine Chronik

Frankfurt/M., Berlin, Bern, New York, Paris, Wien, 1997.
Teil 1: 537 S., Teil 2: 380 S., zahlr. Abb. und Tab., 2 Bände im Schuber
Schriftenreihe des Ministeriums der Justiz Rheinland-Pfalz.
Herausgegeben vom Ministerium der Justiz, Rheinland-Pfalz. Bd. 7
ISBN 3-631-32604-1 · br. DM 148.–*

Dem Verfassungsgerichtshof des Landes obliegt der Schutz der Landesverfassung im Verhältnis der Verfassungsorgane untereinander, aber auch zwischen Staat und Bürgern. Den Verwaltungsgerichten und dem Oberverwaltungsgericht ist die Aufgabe zugewiesen, die Rechte der Bürger gegenüber der öffentlichen Gewalt zu schützen und dabei einen vernünftigen Ausgleich mit den Belangen des Gemeinwohls herbeizuführen. Das 50jährige Bestehen beider Institutionen, das mit dem Jubiläum des Landes Rheinland-Pfalz zusammenfällt, hat Angehörige beider Gerichtsbarkeiten sowie der Rechtspflege nahestehende Persönlichkeiten veranlaßt, noch einmal die Anfänge aufzuzeigen, die weitere Entwicklung nachzuzeichnen und daraus auch Erkenntnisse für die zukünftige Arbeit zu gewinnen. Eine reichhaltige Bebilderung trägt zur Anschaulichkeit bei.